Diogenes Taschenbuch 22400

de
te
be

Walter Nigg

Heilige und Dichter

Augustinus
Konrad von Konstanz
Heinrich II. und Kunigunde
Albertus Magnus
Thomas von Aquin
Hildegard von Bingen
Nikolai Lesskow
Margarete Susman
José Orabuena
Ida Friederike Görres
Reinhold Schneider

Diogenes

Lizenzausgabe mit freundlicher
Genehmigung der Walter-Verlags AG, Olten

Umschlagillustration: Rembrandt
›Theologe in Klostergemach‹, 1631
(Ausschnitt)

Veröffentlicht als Diogenes Taschenbuch, 1991

60/91/43/1
ISBN 3 257 22400 1

Emily: *Gibt es Menschen, die das Leben ergründen, während sie es leben? Können sie es jemals?*

Spielleiter: *Nein. –*
Vielleicht die Heiligen und die Dichter –
ein wenig.

Thornton Wilder

Inhalt

HEILIGE

DICHTER

Heilige

Gespräch mit Heiligen

Die Heiligen und wir – dieses Thema bringt zwei ungleiche Größen miteinander in Verbindung, denn die Heiligen sind große, wir aber sind kleine Menschen. Die Thematik ist nicht als Vergleich gemeint, sondern eher als eine mögliche Beziehung. Die Heiligen sind nicht nur bewundernswert geschnitzte romanisch-gotische Figuren, sie sind auch Wesen, mit denen wir reden sollten. Wir haben mit den Heiligen etwas zu tun. Es besteht eine Verbindung zwischen ihnen und uns. Ganz gewollt bringen wir uns mit ins Spiel. Es geht nicht um eine geschichtliche Angelegenheit, die sich aus kühler Distanz betrachten läßt. Keineswegs verhält es sich so, daß wir dieses Thema ebensogut fallen lassen und uns ohne weiteres einem ganz anderen Problem, wie beispielsweise «Die mittelalterliche Winzertätigkeit im südlichen Deutschland», zuwenden könnten. Das Ergebnis wäre hier rein informativ und würde unser Leben nicht weiter beeinflussen. Im leisen Gespräch mit den Heiligen liegen die Dinge ganz anders. Das Flüstern bringt ein erregendes Element hinein: wir fragen und werden zugleich gefragt; etwas geht zwischen ihnen und uns hin und her, etwas Persönliches, Intimes. Dabei lassen sich nur wenige Gesichtspunkte hervorheben, niemals aber ein System. Bei den Heiligen gibt es nur ausnahmsweise eine abgerundete Weltanschauung. Auch ist es schwer, ja beinahe unmöglich, die Heiligen überhaupt sichtbar zu machen, sind sie doch mit gewöhnlichen Augen nicht zu schauen und mit gewöhnlichen Ohren nicht zu hören. Es bedarf dazu einer gnadenhaften Stunde und vor allem auch der Fähigkeit, sie zu lieben, denn nur die Liebe, niemals das bloße Interesse, sieht die Heiligen und wird in das seltsame, allerseltsamste Gespräch mit ihnen verwickelt.

Nicht alle Menschen nehmen an diesem Gespräch teil. Die Agnostiker wollen nichts davon wissen, weil sie sich als Ungläubige bezeichnen und es auch zu sein meinen. Für sie ist ein Mann, der sich mit den Heiligen näher beschäftigt, ein offenkundiger Hinterwäldler, der ohnehin nicht auf der Höhe der Zeit steht und deshalb nicht begreift, wie bedeutsam beispielsweise Atomkraftwerke sind. Halb mitleidig, halb spöttisch blicken sie auf jede Beschäftigung mit den Heiligen. Bei der Lektüre von Elisabeth Heisenbergs Buch «Das politische Leben eines Unpolitischen» (1980) erfuhr ich von einem beinahe belustigenden Erlebnis. Die Gattin des berühmten Physikers schrieb diese Biographie, um ihren verstorbenen Mann vor Verdächtigungen zu rechtfertigen. Mitten in den sachlichen Erinnerungen stieß ich auf die Sätze: «Heisenbergs Institut war bisher noch von schweren (Bomben-)Schäden verschont geblieben. Die Mitglieder behaupteten einstimmig, das sei das Werk des heiligen Florian, von dem schon vor Jahren Debeye im Flur des Instituts eine kleine Statue hatte aufstellen lassen. Der heilige Florian ist der Heilige, der vor Feuersbrunst schützt; und jetzt, da sich auch in Dahlem die Angriffe mehrten, wurde nie versäumt, seine kleine Statue mit frischen Blumen zu schmücken. ‹Er soll ja auch helfen, wenn man nicht dran glaubt› – mit diesem so berühmten Ausspruch von Niels Bohr legten auch die größten Skeptiker ihre Blumen dem Heiligen zu Füßen.» Unwillkürlich hielt ich bei der Lektüre inne und dachte an diese superklugen Männer. Sie haben sich mit der Zukunft der Menschheit befaßt, waren mit den entscheidenden Problemen der Kernspaltung und des schweren Wassers beschäftigt und suchten nun in der Stunde der Todesbedrohung nicht bei ihrer Wissenschaft und Gelehrsamkeit, nicht bei ihren

Reagenzgläsern und Molekülen ihre Zuflucht, sondern beim heiligen Florian! Überrascht fragte ich mich, wie man ihr Verhalten deuten soll. Wenn sich die schwarzen, auf uns zukommenden Wolken in einem noch nie erlebten apokalyptischen Geschichtsgewitter über unseren Häuptern entladen, so wird es so sein, daß noch ungezählte andere aufgeklärte Menschen ihre Zuflucht beim Gespräch mit den Heiligen suchen.

Doch kehren wir eilig zu unserem Anliegen zurück, denn schließlich sind wir vor allem für unsere Person verantwortlich und haben uns nicht um das Verhalten anderer Menschen zu kümmern.

Es gibt die Gestalt des Heiligen, genau wie es die Gestalt des Patriarchen, des Propheten, des Apostels oder des Reformators gibt. Gelehrt ausgedrückt, ist der Heilige eine Kategorie, das heißt, ein immer anzuerkennender Grundwert. Wer Grundwerte des Lebens in Zweifel zieht, versinkt im Sumpf des Relativismus, und wer sie bejaht, trägt zur Ordnung des Lebens bei. Wahrscheinlich hat man in der Vergangenheit die Gestalt des Heiligen arg mißbraucht. Sie ist darob für viele Christen kreditunwürdig geworden. Darf man aber wegen einiger Entgleisungen gleich alles in Bausch und Bogen verwerfen? Das Gespräch mit den Heiligen ist dem Gespräch in der Bibel zwischen Salomo und Sulamith ähnlich; im Grunde ist es ein Liebesgespräch im höheren Chor, weil es sich in der Kammer des Herzens vollzieht und keineswegs für den öffentlichen Markt bestimmt ist.

Die Überschrift unseres Themas lautet ausdrücklich «Die Heiligen» und nicht «Der Heilige». Unbedingt muß man in der Mehrzahl reden, weil es viele Heilige von stark unterscheidendem Wesen gibt. Unter den Heiligen finden sich Frauen und Männer, Jugendliche und Greise, Gelehrte und Ungebildete, eindringliche Prediger und auch stille Heilige, die in aller Leute Mund sind. Es gibt auch solche, die nicht im römischen Verzeichnis der Heiligen stehen, deswegen aber gar nicht weniger heilig sind. Man muß die Vielfalt und die Verschiedenheit der Heiligen sehen, erst dann wird klar, welcher Gewalttat man sich schuldig macht, wenn man sie alle in das gleiche, vorgeschriebene Schema hineinpreßt. Das Heiligen-Modell ist eine beliebte Sache; es legte sich von selbst auf den Präsentierteller, und viele Biographen haben sich denn auch seiner bedient. Eines aber ist gewiß und kann nicht bezweifelt werden: das Klischee hat viel zum Niedergang des Heiligengespräches beigetragen. Alle Schemata wirken steif und langweilig. Es ist nie interessant, wenn man schon am Anfang einer Geschichte weiß, wie sie endet. Jede Verallgemeinerung ist so nichtssagend wie die gegenwärtigen Schlagworte. Die Typisierung hat zu einer Versteinerung der Heiligen geführt. Wir müssen uns ganz entschieden von dieser künstlichen Stilisierung abkehren, denn sonst gelangen wir nie wieder zu einer ergreifenden Heiligenschilderung, geschweige denn zu einem inneren Gespräch mit ihnen, das doch an erster Stelle steht. Es geht bei der Erfassung eines Heiligen um seine spezifische Eigenart und Essenz, die gewöhnlich nur in Bildern angedeutet werden kann. Dabei wissen wir um das Kreuz dieser Aufgabe genau Bescheid, «daß sie ein Feuer nachbilden soll: ein Feuer, das einmal gebrannt hat» und heute leider nicht mehr brennt. Alle echte Heiligenschilderung bemüht sich unablässig, in die glimmende Glut unter der Asche kräftig hineinzublasen. Sind wir imstande, eine neue, lodernde Flamme zu entfachen, oder löschen wir mit unserer langweiligen Frömmigkeit noch alles aus?

Zunächst muß man sich fragen, in welcher Sprache von den Heiligen geredet werden soll. Ist es die Sprache des Herzens, des Verstandes? Die Tonlage ist keine bloße Verfahrensfrage und läßt sich auch nicht mit dem Stimmen der Instrumente im Orchestersaal vergleichen. Sie hängt mit dem inneren

Verständnis zusammen. Die Heiligen lieben kein lautes Geschrei. Mit einer gewollten Verschwiegenheit wissen sie ihr Geheimnis zu hüten; es ist ein bedeutsames Problem, von ihrem Mysterium zu reden, ohne es zu verletzen. Auf alle Fälle sollte das Gespräch mit leiser Stimme geführt werden, frei von jedem Pathos, ungefähr so, wie wenn man einem Mädchen etwas Liebes ins Ohr sagt.

Aus naheliegenden Gründen haben sich gewöhnlich die Theologen der Heiligenschilderung angenommen. Sie haben ihre fest umrissenen Begriffe und drücken sich auf eine so grundgescheite Art aus, daß fast niemand mehr nachkommt. Aber die Heiligen sind begrifflich nicht zu fassen, ganz abgesehen davon, daß doch alle Christen am Gespräch mit ihnen teilnehmen sollten. Das Geheimnis der Heiligen – um ein solches handelt es sich – läßt sich nicht in dürre Worte fassen und schon gar nicht mit gelehrten Definitionen einfangen. Das geht nicht, und wenn man es trotzdem versucht, schlüpft das Geheimnis dem Menschen zwischen den Fingern hindurch, und unmerklich führt er ein Selbstgespräch statt eine Zwiesprache. Es geht um einen ganz realen inneren Kontakt mit den Heiligen – alles andere versandet schon im Vorfeld. Bei dem Gespräch mit den Heiligen helfen uns Gelehrsamkeit und Wissenschaftlichkeit nicht viel, weil unsere innere Verbindung mit den Heiligen eine Angelegenheit der Seele und nicht des Verstandes ist. Man kann ein eminent kluger Mensch sein und ist doch nicht fähig, mit den Heiligen auch nur zwei Worte zu reden. Wir erfassen auch die Evangelien in ihrer totalen Andersartigkeit nicht mit Hilfe der Vernunft, sondern durchaus mit dem Herzen. Die Herzkräfte sind entscheidend, weil sie das Gespräch mit den Heiligen zu einem Engagement intensivieren, das uns das Blut in die Wangen treibt. Die kritische Zergliederung hilft uns nichts. Es bedarf der Herzpfade und eines feinen Spürsinnes, um in eine innere Verbindung mit den Heiligen zu gelangen.

Wir sollten von den Heiligen in jener geistigen Tonlage sprechen, deren sich Johann Sebastian Bach in seinen Kantaten und Passionen bedient hat. Das ist durchaus angebracht, denn die Heiligen stehen mit der Passion in einem Zusammenhang. Es gibt kein Heiligenleben, das nicht das Leiden gekannt hat. Trauer und Schmerz bewerten sie positiv, weil sie dabei an Sühne und Stellvertretung denken. Heilige und Leiden gehören eng zusammen; der leidende Mensch steht Gott nahe. Deswegen ist es notwendig, leise und zurückhaltend mit den Heiligen zu flüstern, ohne Eleganz oder gar Wichtigtuerei. Man müßte unserem Gespräch anspüren, daß die Heiligen eine Passion erlitten haben.
Sollte man die Heiligen in der Art bezeugen, wie Matthias Grünewald das Engelkonzert auf seinem Weihnachtsbild gemalt hat? Die musizierenden Engel ziehen unwillkürlich die Aufmerksamkeit auf sich und widerspiegeln unübersehbar jene große Freude, die durch die Menschwerdung Gottes allem Volk widerfahren ist. Wir müßten uns bei dem Gespräch unter die musizierenden Engel mischen und in ihr einzigartiges Konzert einstimmen, um der großen Freude teilhaftig zu werden. Das Schöpfungswerk Gottes ist bei den Heiligen gelungen, denn bei ihnen wird die Gottebenbildlichkeit deutlich sichtbar. Wie sollte man darüber aus innerer Freude nicht frohlocken?
Sind jedoch Passionsmusik und Engelkonzert nicht Gegensätze? Bis zu einem gewissen Grade schon, aber auf den Widerspruch kann die christliche Sprache nicht verzichten. Schmerz und Freude gehen bei den Heiligen ineinander über. Sie lebten in einer schmerzlichen Freude und in einem freudvollen Schmerz. Dieser Gegensatz gehört zu ihrem Dasein und ist viel tiefer empfunden, als wenn einer das Leben mit einem lachenden und einem weinenden Auge betrachtet. Auch bei den Heiligen sind Karfreitag und Ostern geheimnisvoll miteinander verbunden, Elend und Herrlichkeit rät-

selhaft verflochten. Hier ahnt man, wie leicht sie mißverstanden werden können und wie schwer es ist, das Verborgene ihres Lebens aufzuzeigen. Aus diesem Grunde stehen wir ihnen mit vielen Fragen gegenüber. Es wäre geradezu stilwidrig, die sich daraus ergebenden Probleme verdecken oder lösen zu wollen. Offen und ehrlich müssen sie dargelegt werden.

Um den richtigen Blick für die Heiligen zu erhalten, müssen einige Voraussetzungen abgeklärt werden. Die Heiligen waren Menschen aus Fleisch und Blut wie wir. Damit ist eine Selbstverständlichkeit ausgesprochen. Wie man bei der Person Christi über der Göttlichkeit die Menschlichkeit nicht übersehen darf, so verhält es sich auch bei den Heiligen. Sie waren natürliche Menschen und wußten um ihres Leibes Beschaffenheit. Wir müssen den Mut haben, die menschliche Seite nachhaltig zu unterstreichen, denn ohne diese Sicht ist das Gespräch zu Ende, bevor es begonnen hat. Wenn wir das nicht tun, bekommen wir nur unglaubwürdige Gestalten zu sehen, denen man ohnehin in vielen faden Heiligenbüchern begegnet. Beispielsweise war Nikolaus von Flüe mit seiner Dorothea wirklich verheiratet. Er hat keine Josefsehe geführt, wie man sie etlichen Heiligen angedichtet hat. Aus seiner Ehe sind zehn Kinder hervorgegangen. Der Leib fordert im Leben seine Rechte genau wie die Seele. Das Mittelalter hat die Enthaltsamkeit allzu stark betont und hat damit manchmal eher einem manichäischen als einem biblischen Ideal gehuldigt. Scheuen wir uns doch nicht, das ewige Menschengesicht des Heiligen hervorzuheben, denn nur dadurch gelangen wir überhaupt zu einem lebensnahen Gespräch, das nicht in einem bloßen Lispeln verhaucht. Das Menschsein ist etwas Großes. Auch bei den Heiligen ist es groß, eine Anerkennung, die uns zu einem charismatischen Realismus hilft, der das Siegel der Echtheit an sich trägt. Glühende Liebe zu Gott läßt sich durchaus mit der natürlichen, innigen Liebe zum ande-

ren Geschlecht vereinbaren. Heilige haben es mit der Übernatur, niemals aber mit der Unnatur zu tun.
Damit hängt eine weitere Voraussetzung eng zusammen. Kürzlich las ich in einem ernsten Buch folgenden Passus: «In den Biographien der Heiligen fehlt immer ein Kapitel. Welches?», fragte der Schreiber. «Es ist das längste, mein lieber Sohn. Es ist das ihrer Unvollkommenheiten.» Man wird es kaum erraten, von wem diese Aussage stammt. Ein Heiliger des vergangenen Jahrhunderts, Vinzenz Pallotti, vermißte in den Heiligenbeschreibungen stets das Kapitel der Fehler der Heiligen, eine Feststellung, die durchaus zu Recht besteht. Wenn Teresa von Avila sich selbst als «ein böses Weib» bezeichnete, vermerkt der Herausgeber flugs in einer Fußnote, die Heilige habe übertrieben, während sie selbst sich beklagte, man habe sie bei der Schilderung ihrer Sünden «sehr gebunden». Verschweigt man aber alle Fehler, werden die Biographien nicht nur einseitig, sondern hemmen auch noch unsern vertraulichen Umgang mit den Boten Gottes, weil wir Menschen voller Fehler und Sünden sind. Wenn wir die Schattenseiten der Heiligen übergehen, berauben wir sie auch ihrer echten Leuchtkraft. Wir können auf den Kontrapunkt nicht verzichten. Aus diesen Gründen mißtrauen viele Christen allen Heiligenbiographien, nennen sie fromme Machwerke und zweifeln an der Echtheit. Vollkommenheit ist nicht der Fehlerlosigkeit gleichzusetzen. Das sind zwei verschiedene Dinge. Nach Vinzenz Pallotti sind Unvollkommenheiten ein Kapitel, und zwar, wie er hinzufügte, «das längste, mein lieber Sohn». Freilich dürfen wir bei allem Respekt vor seiner Gestalt ergänzen: es ist wohl das längste, aber es ist nicht das wichtigste Kapitel. Man liebt keinen Menschen, von dem man nur die Fehler kennt, und wir selber haben es nicht gerne, wenn man uns unsere negativen Eigenschaften dauernd vorhält. Vinzenz Pallotti will uns jedenfalls nicht anleiten, in den Fehlern der Heiligen zu wühlen. Das würde niemandem

helfen, und unser inneres Gespräch mit den Heiligen müßte bald verstummen.

Beschäftigen wir uns mit dem Leben der Dichter, Musiker und Maler, erfahren wir zu oft, daß sie zu Lebzeiten verkannt worden sind. Es legt sich uns auf die Seele, Mozart durch den Erzbischof von Salzburg und durch die meisten Zeitgenossen mißachtet zu sehen, zumal weil der Komponist doch ein ganz unvergleichliches Genie war. Viele Künstler mußten das neidische Unverständnis an sich erfahren; es ist beinahe nicht von ihnen abzulösen. Das Heiligengespräch hat mit einem solchen Problem der Verkennung nichts zu tun. Es war der kleinen Thérèse von Lisieux völlig gleichgültig, wenn man sie im Kloster nicht beachtete. Im Gegenteil, dies war ihr höchst willkommen, weil es ihrem Verlangen nach Demut entsprach. Die Heiligen wollen gar nicht berühmt werden. Sie lehnen jedes Lob ab, leben abseits und wollen auch dort bleiben. Ganz bewußt vermeiden sie alle Publizität, die heute so groß geschrieben wird und die doch so unsympathisch ist. Darin besteht einer der tiefsten Unterschiede zwischen einem Heiligen und einem Genie. Man sollte sich über die Verschiedenheit klar sein – eine Rede vom «genialen Heiligen» richtet nur Konfusion an. Das Geniale verschwindet, sobald man an die Ewigkeit denkt. Als Genie wird man geboren, es ist eine Veranlagung, während dem Heiligen die Gnade geschenkt wird. Der Heilige ist der Mensch der Stille und der Verborgenheit. Alle Anerkennung läßt ihn gleichgültig. Das Gespräch mit den Heiligen findet in einem grundsätzlich anderen Raum statt. Man muß ein Gespür dafür haben, wenn man die geistigen Dinge wieder in Ordnung bringen will. Die Heiligen flüstern uns stets zu: Sei auch du froh, wenn du unbeachtet im Winkel stehst, denn es gibt keinen herrlicheren Platz, als mit Alexius unerkannt unter der Treppe zu liegen; man sieht dort mehr als anderswo.

Nach diesem Präludium stellt sich nun die entscheidende

Frage: Was ist das Wesentliche bei den Heiligen? Warum wenden wir auf einen Menschen das Prädikat «heilig» an, das nach der Bibel vor allem, aber doch nicht ausschließlich, Gott zukommt, denn schon im Alten Testament heißt es: «Ich bin heilig, und ihr sollt auch heilig sein.» Was macht den Heiligen zum Heiligen, und warum kommt auch der heutige Mensch, trotz seiner vorwiegend diesseitigen Interessen, nicht von ihnen los? Ist es nicht seltsam, daß wir bei aller Besserwisserei und bei allem Hochmut in der Tiefe unseres Herzens doch eine geheime Sehnsucht haben, die uns immer wieder zu den Heiligen hinzieht, mag dies nun noch so unzeitgemäß sein? Die sensationellsten Bücher können uns blenden, Schlagzeilen der Zeitungen überraschen – in unserem Inneren wissen wir ganz genau, daß dies alles nur viel Lärm um nichts ist und daß wir ganz zuletzt, wenn aller bengalischer Zauber vorbei ist, doch hören möchten, was uns die Heiligen zu sagen haben.
An der Spitze des Wesentlichen bei den Heiligen steht die Berufung. Kein Heiliger wird als Heiliger geboren. Er lebte zunächst, wie die meisten Menschen, sein eigenes Leben, wie Charles de Foucauld mit seiner molligen Mimi am Genfersee. Ob er sich dabei etwas mehr oder etwas weniger vergnügungssüchtig gebärdete, spielt keine entscheidende Rolle. Eines Tages geschah etwas in diesem triebbedingten Dasein, das Foucauld jäh aufschreckte und seinem Leben eine radikale Wendung gab. Die Umkehr ist das große Wunder im Menschenleben. Der Mensch ist trotz seiner Klugheit ein schwerfälliges Wesen; es stehen ihm für seine trägen Gewohnheiten tausend Ausreden zur Verfügung, mag er sie nun Erbmasse oder Milieuprägung nennen. Die Heiligen dagegen waren wandlungsfähig. Manchmal genügte das Anhören einer biblischen Erzählung wie bei Antonius von Ägypten oder die aus Langeweile erfolgte Lektüre eines Heiligenbuches wie bei Ignatius von Loyola, um den großen Auf-

bruch zu bewirken. Das Erlebnis braucht gar nicht spektakulär gewesen zu sein, zu oft spielt es sich ganz unauffällig ab. Ein geistiger Stoß genügt, um einem Menschen Einhalt zu gebieten und ihn in eine andere Richtung zu weisen. Beim Gespräch mit den Heiligen ist es bedeutsam, sie nach der erregenden Berufungsstunde zu fragen, in der ihre Seele im Lichte Gottes bebte. Man darf über diese alles verwandelnde Stunde nicht schnell hinweggleiten. Solche geistige Explosionen ereignen sich nicht nur im Leben der Heiligen, sondern auch in unserem Dasein. Der Unterschied besteht nur darin, daß wir zwar gewöhnlich auch erschrocken zusammenfahren, aber möglichst schnell darüber hinweg zur Tagesordnung übergehen. Wir haben eine unheimliche Fertigkeit, die geistigen Einbrüche von oben in unserem Leben unwirksam zu machen, während die Heiligen aufhorchten und dem höheren Wink folgten.

Nach der Berufungsstunde begann der Kampf, denn keinem Heiligen ist seine Heiligkeit als reife Frucht in den Schoß gefallen. Auch er hat um sie ringen müssen. Die Kirche spricht gewöhnlich davon, die Heiligen hätten heroischen Tugenden nachgestrebt. Das ist eine altertümliche Ausdrucksweise, die wir nicht mehr verwenden, zumal das brave Wort «Tugend» einen faden, seifenartigen Geschmack bekommen hat. Was aber damit gemeint war, besteht durchaus zu Recht: Die Heiligen haben mit sich gestritten und haben manchmal bis aufs Blut widerstanden. Der Dornenstrauch, darin sich Benedikt vor seiner Höhle wälzte, spricht darüber eine beredte Sprache. Das war kein Ausnahmefall, sondern solche «Dornensträuche» gab es in jedem Heiligenleben auf diese oder jene Art. Die Heiligen haben sich selbst hart angefaßt, waren streng mit sich und ließen sich nicht einfach gehen. Auch Franziskus war nicht jener sonnige Mensch, der unbeschwert in der umbrischen Landschaft wanderte, kannte er doch eine eiserne Selbstdisziplin. Es gilt, die Härte der Heiligen zu sehen, und dann entdeckt man auch den Berührungspunkt zwischen ihnen und uns. Man darf eine Heiligenbiographie nicht zur bloßen Unterhaltung lesen, denn nichts ist so schädlich, wie das Christliche zum geistreichen Diskussionsgegenstand herabzuwürdigen. Der Mensch muß sich selbst die Zügel anlegen, er muß mit sich selbst ringen, und zwar vor allem in geistiger Beziehung. Ob ein Mensch den Kampf mit sich selbst aufnimmt und seelisch wächst, entscheidet über sein religiöses Schicksal. Dies ist nicht im bloß moralischen Sinn zu verstehen. Die Moral ist notwendig, aber wir verwechseln Evangelium und Moral nicht und halten das Moralisieren für ein ziemlich wertloses Denken. Der Kampf um Sein oder Nichtsein wird auf geistiger Ebene ausgetragen. Gelingt uns beim Kampf mit uns selbst kein Durchbruch, dann versandet unser Leben.

Die Heiligen haben eine Aufgabe zu erfüllen. Wenn wir dieses zentrale Anliegen in unserem Gespräch mit ihnen nicht wahrnehmen, dann haben wir uns verhört oder leiden an einer fatalen Schwerhörigkeit. Die von Gott aufgetragene Sendung kann größer oder kleiner sein – dies ist Sache der Vorsehung. Bedeutsam ist allein, daß der Heilige den Auftrag vernommen hat und ihm auch nachgekommen ist. Die Sendung, die Sendung allein ist ihm wichtig. Nach Péguy ist es erstaunlich, mit welch natürlichen Mitteln Jeanne d'Arc ihre übernatürliche Sendung ausgeführt hat. Im Verständnis und in der Erfüllung des Auftrages unterscheidet sich ein Heiliger vom andern. Natürlich darf die Sendung nicht von der Berufung und deren oft jahrelangen Verwirklichung isoliert werden. Sie gehören ganz eng zusammen. Wenn man eines Heiligen Sendung nicht nennen kann, hat man wahrscheinlich nicht verstanden, was er auf unsere Fragen antwortet.

Gewöhnlich distanzieren wir uns in dieser Beziehung von den Heiligen. Wir sind gerne bereit zuzugeben: «Ja, natürlich hatten die Heiligen einen Auftrag, deswegen sind sie eben

Heilige, aber wir haben keine Aufgabe zu erfüllen, denn dafür fehlt doch jedes Anzeichen, und zudem sind wir allzu unbedeutende Leute.» In dieser Weise pflegen wir zu reden, aber, vielleicht ist dies doch zu vordergründig geurteilt. Jeder Mensch, mag er noch so schlicht gebaut sein, hat in seinem Leben ein Wort Gottes zu realisieren. Die Tragik besteht darin, daß wir uns dies gewöhnlich nicht klarmachen und dadurch unsere Bestimmung verfehlen. Die Sendung erkennen, heißt den Sinn des eigenen Lebens erfassen! An der angeblichen Sinnlosigkeit des Daseins gehen heute unendlich viele junge Menschen zugrunde. Ich habe einfache Bauersfrauen gekannt, deren Bildung gewiß nicht groß war, die aber durch ihre Geradheit, Unbestechlichkeit und Verwurzelung das Bibelwort «Der Mensch lebt nicht vom Brot allein» so leuchtend verkörpert haben, daß ich mir daneben ganz klein vorkam. Sie sind gestorben und vergessen, sind aber nach meiner Überzeugung in das Buch des Lebens eingetragen worden, und wessen Namen dort steht, ist ein Heiliger, wenn auch ein unbekannter Heiliger. Die Unterscheidung zwischen kanonisierten und unkanonisierten Heiligen ist eine menschliche Erfindung; Gott schreibt hierin eine andere Schrift, Worte, die wir nicht lesen können.

Die Heiligen sind in ihrem Wesen eine Manifestation Christi. Diese Wahrheit kommt in den alten Heiligenbiographien deutlicher zum Vorschein als in den modernen Büchern. Nach den früheren Darstellungen war man bestrebt, die Kraft Christi in einem oft armseligen Leben hervorzuheben. Die richtig verstandene Heiligenverehrung führt nicht von Christus weg, sondern zu ihm hin. Mit wem hatten es denn Augustin, Bernhard, Katharina von Siena und viele andere zu tun als mit Christus? Die Heiligen sind keine Wiederverkörperung Christi, wohl aber zeigen sie mit elementarer Wucht, welch starke Kraft Christus in einem Menschenleben sein kann. Die Heiligen wissen am besten Bescheid darüber, wie das Evangelium zu verstehen ist. Sie besaßen etwas von der Geistesmacht Christi und illustrierten mit ihrem Leben das Evangelium, und zwar lebendig und aktuell, eindringlich und atemberaubend. Man spürt, ihr Gespräch geht uns alle an.

Wir stehen unter dem Eindruck, daß der heutige Mensch keinen Zugang mehr zur Bibel findet und es ihm Mühe bereitet, sie zu lesen. Er empfindet sie als ein unverständliches, oft verschlossenes Buch, zu dem ihm der Schlüssel fehlt. Verschiedene Umstände sind daran schuld. Hemmend sind u.a. die Massenmedien, bei denen alles im Husch vorbeigeht. Von derartigen Hindernissen nehmen die Heiligen keine Notiz. Sie verlieren kein Wort der Polemik, sondern leben in der Bibel wie der Fisch im Wasser. «Sie essen vom göttlichen Wort», wie die selige Crescentia von Kaufbeuren sich ausdrückte, sie setzen es in die Tat um und geben uns mit jeder Gebärde zu verstehen, daß es da nichts zu deuteln, wohl aber unendlich viel zu tun gibt. Die Heiligen lesen die Bibel, als wäre sie ein an sie gerichteter Brief Gottes. Sie hören den Aufruf: Wacht auf! Darum ist die Meinung, die Heiligen verdrängten Christus und die Bibel, eine nichtsnutzige Ausrede. Das Gegenteil trifft zu: sie führen uns zu ihm hin, so nahe, wie man nicht näher kommen kann.

Mit all diesen Ausführungen ist das Wesentliche an den Heiligen noch nicht zu Ende gedacht. Wer nicht zur gedankenlosen Masse gehören will, muß ein Suchender werden. Erfreulicherweise begegnet man unter den Jugendlichen immer wieder Menschen, die ehrlich und ernsthaft nach einer Lebensanweisung suchen. Freilich finden sie zu oft niemanden, der ihnen dabei behilflich ist. Sie werden mutlos, wenn sie einige Jahre umsonst gesucht haben, geben vorzeitig auf, werden zynisch und sagen: Es ist doch alles nur ein Schwindel. Solche Tragödien im Leben vieler Jugendlicher gehören wohl zum Traurigsten, was es gibt.

Auch die Heiligen waren suchende Menschen, aber sie gehörten nicht zu dem unseligen Geschlecht derer, die immer suchen und doch nie zur Erkenntnis der Wahrheit kommen. Die Heiligen haben, augustinisch formuliert, gesucht, um zu finden, und sie fanden, um erneut zu suchen, damit sie nie zu den glücklich Besitzenden zu zählen seien. Um es ganz kurz und prägnant auszudrücken: Die Heiligen haben den christlichen Weg gefunden. Darin besteht eine ihrer bedeutsamsten Taten. Im Evangelium ist mehrfach vom Weg die Rede. Der schmale und der breite Weg wird erwähnt, und im Johannesevangelium sagt Christus: «Ich bin der Weg, die Wahrheit und das Leben.» Den Weg finden, ist die große Aufgabe im Dasein; sie findet bei den Heiligen die ersehnte Erfüllung. Sie haben den christlichen Weg betreten, einen Weg, der hier auf Erden beginnt und in der Ewigkeit endet. Die Heiligen haben davon verschieden, aber immer in schlichten Worten gesprochen, wie Clemens Hofbauer, der Heilige Wiens, es einmal tat: «Nicht streiten, sondern beten. Es ist besser, man redet mit Gott von dem Sünder, als mit dem Sünder von Gott.» Der christliche Weg ist den meisten unserer Zeitgenossen unmerklich aus den Augen entschwunden – gerade deswegen sind sie so ratlos und so haltlos und wissen die einfachsten Dinge nicht mehr.
Man kann davon nicht reden, ohne wiederum auf die heutige Jugend zu blicken. Es wurde bereits erwähnt, wie wichtig diese Wegfrage für sie ist. Darum dürfen wir mit den Heiligen kein eingehenderes Gespräch führen, ohne die Jugend einzubeziehen. Sie steht heute ohne Leitbilder da. Es gibt verantwortungslose Schriftsteller, die in ihren Romanen zu beweisen versuchen, daß das Vorbild eine Illusion und gleich viel wert ist, wie am Gängelband herumgeführt zu werden. Deswegen ist die heutige Jugend von einem Gefühl der Ohnmacht, Empörung und Verzweiflung beherrscht. Freilich ist es keine leichte Sache, der Jugend die Heiligen als Vorbilder

hinzustellen. Bei den Kindern dürfte dies kaum gelingen, ohne das Bild des Heiligen zu verharmlosen. Die Heiligen haben manchmal göttliche Torheiten begangen, die bürgerliche Menschen irritierten. Man muß selbst den christlichen Weg beschritten haben, um den Mut, die Kunst und die Kraft aufzubringen, heilige Richtbilder den jungen Menschen so vor Augen zu rücken, daß sie Feuer aus Stein schlagen. Gerade das Ungewöhnliche an den Heiligen wirkt auf eine noch begeisterungsfähige Jugend. Wir müssen alle Kraft und den radikalen Ernst darauf konzentrieren, einer mißbrauchten und angeschlagenen Jugend einen neuen Zugang zu den Heiligen zu erschließen, die allein eine wirkliche Alternative zu unserer übersättigten Wohlfahrtsgesellschaft bilden. Wir dürfen nicht mit den bisherigen abgenutzten und verbrauchten Formeln vom heiligen Aloysius mit der weißen Lilie in der Hand zu den jungen Menschen reden, sondern müssen neue Worte finden, Worte, die uns freilich nur geschenkt werden können. Es geht nicht an, im modischen Jargon mit ihnen zu sprechen, haben sie doch ein feines Gefühl dafür, ob eine Rede echt oder ob sie eine bloße Mache ist, hinter der sich eine leere Autorität versteckt.

Zum Schluß noch ein Wort über die Heiligenverehrung. Die Heiligen verfügen, wie wenig Sterbliche, über eine ungewöhnliche Nach-Geschichte. Manchmal ist sie sogar größer als ihre Lebensgeschichte. Die Heiligenverehrung ist in der Kirche eine bedeutsame Frage, und es kann auch keinen Zweifel darüber geben, daß sie im Laufe der Geschichte einen Wandel durchgemacht hat. Aller Wahrscheinlichkeit nach gibt der Begriff der Heiligenverehrung Anlaß zu Mißverständnissen, weshalb er gegenwärtig eher zu vermeiden ist. Ich meine es ganz schlicht: Wenn man von den Heiligen redet, dann redet man nicht von den Toten. Sie leben. Sie sind mit uns unterwegs, und sie wirken in unser Dasein hinein, sonst wäre ein intensives Gespräch mit ihnen gar nicht möglich. Es gibt eine Berührung mit den Heiligen, und wer keine solche erlebt hat, sollte nicht über sie reden. Dabei vermitteln sie keine billigen Rezepte, nach denen die Menschen stets verlangen. Patentlösungen gibt es auf geistigem Gebiet nicht und darf es nicht geben, weil es bei den Heiligen nicht um Nachahmung, sondern immer um Impulse geht. Es gilt, den rechten Umgang mit den Heiligen zu finden. Sie sind für uns gegenwärtig, und wir fühlen uns von ihnen auf eine geheimnisvolle Weise umstellt. Es ist keine bloß ahnungsvolle Gefühlssache, sondern eine innere Glaubensgewißheit. Wenn wir von den Heiligen reden, dann sprechen wir indirekt von Gott. Da Gott in einem Lichte wohnt, da niemand zukommt, vermögen wir auch von ihm nur in Gleichnissen und Bildern zu sprechen. Es gibt Menschen, die von dieser Wahrheit bis ins Innerste durchdrungen sind, und wiederum andere, die eine solche Aussage dem mittelalterlichen Aberglauben gleichsetzen. Niemand bekümmere sich deswegen oder lasse sich unsicher machen. Der Glaube ist, trotz allen Schwierigkeiten, die ihm zuweilen der Verstand bereitet, eine schlichte Sache. Wir sagen in aller Einfalt, daß die Nähe der Heiligen eine Realität ist; wir sind von ihrer unsichtbaren Gegenwart fest überzeugt. Sie sind und bleiben für uns die wahren Begleiter im Leben. Ohne sie würde sich das Dasein verfinstern. Wir sagen nicht, daß mit ihnen alles glatt und glücklich geht, dies auszusprechen wäre naiv, eine Erfahrung, die uns schon das Hiobbuch verbietet. Aber die Heiligen werfen einen hellen Schein auf unseren finsteren Weg. Unser Gespräch mit ihnen hat nichts mit der heutzutage so beliebten Diskussionssucht zu tun. Wir halten davon nicht viel. Das Gespräch mit den Heiligen kann eher mit dem Wort «Gebet» charakterisiert werden. Das gebetsähnliche Gespräch ist erfüllt von der Gewißheit: Es ist heilsam und hilfreich, mit den Heiligen in vertraulicher Verbindung zu bleiben.

Eine erste Einführung: Augustinus

Es ist schade, jedoch nicht zu bestreiten: die gehaltvolle Welt der Kirchenväter ist der Christenheit unbekannt geworden. Nicht nur sind die Väter für die Laien fremde Gestalten, auch die meisten Theologen wissen wenig über sie. Laien und Theologen lesen gegenwärtig psychologische, soziologische und politologische Schriften um die Wette, keinesfalls aber patristische Werke. Wer kennt heute noch den leidenschaftlichen Tertullian, diesen altkirchlichen Kierkegaard, dessen Formulierung «Gottes Sohn ist gekreuzigt – das ist nicht beschämend, weil es eine Schmach ist; und Gottes Sohn ist gestorben – das ist glaubwürdig, weil es eine Torheit ist; und er ist begraben und auferstanden – das ist gewiß, weil es unmöglich ist» das zeitlose, denkerisch nicht zu bezwingende Paradox des Evangeliums ausspricht? Ebenso ist der durch Jahrhunderte hindurch verleumdete Bekenner Origenes erst in unserer Zeit von Henri de Lubac und Hans Urs von Balthasar rehabilitiert worden, so daß wir wieder zu ahnen beginnen, wieviel wir von seinem Schriftenverständnis zu lernen haben. Tertullian, Origenes und noch viele andere Väter führen ein vergessenes, nur dem Fachgelehrten noch bekanntes Dasein. Die Kirchenväter scheinen für die Christenheit nicht mehr zu existieren und sind in unerforschliche Tiefen versunken. Dabei stehen sie doch dem Urchristentum rein zeitlich schon viel näher als die Scholastiker und die Reformatoren. Dank den Vätern wurde Newman zu dem überaus vornehmen Theologen von führender Bedeutung. Es ist eine der großen, derzeit noch völlig ungelösten Aufgaben, die

Kirchenväter neu zu erschließen und sie den heutigen Christen wieder nahezubringen; dieses schwere, sogar ungeheuer schwere Problem zu bewältigen duldet keinen Aufschub. Josef Wittig ließ mir vor seinem Tode sagen: «Die Kirchenväter lebendig zu schildern wäre noch wichtiger, als die Heiligen darzustellen.» Ich meine aber, man sollte das eine tun und das andere nicht lassen. Jedenfalls gehört die Aktualisierung der Kirchenväter zu den dringlichsten Problemen.

Eine einzige Gestalt der Kirchenväter ist dem gebildeten Christen nicht ganz aus den Augen entschwunden: Augustinus. Er verdankt dies neben seiner außerordentlichen Denkkraft und dem rhetorischen Glanz seiner Sprache besonders seinen «Konfessionen», die immer wieder aufgelegt werden. Von den Übersetzungen ist jene von Hermann Hefele in künstlerischer Beziehung wohl dem Originaltext am nächsten. Die «Konfessionen» sind bis zur gegenwärtigen Stunde der geeignetste Einstieg zu einer ernsthaften Lektüre. Dieser Anleitung wollen auch die nachfolgenden Zeilen dienen. Dabei enthalten die «Konfessionen» längst nicht den ganzen Augustin, doch vermitteln sie dem heutigen Leser am ehesten den Zugang zu diesem schöpferischen Christen und grandiosen Denker.

Zwar wurden auch die «Bekenntnisse» in der Neuzeit unterhöhlt. Nietzsche fand sie falsch, augenverdrehend, ekelhaft verlogen und behauptete, dem darin enthaltenen verpöbelten Platonismus fehle der stolze Geist. Außerdem sei das «rührselige sich vor Gott zur Schau stellen» verabscheuungswürdig, und man sähe in diesem kriecherischen Buch dem Christentum in den Bauch. Sein Urteil schwatzte André Suarès nach, indem er in seinem Aufsatz «Misère des Heiligen Augustin» höhnte: «Wie ein Dorfpfarrer hält er sein Bett und die zwei oder drei banalen Szenen, die er in den Bettlaken mit einer Frau aufführt, für die Achse der Welt.» Die geschmacklosen Urteile verraten einen Snobismus, der nichts Großes anerkennt und nicht einmal den Künstler in Augustin wahrnimmt, der von hohem Rang war.

In Wirklichkeit sind die «Bekenntnisse» ein ungemein ergreifendes Werk. Der Erbe einer ganzen Kultur schrieb es, und um seiner Großartigkeit willen überdauerte es auch die Jahrhunderte. Unzähligen Menschen wurde es eine Anleitung zur Meditation über das innere Leben. Die «Bekenntnisse», in meisterhafter Sprache abgefaßt, tönen stellenweise wie Musik, leise klagend und doch süß im Klang. Ein Lehrer der Rhetorik verfaßte das Kunstwerk, das trotzdem nie im bloß Schönrednerischen hängenbleibt. Auf keiner Seite ergeht sich Augustin in leerem Gerede; seine Worte dringen stets zum inneren Bereich vor. Er vermochte Unsagbares sagbar zu machen und erreichte damit eine der seltensten Selbsterschließungen. Sprache und Inhalt bilden in den «Bekenntnissen» eine unauflösliche Einheit und bezaubern durch ihre bedeutungsschwere Form. Augustins «Bekenntnisse» sind eine erschütternde Beichte, in der er nie dem schalen «Kult des Ich» verfällt. Bei aller Ehrlichkeit ist er frei von jener Schamlosigkeit, die sich mit den eigenen Verfehlungen noch brüstet. Augustin schrieb die Bekenntnisse im Ton eines «erkennenden Betens und eines betenden Erkennens». Er ist der Mensch, der vor Gott durchsichtig werden will und daher vor dem Angesicht des Allmächtigen über sein Leben reflektiert. Zuweilen erhebt sich seine Stimme dabei zu wahren Lobpreisungen. Nicht oft wurde in der Geschichte der Autobiographie diese Höhe erreicht; alle kritischen Bedenken gegen die Zuverlässigkeit der Berichterstattung lösen sich in ein Nichts auf. Der innere Glanz wird offenkundig, wenn man die «Bekenntnisse» mit der Lebensbeschreibung des langjährigen Schülers Possidius über Augustin vergleicht, der den zweiten Teil von dessen Leben aufzeichnete. Glücklicherweise ist Possidius' Werklein vorhanden; namentlich vom älteren Augustin erzählt es höchst Wissenswertes. Possidius' Prosa ist geradezu schwunglos und eingetrocknet gegenüber Augustins Autobiographie, die vom Atem der Ewigkeit durchweht ist, den auch der heutige Mensch noch spürt, wenn er sich unvoreingenommen dem Werke stellt.

Augustin war von kleiner Gestalt und machte mit seinem kahlgeschorenen Haupte und den glattrasierten Wangen keinen überwältigenden Eindruck. Der Mann mit dem scharfgeschnittenen Gesicht war von zarter Konstitution und war in seiner Kleidung von betonter Einfachheit. Alle Bilder von Augustin stammen aus späteren Epochen. Von seinem inneren Leben dagegen hat man eine anschauliche Vorstellung, obschon er vor sich selbst bekannte: «Du aber warst innerlicher als mein Innerstes und höher als mein Höchstes.»

An Augustin fällt zuerst die ewige Geistesunruhe des menschlichen Herzens auf. Es ist nicht so sehr der empirische Ablauf seines Lebens mit den verschiedenen Stationen bedeutsam, als vielmehr die in den «Bekenntnissen» geschilderte Ruhelosigkeit seiner Seele. Sie hat weder mit der Unrast noch mit der Betriebsamkeit der modernen Zeit etwas zu tun, da sich Augustin keineswegs in einer hektischen Nervosität verausgabte. Bei ihm wurde die Unruhe schöpferisch, war sie doch metaphysisch und nicht bloß psychologisch ausgerichtet, ein Verhalten, das ihn beinahe zu einer altkirchlichen Faustgestalt machte. Seine Unruhe stachelte ihn zu einem unablässigen Suchen an, das nicht mit treuloser Unbeständigkeit verwechselt werden darf. Augustin war der suchende Mensch schlechthin, der größte aller Suchenden. Die in ihm lebende Unruhe ließ ihn nicht bei einer erreichten Stufe stehenbleiben, sondern trieb ihn unablässig weiter. Er selbst sagte: «So also wollen wir suchen; als solche, die finden werden, und so wollen wir finden; als solche, die suchen werden.» Unermüdlich fragte er, gab sich mit keiner Antwort vorschnell zufrieden, und jede Antwort drängte ihn zu neuen Fragen. Er war der von einer höheren Macht gejagte

Mensch, der, wie ein von Hunden gehetztes Wild, immer weiter und weiter stürmte und sich keine Ruhe gönnte. Nie hätte er zum Augenblick sagen können: «Verweile doch, du bist so schön!» Bis zu seinem vierzigsten Altersjahr fühlte er sich nicht am Ziel. Er selbst schilderte überaus anschaulich seinen Zustand: «Immer näher kam ich und immer näher kam ich, und beinahe packt ich's schon und hielt's! Doch noch war ich nicht dort und packte es noch nicht und hielt's noch nicht und zauderte noch immer, den Tod zu sterben und zum Leben neu zu leben.» Diese metaphysische Unruhe, der nichts, aber auch gar nichts Irdisches Genüge tun konnte, veranlaßte ihn, höher und noch höher hinaufzusteigen, bis er schließlich über sich selbst hinaus gelangte.

Der Höhepunkt dieses Suchertums endigte mit der in der Nähe von Mailand erfolgten Bekehrung. Sie wird in den «Bekenntnissen» ebenso dramatisch wie kunstvoll erzählt, so daß sie sich zu einem der großen Beispiele verdichtete. Zwar ist das Wort «Bekehrung» abgenutzt und voll unangenehmen Beigeschmackes. Besser wäre es, vom entscheidenden Durchbruch zum neuen Leben zu reden. Das augustinische Damaskus warf ihn buchstäblich zu Boden, und im selben Augenblick empfing er eine unerwartete Erleuchtung von oben, die ihn völlig umgestaltete und seinem Leben eine andere Richtung gab. Augustin war nach diesem Ereignis nicht mehr der gleiche Mensch. Wenn er auch noch einige Zeit brauchte, um das Geschehen innerlich zu verarbeiten, war er doch eine neue Kreatur geworden: die unfruchtbare Zeit des Umherirrens war zu Ende, sein Suchertum nahm eine gestraffte Form an, und er wußte fortan um das himmlische Jerusalem. Damals jubelte Augustin: «Frieden der Ruhe, Sabbatfrieden, Frieden ohne Abend.» Er schrieb wundervolle Worte über den abendlosen Tag, Gedanken, wie sie nur ein Mensch zu schreiben vermag, der die innere Ruhe gefunden hat.

Mit einer meisterhaften Psychologie schilderte sich Augustin in den «Bekenntnissen». Damals empfand man die lebensnahe Art der Beschreibung des Aufruhrs der eigenen Seele als eine unerhörte Neuerung. Die Menschen der Antike öffneten ihr Inneres gewöhnlich nicht und blickten gleich den griechischen Statuen mit geschlossenen Augen in die Welt. Ausnahmen sind der Psalmsänger, der klagende Prophet Jeremia und Paulus mit den Ausführungen über das Gesetz, das in seinen Gliedern so widerspruchsvoll streitet. Bei diesen Männern findet sich der Anfang der religiösen Psychologie, die bei Augustin ihre mächtige Entfaltung erfährt. In den «Bekenntnissen» öffnete er sein Inneres: er läßt den Leser in seine Seele hineinschauen und verheimlicht ihm nichts, weil er weiß, daß etwas im Menschen ist, worüber auch sein eigener Geist nichts weiß. Augustin sprach von seinem Ungenügen, von seinen Vorsätzen und von seinem Versagen. Er führte aus, was er sich in religiöser Hinsicht ersehnte und aus Angst vor der Notwendigkeit einer Lebensumgestaltung doch wiederum nicht wollte. Sich selbst im Wege stehend, schrieb er: «So also ist's kein Rätselwesen, halb zu wollen, halb nicht zu wollen, nein, eine Seelenkrankheit ist es.» Kein Mensch vor Augustin hat je sein Innerstes so offen enthüllt und sein Seelenleben so preisgegeben, wie er es getan hat. Er stand seinen inneren Vorgängen nicht verständnislos gegenüber und gehörte nicht zu den Menschen, die nicht wußten, was sie davon zu halten haben. Augustin beobachtete sich selbst genau, dachte unaufhörlich über die seelischen Regungen nach, und darum hat man es bei ihm mit dem ersten großen Psychologen zu tun, für den der Mensch ein tiefer Abgrund und dem sein eigenes Ich zur brennenden Frage geworden war: «Ein abgründiges Geheimnis ist der Mensch.»

Augustin war ein Psychologe ersten Ranges, aber er war keinem Psychologismus verfallen. Davor bewahrte ihn schon die Auffassung von der Seele als dem Reich der Innerlichkeit.

Die christliche Innerlichkeit gewann bei dem Afrikaner ein Ausmaß, das, so wenig wie das Meer, je auszuschöpfen ist. Er faßte die Psyche des Menschen nicht für sich allein ins Auge, sondern immer in Beziehung auf das Ewige. Nie wanderte er bloß die Straße der Gefühle auf und nieder, auch blieb nicht alles in einer Zuständlichkeit hängen. Sie hätte ihn ohnehin daran gehindert, aus seinem Gehege herauszukommen. Augustin schrieb die berühmte Formulierung: «Gott und die Seele will ich erkennen. Nichts anderes? Nein, nichts anderes.» Die Seele befindet sich bei ihm in einem beständigen Gespräch mit Gott, wodurch er zu jener seltenen Überpsychologie kam, die der ganz aufs Metaphysische ausgerichteten Psyche entsprach. Von Gott her wird sie betrachtet, auf ihn bezogen und von ihm durchlichtet. Es gibt bei Augustin neben der äußeren Welt noch ein «Drinnen» und ein «Darüber». Mit diesen neuen Dimensionen wurde der Kirchenvater zum Begründer der christlichen Psychologie, die sich wesentlich von der wissenschaftlichen Schulpsychologie unterscheidet. Die Seele ist bei Augustin das Lebendige, das Göttliche, das sich nie restlos in Definitionen einfangen läßt. Seine christliche Psychologie fand ihre Fortsetzer bei den mittelalterlichen Mystikern, bei Pascal, Kierkegaard und Dostojewski.

Man erhält dieses ungemein bewegte Bild von Augustin aus seinen «Bekenntnissen». Er schrieb sie in seinen besten Mannesjahren. Damit war aber seine Entwicklung nicht zu Ende. Augustin reiste nach seiner Bekehrung nach Thagaste in Nordafrika zurück, um sich dort in einem kleinen Kloster den Studien hinzugeben und «frei von Geschäften vergöttlicht zu werden». Es erwachte in ihm eine starke Beziehung zum Mönchtum. Er war fest überzeugt davon, daß die Klosterinsassen mit der evangelischen Lebensverwirklichung am meisten Ernst gemacht haben. Sein Entschluß stand fest, es ihnen gleichzutun. Er schloß sich ihnen an und wurde

schließlich zu einem der großen Väter des Mönchtums. Er arbeitete für sein Kloster eine ausführliche Regel in zwölf Kapiteln aus und schuf damit die älteste abendländische Mönchsregel, die es überhaupt gibt.
Doch dauerte das stille Leben der Zurückgezogenheit nicht allzulange. Während eines Gottesdienstes in Hippo bestimmte ihn das Volk stürmisch zum Priesteramt und wählte ihn einige Zeit später zum Bischof. Keineswegs ist der von der ewigen Unruhe erfüllte Augustin auf dem bischöflichen Stuhl unnahbar und würdevoll geworden. Er trennte sich in seinem Bischofsamt nicht vom Volk, sondern lebte mit ihm zusammen. Man hat schon bedauert, daß dieser große Geist seine Zeit mit so einfachen Leuten vertrödelt und unter ihnen nicht den ihm entsprechenden Gesprächspartner gefunden habe. Doch ist das Bedauern nicht am Platze. Augustin war wegen seiner Taufe vom intellektuellen Hochmut frei und sah in den einfachen Handwerkern, Hausfrauen und Arbeitern von Hippo jederzeit seine Mitchristen, die alle auch eine Seele hatten wie er und die zu betreuen er sich keine Stunde zu vornehm dünkte. Er liebte seine Herde aufrichtig, und infolgedessen gewann er eine Volksverbundenheit und Volksvertrautheit, wie sie nicht viele Menschen besaßen. Er war vorzüglich befähigt, die Gläubigen seelsorgerlich zu leiten, sie in der Predigt christlich zu belehren und sie, wenn es sein mußte, auch juristisch zu beraten. Jederzeit stand Augustin für sie zur Verfügung, nichts war ihm zu klein, und gerade deshalb steht er so groß da. Der holländische Theologe Van der Meer hat dies in seinem vorzüglichen Buch «Augustinus der Seelsorger» überaus anschaulich geschildert. Man kennt Augustin nur zur Hälfte, wenn man nicht um seine alltägliche, dreißig Jahre dauernde Arbeit in Hippo weiß, die vorbehaltloses Lob verdient. Es ist deshalb uneinsichtig, den jungen, heidnischen, gegen den alten, christlichen Augustin ausspielen zu wollen. Geistig bedeutsam ist vor allem der rei-

fe Augustin, der auch die lebendige Schilderung über seine frühere Phase gegeben hat. Er besaß religiöse Erfahrung und stellte, abgeklärt wie er inzwischen geworden war, alles jugendliche Draufgängertum in den Schatten.
Augustin gehört zu den ganz großen Gestalten der abendländischen Geistesgeschichte. In der Kunst wird er als der Mann dargestellt, der ein Buch liest, auf dem sich ein brennendes Herz befindet. Das sind die zwei ihm zukommenden Attribute; das Symbol der Weisheit und das Symbol des flammenden Herzens. Nach seiner Bekehrung vergaß er seinen Virgil nicht, aber mehr als die Rhetorik bewegten ihn die zeitlosen Probleme des Christentums. Als ein von Gott ergriffener Mensch war es ihm unverständlich, daß sich Gott erniedrigt hat und der Mensch noch stolz ist. Bei aller Anerkennung dürfen jedoch seine Fehler nicht übersehen werden. Freilich erhebt sich an dieser Stelle die Frage: Wer bin ich, daß ich mich zum Richter über Augustin erhebe? Das Verhältnis ist allzu inkommensurabel, als daß ich mich zu seinem Kritiker aufwerfen könnte. Doch handelt es sich nicht um eine unangebrachte Besserwisserei, denn das christliche Gewissen muß allezeit wach bleiben und fragen: Waren die Entscheidungen auch richtig? Von der Verantwortung erfüllt, wage ich auch gegenüber Augustin einige Bedenken anzumelden, wohl wissend, der große Kirchenvater steht so gewaltig da, daß er nichts von seiner wegweisenden Bedeutung einbüßt, wenn auch über seine Unzulänglichkeiten offen gesprochen wird.
Eine der bedauerlichsten Fehlentwicklungen ist Augustins Stellung zum Eros. Der Sohn der Monica war eine erotische Natur. Von Jugend an machte ihm seine Sinnlichkeit zu schaffen, lebte er doch während neun Jahren zusammen mit einer Konkubine, die ihm einen Sohn gebar und die für uns ein namenloses Wesen ist. Wegen des Standesunterschiedes konnte er sie nicht heiraten und mußte sich demzufolge von

ihr trennen. Über dieses traurige Erlebnis schrieb er in den «Bekenntnissen»: «Als mir die Frau von der Seite gerissen wurde, mit der ich lebte, blieb mein Herz dort, wo es an dem ihrigen hing, davon zerrissen und verwundet zurück; und es blutete lange Zeit.» Dieses aufschlußreiche Geständnis kann nur dahin interpretiert werden: Augustin war in erotischer Beziehung der verwundete Mensch! Die Wunde schwärte in seinem Innern weiter, heilte nie richtig und wurde schließlich zu einem seelischen Verhängnis. Der große Muttersohn gewann nie mehr eine natürliche Einstellung zur Frau. Da ihm die Frau seines Herzens verwehrt wurde, bewertete er fortan Eros als eine ihn knechtende Macht und nicht als eine schöpferische Gabe. Tragisch daran war, daß er demzufolge in einer ohnmächtigen Ablehnung gegen das unbotmäßige Fleisch verharrte. Die vergiftete Wunde ist um so mehr zu bedauern, als Augustin seiner geistigen Struktur nach zu den großen Liebenden der christlichen Geistesgeschichte gehörte, der wußte, «kein Gut wird vollkommen gekannt, das nicht vollkommen geliebt wird». Daß es nicht zu einer Synthese zwischen Eros und Agape gekommen ist, hängt mit seiner langjährigen Zugehörigkeit zur Sekte der Manichäer zusammen, von der er die Gleichsetzung von Geist und Licht, von Materie und Sünde übernommen hatte. Der unselige manichäische Sauerteig war in ihn eingedrungen und blieb auch nach Augustins Hinwendung zum Christentum als ein komplexer Rückstand in ihm. Für ihn war der biblische Begriff «Fleisch» gleichbedeutend der Sinnlichkeit und der Erbsünde. Die eheliche Vereinigung blieb ihm suspekt; er schätzte sie niedrig ein und sah in der Josefsehe das Ideal, die doch gar keine vollzogene Ehe ist. Augustin hat mit seiner schiefen Erosauffassung viel dazu beigetragen, daß die Christenheit hierin unfrei empfand und in der Geschlechtlichkeit Sünde statt Schöpfung sah. Diese falsche Weichenstellung des Kirchenvaters bedarf unbedingt einer gründlichen Korrektur.

Wir müssen zwischen einem verheuchelten Bürgermoralismus und einer entfesselten Konsumsexualität den Mittelweg einer heiligen Natürlichkeit suchen und finden.
Auch in der Ketzerfrage spielte Augustin eine verhängnisvolle Rolle. Er sah sich während seiner bischöflichen Tätigkeit verschiedenen häretischen Strömungen gegenübergestellt. Die Donatisten hatten sich zu einer eigenen Kirche organisert, die keine Sünder in ihren Reihen duldete. Augustin versuchte, sich mit ihnen zu verständigen, indem er Religionsgespräche veranstaltete. Er war dazu der richtige Mann, weil er die nötige geistige Überlegenheit besaß, die Geduld aufbrachte und auch über die erforderliche Sanftmut verfügte. So sehr er bestrebt war, auszusöhnen und nicht zu vernichten, kam er nicht zum gewünschten Ziel. Obwohl er beschwörend ausrief: «Trennung von der Einheit ist Trennung von der Liebe, ist Trennung von Christus!», mußte er einen schmählichen Zusammenbruch seiner Friedenspolitik erleben. Da die Donatisten sogar die katholischen Kirchen tätlich anzugreifen begannen, rief Augustin in seiner Bedrängnis den «weltlichen Arm» zu Hilfe, weil er nicht glaubte, man könne die Menschen ohne Strafen erziehen. Augustin meinte, die Zwangsmethoden gegen die Häretiker mit allen zweideutigen Argumenten verteidigen zu müssen, wenn er auch später sagte: «Es geschehe nichts, was grausam, nichts, was unmenschlich ist.» Trotzdem trug ihm seine Rechtfertigung der gewaltsamen Ketzerbekämpfung die ungerechte Bezeichnung «der erste Dogmatiker der Inquisition» ein. Dies war der große Fehler in seinem verdienstvollen Leben. Augustin selbst war es bei seiner neuen Haltung, die einer Kapitulation des Geistes entsprach, nicht wohl zu Mute. Sie hat sich in der Christenheit verheerend ausgewirkt, indem die mittelalterlichen Theologen bedenkenlos auf seiner Bahn weiterschritten, ohne auch nur an eine seiner Einschränkungen zu denken. Die daraus hervorgegangenen Ketzerverbrennungen entsprachen keines-

wegs Augustins ursprünglichem Wollen. Allzu lange schwieg das christliche Gewissen zu dieser unchristlichen Entwicklung; es muß in der Gegenwart die schwere Schuld abzahlen, die es jahrhundertelang auf sich geladen hat.

Trotz diesen Fehlentscheidungen gehört Augustin zu den großen Gestalten der Christenheit. Er ist nicht nur als Mensch, sondern auch als Denker eine überragende Persönlichkeit. Augustin war sich bewußt, daß dem Denken innerhalb des Christlichen bloß ein beschränkter Raum zugewiesen werden kann, weil das Religiöse nur bis zu einem gewissen Grade der verstandesmäßigen Erfassung zugänglich ist. Doch philosophierte Augustin zum Glauben hin und stellte die Maxime auf: «Verstehe, damit du glaubst, und glaube, damit du verstehst!» Der Kirchenvater war ein hervorragender Denker; seine Religionsphilosophie hielt zahlreiche Spannungen aus, und seine Weisheit bestand in einer schauenden Erkenntnis der ewigen Dinge: «Wir sehen die Dinge, weil sie sind; aber die Dinge sind, weil Gott sie sieht.»

Die meisten Werke Augustins sind theologischer Natur und interessieren vorwiegend den Fachmann. Nur wenige Theologen lassen sich an Bedeutung und Wirkung mit Augustin vergleichen. Er war ein genialer Theologe, wie ihn der Westen nicht ein zweites Mal hervorgebracht hat. Man nannte ihn schon eine der Schlüsselfiguren. Tatsächlich gleicht sein Werk einem grandiosen Gebirgsmassiv, das man jahrelang durchwandern kann und dabei immer wieder auf neue Erkenntnisse stößt. Es gibt kaum ein denkerisches Problem, zu dem der intuitive Augustin nicht einen maßgebenden Beitrag beigesteuert hätte. Seine dynamische Denkkraft ließ erfreulicherweise seine universale Religionsphilosophie nie zu einem in sich abgeschlossenen System gerinnen, das als Ganzes angenommen oder abgelehnt werden muß. Augustin blieb stets im Werden. Das Unabgeschlossene in seinem Theologisieren – mehr Methode als System – macht ihn zu einem zeitlosen

Gefährten. Selbstverständlich ist er ein katholischer Denker, das zeigt schon seine Äußerung: «Ich würde dem Evangelium nicht glauben, wenn mich nicht die Autorität der katholischen Kirche dazu bewegen würde.» Die Katholizität Augustins ist evident, aber sie ist bei ihm im Sinne des apostolischen Glaubensbekenntnisses zu verstehen: «Ich glaube an eine katholische Kirche», und ist der ökumenischen Universalität verpflichtet. Er überschreitet die engen konfessionellen Grenzen und führt in die weiten Gefilde der ungeteilten Christenheit. Augustin vertritt eine weit ausholende, umfassende Theologie; den Augustinismus in der Geschichte verfolgen, heißt einer guten Spur nachgehen.

Von seiner Theologie ist für den Nichttheologen auch heute noch die Gotteslehre bedeutsam. Allezeit ist es die Gottesfrage, die den Menschen mehr oder weniger quält und die selbst die Atheisten innerlich nicht zur Ruhe kommen läßt. Gott ist nach Augustin erfragbar, weil er ein überrationales, aber kein irrationales Wesen ist. Augustin hat nicht abstrakt und theoretisch über Gott gesprochen, sondern lebendig, war er doch von ihm in Atem gehalten. Gott war für ihn nicht etwa eine Persönlichkeit, auch das Wort «Geist» befriedigte ihn nicht, weil ihn dies alles an allzu anthropomorphe Vorstellungen erinnerte. «Steige höher, höher; anders ist Gott, erhabener», war seine Meinung. Er sagte einmal sogar, der Christ würde vielleicht am besten von Gott schweigen, weil er doch nur unzulängliche, menschliche Worte hervorstammeln könne. Dies ist nicht im Sinne eines bequemen Agnostizismus gemeint, da Augustin ein von der Unfaßlichkeit Gottes überwältigter Mystiker war. Oft wurde schon die Frage diskutiert, ob Augustin ein Mystiker gewesen sei, doch allein schon seine Vision in Ostia beweist dies eindeutig. Unter «Mystik» darf nicht nur ein ekstatisches Erleben verstanden werden, auch die Berührung des Herzens durch das Göttliche gehört dazu, die Augustin wie wenige gekannt hat. Ohne diese Mystik, die den tieferen Begleitakkord für die zweite Hälfte seines Daseins gab, ist sein späteres Leben nicht zu erklären. Die augustinische Seele strebt nach Kontemplation, nach einem tiefen Kontakt mit dem Unaussprechlichen. Augustin nannte dies den «Genuß Gottes». Gott ist über und in den Dingen, er ist für Augustin unschaubar und unerfahrbar, er ist allem, was wir sagen, ähnlich und unähnlich zugleich, alles Begreifen endigt in einer Unbegreiflichkeit, höchstens sind Annäherungsworte möglich, gemäß seinem Bekenntnis: «Ich schaudere, wie sehr ich ihm unähnlich bin – ich erglühe, wie sehr ich ihm ähnlich bin.» Gott läßt sich nur vom gläubigen Gemüt verehren, aber wenn der Mensch je einmal ihn zu greifen vermeint, darf er sicher sein, daß er danebengegriffen hat. Bei Augustin liegt demnach keine dogmatische Gotteslehre vor. Unablässig kreiste er in existentieller Weise um Gott. Dabei wußte Augustin genau, wie ungenügend er vom Allerhöchsten sprach, und hat, trotz aller Unzulänglichkeit, würdig von ihm geredet.

Von den denkerischen Ausführungen Augustins sind dem heutigen Menschen die theologischen Werke weniger zugänglich als die Darlegungen zur Geschichtsphilosophie. Er hat sie in seinem großen Werk «De Civitate Dei» niedergelegt, an dem er über zwölf Jahre mühsam geschrieben hat. Er versuchte, die von Gott kommende Geschichte der Menschheit zu erfassen und sich selbst inmitten dieser Geschichte zu begreifen. Auch diese Gedankendichtung – nur Dantes «Divina Commedia» vergleichbar – stellt an die Geduld des modernen Lesers gewisse Ansprüche; wer aber nicht nur um der Spannung, sondern um der inneren Vertiefung willen liest, wird reichlich belohnt. Der «Gottesstaat» ist ein gewaltiger Wurf, da zum ersten Male in dieser Weise Geschichtstheologie geschrieben wurde. Schon der Verfasser des Danielbuches und dann der Apostel Paulus haben sich Gedanken über den geschichtlichen Prozeß gemacht, aber es blieben fragmentarische Ausführungen, während Augustin breit ausholt und eine förmliche Summa aufeinandertürmt, die einen Blick nach rückwärts und nach vorwärts gewährt. Augustin erwägt alle Möglichkeiten; seine Geschichtsphilosophie ist deshalb wirklich ausgedacht und ausgewogen, weshalb denn auch die späteren Geschichtsdenker in seinen Fußstapfen gewandelt sind. Bei Augustin stellt man ein tiefes Ringen mit dem abgründigen Rätsel der Geschichte fest, eine Bemühung, die ihn zum Begründer der Geschichtsphilosophie macht, die diesen Namen auch verdient. Für ihn war die Weltgeschichte kein sinnloses Geschehen, sondern eine Bewegung zu einem überirdischen Ziel. Wie die Apokalyptiker versuchte auch er die Geschichte als Theodizee zu verstehen und entwarf ein grandioses Gemälde vom geschichtlichen Prozeß, indem er von der Idee einer Rechtfertigung der göttlichen Vorsehung ausging. Gott leitet die Geschichte in unsichtbarer, atembeklemmender Art, und ihr Gang ist der Schauplatz seines verborgenen, aber gerechten Gerichtes. «Die Weltgeschichte ist das Weltgericht» – diesen Satz Schillers hat Augustin vorweggenommen. In unheimlich wahren und scharfen Worten nannte er die Staaten «die großen Räuberbanden». Nach dem Vorbild der neuplatonischen Philosophie würdigte er die Geschichte zunächst unter ästhetischen Gesichtspunkten. Sie ist für ihn ein dramatisches, Himmel und Erde umspannendes Gedicht, dessen Anfänge in der jenseitigen Engelswelt liegen, sich dann auf diese Erde herabsenken, um zuletzt wieder zum Himmel aufzusteigen, weil die Gottesschau das Wesen der ewigen Seligkeit darstellt. Niemand wird dieser metaphysischen Betrachtung der Geschichte die wuchtige Bedeutung absprechen können, selbst wenn sich daneben auch wieder geschichtsverkennende Urteile finden, die das historische Geschehen nur als eine Folge des Sündenfalles auffassen, ohne der Geschichte ihren Eigenwert zuzuerkennen. Augustin sann auch über die Einteilung der Geschichte nach, unterschied sechs Epochen und verstand sich selbst als im letzten Weltalter lebend, dessen Dauer nach ihm jedoch unberechenbar ist. Er glaubte, jedes Weltalter beginne mit einem Morgen und schließe mit einem Abend, der stets in der Katastrophe ausklinge.

Gewiß finden sich im «Gottesstaat» auch langatmige Ausführungen, die den heutigen Leser nicht ohne weiteres interessieren. Was aber das Buch unvergänglich macht, besteht darin, daß es kein spekulatives Studierstubenprodukt ist. Augustin schrieb es aus einer konkreten Situation heraus, lebte er doch in den Jahrzehnten, in denen das innerlich morsch gewordene Römische Reich im Sterben lag. «Wird Rom untergehen?», fragte er mit zitternder Stimme, während er sich über die schwere Bedrohung des Abendlandes keine Illusionen machte. Unter der Führung von Alerich eroberten die Goten Rom, vor dessen Toren einst sogar Hannibal zuschanden wurde. Was noch nie geschehen war, ereignete sich während Augustins Lebenszeit: das stolze, ewige Rom fiel in Feindeshände und wurde zerstört. Das Ereignis regte Augustin im fernen Afrika furchtbar auf, denn der Afrikaner fühlte sich in seinem Wesen doch als Römer. In einer Predigt sagte er: «Furchtbare Meldungen sind gekommen von Niederwerfung, Feuerbränden, Raub- und Mordtaten und qualvollen Mißhandlungen. Wir hörten es, und immer wieder mußten wir seufzen und weinen und können uns kaum trösten.» Aber er gebärdete sich nicht wie ein Verzweifelter, sah vielmehr in der furchtbaren Katastrophe einen Eingriff Gottes, der das faule Fleisch aus der menschlichen Kultur herausschneidet und die Welt zum Nachdenken bringen will. Kaum zwei Jahrzehnte später drangen die Vandalen über Spanien in Nordafrika ein und belagerten monatelang Hippo. Augustin lag damals auf seinem Sterbelager; der Waffenklang drang in seine Fieberträume und machte ihm das Sterben schwer.

Diese geschichtliche Situation muß man bedenken, liest man den «Gottesstaat», der ein zeitnahes und kein gelehrtes Philosophieren über den Sinn der Geschichte enthält. Augustin konfrontierte bei der Niederschrift seines Werkes seinen christlichen Glauben mit den geschichtlichen Ereignissen, begriff das Geschehen als einen Kampf zwischen Glauben und Unglauben, als ein Ringen zwischen den himmlischen und den irdischen Mächten und erfaßte die geschichtliche Existenz des Menschen als ein Leben in Katastrophen. Das menschliche Dasein ist nie eine Idylle, ist es doch beständig bedroht. Der Christ hat sich immer der dunklen Mächte zu erwehren. «Schlimmer als je wird jetzt in den christlichen Zeiten die Welt heimgesucht», rief Augustin aus und wußte zugleich, daß es sich in dieser bedrängten Situation zu bewähren gilt. Nach ihm schreiten die Heiligen «zwischen den Verfolgungen der Welt und den Tröstungen Gottes ihren Pilgerweg dahin». Er ließ sich innerlich vom finsteren Zeitgeschehen nicht überrollen, da es ihm klar war, daß vieles, daß der ganze Plunder, den der Mensch so gierig zusammenrafft, dahinsinkt und daß nur wenige geistige Werte überdauern werden. In der ärgsten Notzeit hat Augustin das Wort ausgesprochen, das wie ein tröstliches Licht auch in unsere Dunkelheit hineinleuchtet: «Was in Christi Hut steht, kann kein Barbar uns rauben.»
Augustins Wirken ist unübersehbar und nicht in Worte zu fassen. Die Kirche und auch die Ketzer berufen sich auf ihn. Der Afrikaner ist ein Ferment der Unruhe in der Christenheit geblieben. In seinem Schatten befand sich mehr oder weniger die gesamte mittelalterliche Religionsphilosophie. Auch die Reformatoren waren ihm stark verpflichtet: Calvins Prädestinationslehre ist ohne Augustin nicht zu denken. Ebenso ist die leidenschaftliche Auseinandersetzung über die Gnadenlehre im siebzehnten Jahrhundert von ihm beeinflußt. Noch im Zeitalter der Aufklärung lassen sich mannigfache

Spuren seines Geistes feststellen. Erst das neunzehnte Jahrhundert glaubte, ohne ihn auskommen zu können, worin es sich täuschte. Augustin ist unausschöpfbar – die Geschichte seiner Nachwirkungen zu schildern würde ein eigenes Buch erfordern.

Vieles wurde zum Lobe des geistesmächtigen Afrikaners gesagt, etwas vom Wesentlichsten schrieb Pascal über Augustin: «Jesus Christus, Sankt Paulus stehen in der Ordnung der Liebe zu Gott, nicht in der des Geistes; sie wollen nicht unterrichten, sondern entzünden; ebenso Sankt Augustin.» Das ist sachlich geurteilt und trifft das Wesen Augustins. Der Kirchenvater stand in der Ordnung der Liebe, und die Liebe war ihm auch das einzige Erkennungszeichen des echten Christen: «Wer die Liebe hat, ist aus Gott geboren; wer sie nicht hat, ist nicht aus Gott geboren. Das ist das große Unterscheidungsmerkmal.»

Wenn ich die andeutenden Hinweise auf den Geistesriesen der abendländischen Christenheit überblicke, kommt mir unwillkürlich die auch von Künstlern dargestellte Legende in den Sinn: Augustin wanderte einst dem Meeresstrand entlang und sann über das Geheimnis der Gottheit nach. Da begegnete er einem spielenden Kinde, das mit einem Schälchen das unermeßliche Wasser in sein kleines Gefäß schöpfen wollte. Augustin betrachtete die vergeblichen Bemühungen des Kindes, als ihm plötzlich auch die Unmöglichkeit seiner Denkanstrengungen klar wurde: der Mensch kann das göttliche Mysterium nicht ausschöpfen. Das Erlebnis des Kirchenvaters versinnbildlicht zugleich das Unterfangen, die gewaltige Persönlichkeit Augustins in einem kurzen Beitrag hinreichend darzustellen. Alles, was man über Augustin sagt, ist nur ein kleines Schälchen Wasser gegenüber dem unendlichen Meer.

An den Gestaden des Bodensees: Konrad von Konstanz

In der ersten Hälfte des sechzehnten Jahrhunderts ereigneten sich schauderhafte Dinge in Konstanz. Männer drangen mit Äxten und Hämmern in die Kirche ein und zerstörten in blinder Wut Bilder und Statuen. Selbst den alten Konradsaltar vernichteten sie, brachen gewaltsam sein Grab auf und warfen einige Gebeine des Heiligen in den Bodensee. Den silbernen Schrein brachte man in die Münzwerkstätte – nichts war den rohen Gesellen heilig. Der Bildersturm hinterließ auch in Konstanz ein Trümmerfeld. Eine Krankheit wie der Veitstanz oder der Hexenwahn hatte die fanatisierte Volksmenge befallen.

Wir schütteln verständnislos den Kopf über diese rüpelhaften Raufbolde, die unter dröhnenden Schlägen kostbare Kunstwerke zu Kleinholz zusammenschlugen. Der Bildersturm war ein Ausdruck jenes aggressiven Zerstörungstriebes, der in der Weltgeschichte immer wieder die ordnenden Kräfte bedroht.

So naheliegend unsere Entrüstung über die zügellosen Bilderstürmer ist, so genügt es doch nicht, über sie bloß empört zu sein. Diese allzu billige Gebärde unterliegt dem Urteil des Apostels Paulus: «Denn worin du einen andern richtest, verdammst du dich selbst; weil du eben dasselbe tust, was du richtest.» Wir zertrümmern keine kostbaren Bildwerke mehr, weil wir gebildete und gut erzogene Menschen sind, aber, wer wollte im Ernst bezweifeln, daß gegenwärtig ein etwas anders gearteter Bildersturm durch die Kirche fegt, der ebenso kahle Räume zurückläßt?

Dieser neue Bildersturm schiebt die Heiligen aus der Kirche hinaus und gewährt ihnen in den neuen Betonkirchen keinen Platz mehr. Was den heiligen Konrad von Konstanz betrifft, haben auch wir ihn in den Hintergrund unseres Bewußtseins verdrängt. Wer lebt im Geiste noch mit ihm? Im Buch «Heilige in ihrer Zeit» finden sich allerlei neue, uns ganz fremd anmutende afrikanische Heilige – Bischof Konrad von Konstanz ist mit keinem einzigen Wort genannt. Ebenso verhält es sich mit dem umfangreichen Werk «Gottes heilige Schar». Man hat sogar in der neuen Ausgabe der «Legenda aurea» das Kapitel über den heiligen Konrad fallengelassen. Die Bilderstürmer des sechzehnten Jahrhunderts haben seine Gebeine zerstreut, und wir kultivierten Menschen des zwanzigsten Jahrhunderts haben ihn aus unserem Gedächtnis hinausgefegt. Das eine ist so pietätlos wie das andere.
Uns ist die Aufgabe gestellt, das Bild des heiligen Konrad neu zu beschwören, damit er in seiner Größe leibhaftig vor unseren Augen steht. Es geht uns nicht darum, ein verstaubtes Bild aus der Vergangenheit aufzupolieren, sondern wir versuchen, dem Heiligen real zu begegnen, und sind an einer lebendigen Tradition interessiert, einer Überlieferung, die uns in Atem hält und auf die wir nicht zu verzichten gewillt sind, weil wir keine Anpasser sein wollen. Ein wirklich erlebtes Erbe ist zur inneren Erneuerung der Christenheit unentbehrlich. Es ist unser leidenschaftliches Anliegen, die im Evangelium verborgenen Urkräfte zu wecken.
Freilich ist diese Aufgabe beim heiligen Konrad nicht leicht zu bewältigen, handelt es sich doch bei ihm um einen Menschen des romanischen Zeitalters. Er war noch nicht von der gotischen Unruhe aufgewühlt, die uns verständlicher anmutet, weil wir selbst in einer seelischen Unsicherheit stecken. Die Romanik war von einer geordneten, erfüllten Gottesbeziehung getragen, die tiefer gelagert ist als die gotische Sehnsucht. Man spürt noch heute diese Ruhe in Gott, wenn man

den Raum einer romanischen Kirche auf sich wirken läßt. Das Lebensgefühl der Romanik kennt noch die einfache, geformte Haltung, deren Innerlichkeit von keinem Zweifel und keiner Zerrissenheit unterminiert ist. Aus diesem Grund ist in der ältesten Vita über Konrad nicht die Rede davon, den Werdegang des Heiligen psychologisch zu erhellen; es fehlen alle subjektiven, den modernen Menschen interessierenden Elemente. Trotzdem steht der heilige Konrad nicht nur mit Mitra und Stab steif vor uns als ein Bischof, der nach allen Seiten freundlich mit dem Haupte nickt. Das ist ein Vorurteil, ist Unkenntnis und Verständnislosigkeit. Gewiß hat Konrad vor tausend Jahren gelebt, aber nach dem Psalmisten sind tausend Jahre vor dem Herrn wie der gestrige Tag. Wenn uns eine kleine Ahnung von Gottes Zeit aufgegangen ist, dann überfliegen auch wir diesen Zeitraum mit der gleichen Kraft wie der Psalmist, der mit Gott über Mauern springt. Gelingt es uns nur ein wenig, das wahre Antlitz des Heiligen zu schauen, werden wir überrascht sein, mit welch lebendiger Stimme dieser Mann des zehnten Jahrhunderts zu uns heutigen Menschen spricht.

«Der selige Chunrad», wie ihn die alten Texte nennen, stammte aus einem alemannischen Adelsgeschlecht, das seinen Stammsitz auf der Burg Altdorf bei Ravensburg hatte. Über die Kindheit Konrads wissen wir nichts. Seine adelige Abstammung ist jedoch bedeutsam, weil sich bei Konrad der erbliche Adel mit dem Adel des Geistes verband. Das Wort «adelig» hat für uns, wie der Begriff «Ritter», wieder einen hehren Klang bekommen, nachdem wir mit eigenen Augen gesehen haben, was für eine verheerende Wirkung es hat, wenn der Mob die Leitung an sich reißt. Massenbewegungen sind auf niedrige Instinkte erpicht, während ein von innerem Adel erfüllter Mensch Respekt einflößt. Konrads adelige Gesinnung schloß ein verantwortungsbewußtes Denken und

Tun in sich – eine vornehme und noble Haltung aber ist heute nötiger als je.
Konrads Eltern waren darauf bedacht, ihrem Sohn eine gute Bildung zu vermitteln, die schon damals ein unentbehrliches Gepäck für die Lebensreise war. Der Knabe besuchte deshalb die Domschule in Konstanz, wo er später die Priesterweihe empfing. Er erlebte einen raschen Aufstieg zum Dompropst, und als Bischof Nothing starb, war die ganze Bevölkerung gespannt, wer den bischöflichen Stuhl besteigen werde. Der heilige Ulrich aus Augsburg weilte wegen der Begräbnisfeierlichkeiten in Konstanz und ordnete ein dreitägiges Fasten an. Man bat ihn hernach um seinen Vorschlag, worauf er kurz antwortete: «Dompropst Konrad halte ich für den Würdigsten.» Seine Äußerung wurde wie ein göttliches Orakel aufgenommen. «Gott selbst hat heute Konrad zum Bischof gewählt», rief das Volk in seiner Begeisterung aus. Kornad dagegen fühlte sich zu jung für dieses Amt. Der damals erst Dreiunddreißigjährige glaubte die schwere Bürde nicht tragen zu können. Sein Sträuben half ihm nichts; Ulrich redete ihm zu, und Konrad trat die Nachfolge an.
Konrad war in jeder Beziehung ein ausgezeichneter Bischof. Weit entfernt davon, sein Amt als eine bloße Sinekure zu betrachten, begnügte er sich vom ersten Tag an mit einer patriarchalischen, einfachen und genügsamen Lebenshaltung. Sein großes Bistum umfaßte die Hälfte von Württemberg und der Schweiz, ganz Oberbaden, das bayerische Allgäu und Teile von Vorarlberg. Konrad nahm die bischöflichen Pflichten ernst und bewältigte ein ernormes Arbeitspensum. Der Bau und die Pflege von Gotteshäusern waren ihm ein Herzensanliegen. Allein in Konstanz errichtete er drei neue Kirchen. Da Konrad von Haus aus sehr vermögend war, stattete er sie mit eigenen Mitteln reichhaltig aus, was selbst für einen reichen Mann nicht selbstverständlich ist. Ebenso nahm er sich der Armen an und ließ ihnen seine ganze

Wohltätigkeit zukommen. Er baute vor den Toren der Stadt ein Krankenhaus, dem er die Reliquie eines Splitters vom Kreuze Christi schenkte, woraus der Name für die Ortschaft Kreuzlingen hervorging. Wenn die Heilige Schrift das Bild des Bischofs mit den schlichten Worten «Vorbild der Herde» beschreibt, so entsprach diese Charakterisierung dem Wesen Konrads. Er gehörte zu den zahlreichen heiligen Bischöfen des zehnten Jahrhunderts, wie Wolfgang von Regensburg, Ulrich von Augsburg, Heribert von Köln, Adalbert von Prag usw., die sich vorteilhaft von den pflichtvergessenen Vertretern des damaligen Papsttums unterschieden. Es ist überaus wichtig, daß die Kirche vorbildliche Bischöfe hat, die vom Volk verehrt und nicht kritisiert werden. Konrad war ein väterlicher Bischof. Er scharte seine Kleriker um sich und wurde von ihnen geliebt. Er war gütig und strahlte Milde und Liebe aus. Wenn er aber pflichtvergessener Nachlässigkeit begegnete, war er streng und wagte es, mutig dem Bösen entgegenzutreten. Auch in unserer Zeit ist es bedeutsam, daß die Bischöfe bei aller Aufgeschlossenheit fest bleiben und keiner bloß modischen Zeitströmung nachgeben. In einer Stunde der allgemeinen Verwirrung hat die Kirche Bischöfe nötig, die weder müde werden noch ratlos dastehen, die vielmehr klar sehen und der Geistlichkeit führend vorangehen. Die Demokratisierungsbestrebung in der Kirche ist ein augenblickliches Schlagwort – dies darf ich als ein Sohn der ältesten Demokratie wohl sagen. Konrad wußte noch um den hierarchischen Aufbau der Kirche und gehört deshalb auch in dieser Hinsicht zu den Urbildern, an denen wir uns orientieren müssen.

Die zum bischöflichen Aufgabenkreis gehörenden Visitationen brachten es mit sich, daß Konrad viel auf Reisen war. Dabei war er sich wohl bewußt, daß die Christen an sich Pilger und Fremdlinge auf Erden sind. Obschon er in einer bischöflichen Residenz wohnte, hat er sich selbst als Pilger verstanden, was keineswegs eine überholte Auffassung ist. Das Selbstverständnis des Pilgers begreift den Menschen als ein Wesen, das stets unterwegs ist und das nie allzu seßhaft werden darf. Die Christen haben hier keine bleibende Stätte, sondern sie suchen die zukünftige, für sie heißt es, sich nicht festzuklammern, sondern auf das Ziel zuzuschreiten. Der echte Pilger unterscheidet sich vom bloßen Wanderer. Es geht um eine seelisch-geistige Einstellung, die den Menschen davor bewahrt, unmerklich in der Endlichkeit zu versinken. Konrad unternahm im Abstand von je zehn Jahren dreimal eine Reise ins Heilige Land. Das war zu jener Zeit eine große Leis'ung, denn er reiste meistens zu Pferd. Das Zeitalter der Kreuzzüge mit seinen kriegerischen Unternehmungen war noch nicht angebrochen, und die Pilger wurden von der mohammedanischen Bevölkerung noch nicht belästigt. Aber die Reise war weit und mühsam, gefahrvoll und kostpsielig; sie dauerte viele Wochen, während denen man eine richtige Heilig-Land-Frömmigkeit entwickelte. Konrad war vor allem darauf bedacht, die Stadt Jerusalem zu sehen, die ihm ein Abbild der himmlischen Stadt bedeutete. Durch die ganze Kirchengeschichte läßt sich die geheime Sehnsucht nach Jerusalem verfolgen. Sie hat den Liederdichter zu den Versen inspiriert:

Jerusalem, du hochgebaute Stadt,
Wollt' Gott, ich wär' in dir!
Mein sehnend Herz so groß Verlangen hat
Und ist nicht mehr bei mir.
Weit über Berg' und Tale
Weit über blaches Feld
Schwingt es sich über alle
Und eilt aus dieser Welt.

Das in der «Geheimen Offenbarung» geschilderte neue Jerusalem ist für den Christen zugleich auch die unentbehrliche geistige Richtschnur zu seiner Orientierung. Von ihr gilt die Losung Tersteegens:

Ein jeder sein Gesichte
Mit ganzer Wendung richte
Steif nach Jerusalem.

Die Stadt Davids bedeutete für den Pilger des Heiligen Grabes vor allem die Stadt, in der Christus den Erlösungstod für den Menschen gestorben ist. Konrad betrachtete diese einzigartige Stätte nicht nur mit seinen leiblichen Augen, sozusagen wie ein moderner Tourist, sondern wie es in der alten Vita heißt, auch «mit den Augen des Glaubens»: er sah durch die sichtbaren Dinge hindurch auf die unsichtbaren Dinge. Er hat die Erlöserkirche mit der Grabstätte Christi geradezu studiert und ist mit genauen Zeichnungen nach Hause gegangen.
In Konstanz ließ Konrad in der von ihm erbauten Mauritiuskirche eine genaue Kopie des Heiligen Grabes erstellen. Er dachte dabei an nichts anderes als an eine intensive Vergegenwärtigung des Leidens Christi. Für die Gläubigen sollte die Passion des Herrn kein bloß geschichtliches Faktum sein, sondern ein immerwährendes Geschehen. «Bis an das Ende der Welt wird die Agonie Jesu dauern; nicht schlafen darf man bis dahin», schrieb Pascal. Das Leiden und Sterben Jesu Christi hat sich in der Seele des Christen stets zu wiederholen. Konrads Nachbildung des Heiligen Grabes in der Konstanzer Kirche lag ein ähnlicher Gedanke zugrunde, den in unserer Zeit Josef Wittig mit seinem bekannten Buch «Das Leben Jesu in Palästina, Schlesien und anderswo» hegte: «Immer Neues wird er sagen können von seinem Zusammensein und Einssein mit Christus, wie Christus in ihm lebt und in ihm

wirkt.» Das Mittelalter hat es besser verstanden als wir, daß allein durch die Vergegenwärtigung das Evangelium zu einer lebendigen Angelegenheit für den Christen wird. Der heilige Konrad hat hierin einen geistlichen Weg beschritten, der auch für uns noch gangbar ist. Anders holen wir die verlorengegangene Frömmigkeit nicht zurück, jedenfalls jenes gehaltvolle Frommsein nicht, das das ganze Wesen eines Menschen durchdringt.

Konrads bischöfliches Wirken umfaßte auch die Sorge um die Klöster. Er unterstützte die Klöster St. Gallen, Rheinau, die Fürstabtei St. Blasius usw. Nach dem Einfall der Ungarn, die viele Klöster plünderten, half er tatkräftig beim Wiederaufbau. Er liebte es, geraume Zeit in ihnen zu wohnen, an den Gottesdiensten teilzunehmen und sich am asketischen Leben der Mönche zu erbauen. Der Bischof kannte die Klöster aus eigener Anschauung, war er doch ein überaus gern gesehener Gast. Er wußte um die Bedeutung des monastischen Lebens für die ganze Kirche. Ein Kloster ist eine Gottesburg, die dem Zeitgeist trotzt; es ist ein Haus des Gebetes, erbaut aus lebendigen Steinen. In ihm singen die Mönche das Lob Gottes, Tag für Tag und Jahr für Jahr.
Wir verstehen dies heutzutage wieder etwas besser, da viele Klöster stagnieren oder gar von einem auflösenden Geist bedroht sind. Diese Wahrnehmung schmerzt, weil ein totes Kloster ein überaus trauriger Anblick ist. Es kommt schwerlich zu einer Erneuerung der Christenheit ohne einen wiedererweckten klösterlichen Geist. Dies hat Konrad auf seine Art schon damals erfaßt und war deswegen ein wahrer Freund der Klöster. Seine bejahende Beziehung ist eine Aufforderung an uns, die Klöster anders einzuschätzen, als es die dumpfen Menschen von heute tun. Klöster verkörpern ein christliches Leben, Klöster haben eine Kultur hervorgebracht, und ohne Klöster verarmt die Christenheit.

Aus dem Leben Konrads wird eine Begebenheit berichtet, die von jeher die Menschen interessiert hat und die auch schon in der ältesten Vita vermerkt wird. An einem Ostersonntag hielt der Bischof im Münster das Pontifikalamt. Während der Meßfeier ereignete sich ein fatales Mißgeschick. Die Ministranten standen seitlich vom Altar, die Wandlung war bereits geschehen, als sich aus einem feinen Spinnennetz am Altar plötzlich eine Spinne senkte und in den Kelch fiel. Alle Beteiligten schauten erschrocken auf den Bischof und fragten sich, was er jetzt wohl tun werde, denn die Spinne war nach einem mittelalterlichen Aberglauben ein todbringendes Tier. Konrad teilte diese Annahme; trotzdem wagte er es nicht, mit seinen Händen das im heiligen Blut schwimmende Tierchen herauszunehmen. Er wollte jede Verunreinigung vermeiden, setzte den Kelch an seine Lippen und trank den Inhalt mitsamt der Spinne. Die Priester entsetzten sich und glaubten, der freudvolle Ostertag endige unvermeidlich in einer maßlosen Trauer.
Nach Beendigung des Gottesdienstes ging Konrad in sein Gemach in Erwartung seines unmittelbar eintretenden Todes. Er aß nichts, saß schweigend da, das Haupt nachdenklich in die Hände gestützt. Er beruhigte nur die ihm nahestehenden Priester, bückte sich dann ein wenig, öffnete den Mund und heraus lief die Spinne. Es war Konrad nichts geschehen. Der Bischof hatte das umgekehrte Schicksal erlebt, das Christine in Gotthelfs dramatischer Erzählung «Die schwarze Spinne» beschieden war. Fortan malte man den Bischof von Konstanz mit Kelch und Spinne, die in der Ikonographie zu seinen Attributen geworden sind.
Die seltsame Begebenheit hat für uns die Bedeutung eines Zeichens. Die Eucharistiefeier stand immer im Mittelpunkt des katholischen Gottesdienstes und war das objektive Geschehen, das nicht von der subjektiven Würdigkeit des Priestes abhing. Trotzdem war sie – sinnbildlich gesprochen –

immer wieder von einer Spinne bedroht, die ihre theologischen und philosophischen Netze darum herum spann. Ohne Bild gesprochen heißt das, daß man seit der Scholastik versucht hat, durch intellektuelle Auslegung der Kommunion sich stets des Geheimnisses des Glaubens zu bemächtigen. Statt die Worte Christi: «Das ist mein Leib und das ist mein Blut» ganz schlicht zu glauben und von der Gewißheit erfüllt zu sein, daß hier Heiliges unmittelbar in unserer Gegenwart geschieht und dieses Heiligste anwesend ist, maßte sich die Vernunft immer wieder an, den Vorgang zu deuten und zu erklären, ihn mit allerlei gelehrten Worten zu interpretieren, ihn, der doch seinem Wesen nach unerklärlich ist und bleibt. Die Gefahr, die der Eucharistiefeier heute droht, heißt eindeutig Experimentiersucht. Seit einigen Jahren probiert man beständig an der Gestaltung der Messe herum – das ist nichts anderes als die Spinne; sie bedroht allezeit das Altarsakrament. Nehmen wir uns auch hierin Konrad zum Vorbild, der sich ruhig verhielt und gerade dadurch leben durfte.
Die Engelweihe ist ein weiteres wunderbares Geschehen im Leben Konrads. Er mußte nach dem damals zu seiner Diözese gehörenden Einsiedeln gehen, um dort am 14. September 948 die über die Meinradskapelle erbaute Kirche zu Ehren der Muttergottes zu weihen. Nach Mitternacht begab sich Konrad in die Kapelle mit dem Wunsch, sich für die Weihe vorzubereiten. Er kniete in tiefer Gebetsversunkenheit und hörte plötzlich einen wundersamen Engelsgesang. Er schaute auf und sah voller Staunen, daß Christus selbst die Gnadenkapelle weihte. Überrascht vom unerwarteten Geschehen, erzählte er am nächsten Morgen sein nächtliches Erlebnis und weigerte sich, die Kapelle zum zweiten Male zu weihen. Doch die Mönche schüttelten ungläubig den Kopf, mißtrauten seiner Erzählung und verlangten die ordnungsgemäße Weihe. Es blieb Konrad nichts anderes übrig, als sich ihrem Wunsche zu fügen. Im Augenblick aber, da er den Segen

sprechen wollte, erscholl eine Stimme von oben, die von allen Anwesenden gehört wurde: «Halt ein, Bruder, diese Kapelle ist bereits von Gott selbst geweiht!» Dies ist, in knappen Worten erzählt, die Engelweihe von Einsiedeln.

Man kann natürlich fragen: War Konrads nächtliches Erlebnis ein Traum? Haben wir es hier mit einer Vision zu tun, oder handelt es sich nach der historischen Forschung um eine legendäre Dichtung, von der die älteste Vita gar nichts weiß? So kann man fragen – warum sollte es zum voraus verboten sein, so zu fragen? Diese Frage aber geht am entscheidenden Problem vorbei. Wir haben das Legenden-Lesen verlernt; unsere rationalistische Einstellung, die den Wahrheitsbegriff des neunzehnten Jahrhunderts mit der Wahrheit schlechthin identifiziert, hat unsere Augen verdorben. Wer vermag noch eine Gestalt aus einer Legende in ihrer Reinheit zu schauen und zu ergründen? Das Lesen der Legenden ist ein religiöses und kein historisches Tun und erfordert vor allem ein Verständnis für die symbolische Bildersprache, ein sorgsames Erwägen, ein Bedenken und verstehendes Deuten, das aus dem Herzen und nicht aus dem Verstande kommt. Bei einer Legende – und zweifellos ist die Engelweihe in Einsiedeln eine Legende – ist nie die historische Tatsache bedeutsam, sondern stets ihr Sinn-Gehalt. Was will uns also die Legende von der Engelweihe sagen, und worin liegt ihre überzeitliche Wahrheit?

Etwas sehr Einfaches und doch ungemein Wichtiges bezeugt sie: Der Bischof von Konstanz glaubte noch an Engel und wurde von ihnen besucht. Er hörte sie singen, und sie spielten in seinem Dasein eine Rolle. Der Heilige war weit entfernt zu meinen, es gebe keine Engel mehr, und diese Boten zwischen Gott und den Menschen seien nur religionsgeschichtlich abzuleiten, hätten vielleicht noch eine Bedeutung für die Kunstgeschichte, nicht aber für den heutigen Menschen. Das wird so leichthin gesagt – in dieser Meinung gefällt sich heutzutage beinahe jeder Seminarist. Aber damit wird nichts anderes erreicht als eine Verarmung des Glaubens. Im Alten und im Neuen Testament sind Engel-Erscheinungen eindrucksvoll bezeugt. Die Kirchenväter verbreiteten sich in tiefsinnigen Abhandlungen über ihre Existenz, und die Heiligen wissen von überwältigenden Engelserfahrungen zu erzählen. Der persönliche Begleitengel bedeutet für den Christen eine wirksame Hilfe, fühlt er sich doch beschützt und nicht einfach den Zufällen des Lebens ausgeliefert. Konrad von Konstanz jedenfalls glaubte an die Engel. Die schönste Legende seines Lebens handelt von Engelsgesang, und wir würden gut daran tun, hier eine längere Besinnungspause einzuschalten, die uns davor bewahren könnte, unser Glaubensgut zu einem Ausverkaufspreis abzustoßen. Schnell und leicht ist etwas aufgegeben, und wie schwer und mühsam wird eine Glaubenswahrheit zurückgewonnen. Diese Besinnung auf Konrad will uns zu einer neuen Aneignung helfen, will ein Aufruf sein und keine bloße Wissensvermehrung.

Schließlich ist noch ein Merkmal aus Konrads Leben hervorzuheben. In seiner Eigenschaft als Bischof hatte der Heilige auch mit Kaiser Otto I. zu tun, der nicht umsonst die Bezeichnung «der Große» erhalten hat. Konrad war mit dessen Gemahlin, der späteren heiligen Adelheid, durch verwandtschaftliche Bande verbunden und verstand sich auch gut mit dem religiös gesinnten Kaiser. Ohne sich in die politische Tätigkeit nur im geringsten einzumischen, war er auf seinen Reichstagen anwesend, standen doch damals Kirche und Reich noch harmonisch zueinander. Erst später barsten die beiden Größen verhängnisvoll auseinander. Konrad begleitete den König auf seinem Römerzug und wurde dadurch Zeuge von dessen Kaiserkrönung. Andererseits besuchte Kaiser Otto den Bischof in Konstanz, hielt sich einige Tage bei ihm auf, ein Zeichen dafür, wie sehr er Konrad schätzte. Eine

auf Zuneigung und Hochachtung gegründete Freundschaft verband die beiden Männer.
Noch stärker waren die Freundesbande mit dem «lieben Sankt Ulrich» von Augsburg. Auch nachdem Ulrich ihn zum Bischof vorgeschlagen hatte, trafen sich die beiden Schwaben öfters. Ihr Zusammensein beim Rheinfall und die sinnvollen Beobachtungen über die vom Wassersturz bedrohten Vögel sind bekannt. Die beiden Männer waren vor allem in ihrer christlichen Gesinnung einig. Konrad konnte nicht an das Sterbelager von Ulrich eilen, weil er selbst krank war. Sobald er aber genesen war, besuchte er die Grabstätte des Augsburger Bischofs.
Otto und Ulrich waren nicht die einzigen Freunde des heiligen Konrad. Er war auch dem Abt Burkhard von St. Gallen herzlich zugetan und war mit ihm durch eine Gebetsverbrüderung verbunden. Konrad war ein Mensch, dem Freundschaften etwas bedeuteten. Es gibt nicht nur Liebesgeschichten, die unsere Backfische so gerne lesen, es gibt auch Geschichten von Freundschaften, und es ist schade, daß dieses Thema von der großen Dichtung so selten gestaltet wird. Die Bibel schätzt die Freundschaft hoch ein. Mit welcher Zartheit erzählt sie, «wie sich das Herz Jonathans mit dem Herzen Davids verband». In den Sprüchen Salomons lesen wir: «Ein treuer Freund liebt mehr und steht fester bei denn ein Bruder.» Auch Jesus Sirach singt ein Lied von der Freundschaft – Konrad mit seinen verschiedenen Freundschaften ist eine anschauliche Bestätigung dafür.
Es sei mir gestattet, das Thema der Freundschaft ein wenig zu entfalten, indem ich es noch in eine andere Richtung ausweite und sage: Es gibt auch eine Freundschaft mit Heiligen. Ich meine dies in einem ganz buchstäblichen Sinn: Wir sollten zu den Heiligen in einer Art Freundschaftsverhältnis stehen. Die Heiligen sind unsere besten Freunde, wenn wir uns in ihrer unsichtbaren Nähe aufhalten, uns mit ihren Gedanken und

ihrem Vorbild beschäftigen. Es entsteht daraus eine geistige Freundschaft, die weit über Zeit und Raum hinausgeht. Die Freundschaft mit den Heiligen ist die neue Heiligenbeziehung, die allein uns die überzeitlichen Richtbilder seelisch wieder nahebringt. Wir geben ganz bewußt die Parole von der Freundschaft mit den Heiligen aus, denn durch diese Freundschaft wird unser Leben bereichert. Die Aufforderung «Lies die Werke der Heiligen mit deinen Taten» und pflege eine intensive Freundschaft mit den Heiligen, umschreibt das neue Heiligenverständnis, für das wir mit der ganzen Glut unserer Seele eintreten.

Konrad erreichte ein hohes Alter. Freilich hatte er in seinen letzten Lebensjahren mit etlichen Krankheiten zu kämpfen. Vor seinem Hinscheiden ordnete er aus Demut an, man möge seinen Leib an der Außenwand der Mauritiuskirche bestatten. Konrad ist am 26. November 975 in die Ewigkeit eingegangen. Mit seinem Tode begann seine Verehrung als Heiliger, die spontan vom Volk ausgegangen ist. Das Volk ist voller Andacht zu seiner Grabstätte gewallfahrtet, hat ihn um Hilfe angerufen, und die Wunder an seinem Grabe blieben nicht aus. Wir halten diesen Weg der Heiligenverehrung für legitim; die Verehrung muß unmittelbar vom Volk ausgehen, weil das einfache, gläubige Volk einen beinahe unfehlbaren Instinkt für die Heiligkeit einer Person hat. Es hat sich auch bei Konrad nicht getäuscht. Der spätere Bischof von Konstanz wünschte von Rom die ausdrückliche Bestätigung dieser Verehrung, wie sie seit einiger Zeit Sitte geworden war. Rom verlangte aber eine Lebensbeschreibung, die auf einer allgemeinen Kirchenversammlung verlesen werden mußte. Der Augsburger Mönch Udalschalk verfaßte auf Wunsch des Konstanzer Bischofs die Vita – die älteste, die wir besitzen –, die man schließlich nach Rom brachte. Aufgrund dieser Schrift trug Papst Kalixtus II. Konrad in das

Verzeichnis der Heiligen ein. Konrad war damit zum Heiligen von Konstanz geworden und ist seit 1821 Schutzpatron des Erzbistums Freiburg.
Ich erwähne eine weitere Anekdote aus dem Leben Konrads, die seine warme Menschlichkeit nochmals zeigt. Konrad besuchte einmal das Kloster St. Gallen, wo er zur Mittagszeit eintraf und die Mönche gerade bei der Mahlzeit im Speisesaal vorfand. Er hatte einen großen Krug Wein mitgenommen und betrat nun leise das Refektorium. Die Mönche speisten schweigend, man hörte nur die monotone Stimme des Vorlesers. Der Heilige wartete eine geraume Zeit, wurde schließlich ungeduldig und sagte mit seiner rauhen Stimme zum Vorleser: «Hörst du noch nicht auf?» Darauf ging er zum Abt, gab ihm den Friedenskuß, goß ihm Wein in den Becher und bat ihn zu trinken, zum Zeichen der gegenseitigen Liebe. Dann schritt er von Tisch zu Tisch, tat überall das gleiche und bat sie alle zum Zeichen der Liebe zu trinken. «So groß war Sankt Konrads Liebe zu uns», bemerkte der Geschichtsschreiber, dem wir diesen Bericht verdanken. Der heilige Konrad gab Zeichen der Liebe und wollte, daß man den Wein der Liebe trinke. Wohlan, freuen auch wir uns am heutigen Tag! Trinken wir den Wein der Liebe, den Wein der Freude, den Wein des Friedens, mit einem Wort, trinken wir den neuen Wein, der uns mit einem herzlichen und warmen Gefühl mit dem heiligen Konrad verbindet! Eine kalte, trockene Beziehung führt unweigerlich zu einer Entfremdung. Fühlt man nicht die Liebe, die Wärme und die Herzlichkeit aus den Worten heraus, dann habe ich vergeblich geschrieben. Doch will ich aus Gründen einer inneren Verhaltenheit meiner impulsiven Begeisterung nicht stärker Ausdruck geben, da ich bereits in meinen Ohren die ungeduldige Stimme Konrads vernehme: «Hörst du noch nicht auf?»

Das kaiserliche Ehepaar: Heinrich II. und Kunigunde

In Bamberg stehen die beiden Statuen von Heinrich und Kunigunde. Früher befanden sie sich an der Adamspforte des Domes, und heute werden sie im Dommuseum aufbewahrt. Der unbekannte Künstler hat die beiden Gestalten intuitiv erfaßt und etwas von ihrem Wesen begriffen, das in keinem Buche steht. Heinrichs Antlitz ist von einer nachdenklichen Würde erfüllt, die auch der bekannte Reiter im Inneren des Domes ausstrahlt, während die fraulich wirkende Kunigunde, liebreizend und majestätisch zugleich, mit einer nicht zu übersehenden Gebärde auf ihren Gemahl hinweist. Heinrich und Kunigunde haben keinen zeitgenössischen Biographen gefunden. Was der Bamberger Diakon Albert über Heinrich schrieb, ist mehr als hundert Jahre nach dessen Tod entstanden, weshalb eine gewisse Vorsicht geboten ist. Man muß die Bemerkungen der zeitgenössischen Chronisten zu Hilfe nehmen, und sie ergeben eine notdürftige Biographie.

Je tiefer wir uns in den Anblick der beiden Bamberger Statuen versenken, desto stärker beeindrucken sie uns. Es scheint, als ob sich die beiden Gestalten zuletzt bewegten und langsam auf uns zuschritten. Wenn sich dieses Gefühl nicht einstellt, dann haben wir sie zu wenig lange angeblickt. Uns ergeht es wie beim Anhören von Mozarts Oper «Don Juan»: wir erschrecken, wenn im letzten Akt der steinerne Komtur mit schweren Schritten die Treppe heraufkommt. Ähnlich müßten wir die unsichtbare Gegenwart von Kaiser Heinrich und Kunigunde empfinden, damit sie unserer Seele wieder lebendig werden. Nur eine konkrete Begegnung entspricht

einer wirklichen Heiligenbeziehung – alles andere verbleibt in einer unverbindlichen Vergangenheitsbetrachtung, von der keine lebensprägenden Impulse ausgehen.
Die angedeutete Begegnung unterscheidet sich deutlich von den profangeschichtlichen Werken über Heinrich. Sie gehen seinen politischen Taten mit großer Gelehrsamkeit und anerkennenswertem Fleiß nach. Die Wissenschaftlichkeit dominiert, und schließlich will eine Geschichte der sächsischen Kaiserzeit mit großer Akribie dargestellt sein. Bei allem Respekt vor der historischen Arbeit ist sie jedoch nicht imstande, die unumgängliche Frage zu beantworten: «Warum wurde dieses kaiserliche Paar heiliggesprochen?»
Heinrich und Kunigunde waren Menschen des romanischen Zeitalters, das sich durch seine Ruhe, Einfachheit und Ausgeglichenheit von der gotischen, himmelstrebenden Unruhe unterscheidet. Es liegt mir ferne, im hieratischen Ton von den beiden Gestalten zu schreiben, doch soll durchaus der Heilige im Kaiser sichtbar werden, den Leo Bloy «eine Blume im Lenz des Mittelalters» nannte. Unser verehrendes Bedürfnis will das kaiserliche Paar ins Bild fassen, damit es uns zum Vorbild wird. Die Seele des Menschen lebt von den unvergänglichen Bildern, die sie durchs Leben begleiten. Eine der vornehmsten Aufgaben der Hagiographie aber besteht darin, den Menschen echte Bilder zu vermitteln, Bilder, die ihnen das Dasein zu bestehen helfen. Nur durch bildhafte Gestalten besiegen wir die Geschichtsgleichgültigkeit und die Geschichtsfeindlichkeit der jungen Menschen von heute. Nun hat die Bemühung einer bildhaften Sicht bei romanischen Gestalten ihre unverkennbaren Schwierigkeiten, denn nicht zufällig stehen Heinrich und Kunigunde im Bamberger Dom mit geschlossenen Augen da. Das romanische Kaiserpaar ist für uns zunächst verschlossen, der Zugang zu ihm ist nicht leicht, und es braucht beinahe magische Kräfte, bis es sich uns öffnet und uns sein inneres Wesen vertraut wird.

Wir erreichen dieses Ziel kaum, wenn wir den Weg der wissenschaftlichen Geschichtsbetrachtung beschreiten, denn die kritische Wissenschaft wird bei einer romanischen Heiligengestalt zuallererst die legendären Züge ausscheiden. Ein derart entblößter hochmittelalterlicher Heiliger sieht erbarmungswürdig aus und hat in seiner seelischen Armut jeden Reiz für uns verloren. Deswegen muß bei den Heiligen an die Stelle der Biographie die Hagiographie treten, die den über ihr stehenden Persönlichkeiten dient. Ihre Ausführungen werden zwar heute als überholt betrachtet und daher auf die Seite geschoben. Diese Mißachtung darf uns nicht irremachen, ist sie doch nur ein Ausfluß der Krise, in der sich die Wissenschaft gegenwärtig befindet. Ich sage ganz ruhig: Hagiographie ist nicht strenge Wissenschaft, nicht was man heutzutage unter diesem Wort versteht, heute, da der Verstand zum obersten Maßstab erhoben wird. Die Hagiographie lebt von andern Möglichkeiten und hat andere Perspektiven. Zunächst betont sie ganz schlicht, daß eine mittelalterliche Heiligengestalt nur mit der Legendenbildung und niemals ohne sie zum Leben erweckt werden kann. Freilich bewertet sie nicht alle Legenden unterschiedslos gleich. Sie sieht sie auch meistens in einem andern Licht, als dies heute gewöhnlich geschieht. Nicht ihre Geschichtlichkeit, sondern ihre Sinnbedeutung ist für sie maßgebend. Damit wird die Legende nicht eingeschränkt, wohl aber vertieft. Deswegen ist die Hagiographie wesentlich anders als die Geschichtswissenschaft. Hagiographie ist ein geistiges Klima, in dem sich innere, unsichtbare Vorgänge ereignen; sie ist eine von der Mystik getragene Atmosphäre, in der man in Bildern und nicht in Begriffen denkt. Ihr realistischer Symbolismus bleibt auf das Übernatürliche ausgerichtet. Ein Heiliger erschließt sich nur einer hagiographischen Blickrichtung, eine unzeitgemäße Aussage, die man in der Gegenwart unpolemisch, aber auch unmißverständlich aussprechen muß.

Daher weiß sie um die Mannigfaltigkeit der Heiligen. Sie sind, näher besehen, doch denkbar verschieden voneinander. Neben dem hohen kaiserlichen Paar steht der niedrige Bettler Benedikt Labre, in Lumpen gehüllt, neben dem gewaltigen Denker Thomas von Aquin der einfältige Klosterpförtner Konrad von Parzham, der nicht einmal die Rechtschreibung beherrschte, neben der kindlich reinen Thérèse von Lisieux die ehemalige Maîtresse Margareta von Cortona: Heilige, die nicht auf eine Formel gebracht und in kein Modell hineingepreßt werden können. Hätte man auch nur ein wenig die Verschiedenheit der Heiligen berücksichtigt, wäre die Hagiographie nie in die schematische Langweiligkeit abgesunken. Wie jeder Mensch ist auch der Heilige ein Rätsel. Seine inneren Gegensätze sind gar nicht zu übersehen, hat er doch eine oder zwei Dimensionen mehr als der brave Erdenbürger, und zudem kann nur Gott allein seine Chiffre entziffern. Auch die Unvollkommenheiten tun der Heiligkeit nur geringen Abbruch, zumal noch «nicht erschienen ist, was wir sein werden». Man muß alle Menschlichkeiten ehrlich zugeben, weil nur die Wahrheit das skeptische Vorurteil des modernen Menschen überwindet. Auf diesem Weg allein gelangen wir zu einer neuen Hagiographie, die wir zwar noch nicht erreicht haben, nach der wir aber mit ganzer Leidenschaft suchen.

Ein Schleier lagert über der Kindheit des am 6. Mai 973 geborenen Heinrich. Sein Vater, der Bayernherzog Heinrich der Zänker, rebellierte gegen Kaiser Otto II. Der Aufstand mißlang und endigte mit einer Katastrophe für Heinrich, indem er seine Auflehnung mit einem jahrelangen Flüchtlingsleben bezahlen mußte. Die Mutter flüchtete mit dem einjährigen Knäblein zu einem befreundeten Bischof. Demzufolge blieb dem Kind ein geordnetes Familienleben versagt, was gewiß nicht spurlos an ihm vorübergegangen ist. Kein Wort aus Heinrichs Kinderland dringt zu uns; nur die Stimme des sterbenden Vaters ist unüberhörbar: «Mein Sohn, widersetze dich nie deinem König und Herrn. Ich bereue sehr, daß ich es jemals getan habe.» Diese Mahnung senkte sich tief in die Seele des jungen Heinrich.

Der Aufruhr des Vaters war der Schatten über Heinrichs Kindheit. Der Schatten aber ist der Gegenpol des Lichtes. Der Vater konnte das kleine Söhnchen nicht bei sich haben, weil er wegen seiner unüberlegten Tat gezwungen war, ein unstetes Wanderleben zu führen. Heinrich wuchs auch fern von seiner Mutter auf. Mit fünf Jahren kam er in die Domschule nach Hildesheim, wahrscheinlich um sich auf die geistliche Laufbahn vorzubereiten. Dies war in allem Unglück ein Glück für Heinrich, denn in der vorbildlichen Klosterschule erhielt er eine sorgfältige Erziehung und eine allseitige Ausbildung. Das Studium des religiösen, rechtlichen und politischen Lebens vermittelte ihm früh eine feste Überzeugung. Die Bildung ist nicht des Lebens höchstes Gut, aber doch eine unumgängliche Voraussetzung für den geistigen Menschen.

Später wurde Heinrich in die Obhut des heiligen Wolfgang von Regensburg gegeben. Was es heißt, einen Heiligen als Erzieher zu haben, können wir heute kaum ermessen, weil es außerhalb unseres Erfahrungskreises liegt. Von Wolfgang erhielt Heinrich jene charakterliche Prägung, die durch nichts anderes zu ersetzen ist. Wolfgangs Worte «Hätten wir nur Mönche» klangen ihm zeitlebens in den Ohren. Es wäre heute von besonderer Wichtigkeit, unsere jungen Menschen nicht nur mit einem seelenlosen Wissensbrei zu überschwemmen, sondern ihnen eine begründete Wegweisung und eine klar umrissene Weltanschauung zu übermitteln, damit sie fähig werden, die auftauchenden Lebensfragen klar zu beantworten.

Der romantische Otto III. sank mit zweiundzwanzig Jahren kinderlos ins Grab, worauf sich Heinrich, trotz seiner Kränklichkeit, um die Nachfolge bewarb. Ein gewisser Ehrgeiz ist ihm nicht abzusprechen, doch war sein Ehrgeiz gepaart mit Verantwortung. Was das Erbfolgerecht betraf, hatte er durchaus ein Anrecht darauf, obwohl noch einige andere Persönlichkeiten im gleichen Verwandtschaftsgrad ihre Anwartschaft anmelden konnten. Heinrich hat einen um den andern erstaunlich gewandt ausgeschaltet, so daß er nach kurzer Zeit an der Spitze stand. Im Jahre 1002 wurde Heinrich in Mainz von Erzbischof Willigis unter Assistenz weiterer Bischöfe zum König gekrönt, und einige Jahre später setzte ihm Papst Benedikt VII. in Rom die Kaiserkrone auf. Ein Moraltheologe meinte: «Heinrichs leidenschaftliches Greifen nach der Krone wirkt wenig sympathisch. Wir sind gewohnt, an einen Heiligen andere Anforderungen zu stellen.» Dies ist moralistisch und nicht geschichtlich geurteilt. Gewiß sollte das Amt die Person und nicht die Person das Amt suchen, ein seltenes Vorkommnis im Kräftefeld der Politik. Heinrich fühlte sich zum König berufen; bei ihm war tatsächlich Beruf gleich Berufung. Es war kein eitler Wahn, denn er bewährte sich als König wie wenige Herrscher. Er war befähigt für sein hohes Amt und genoß sein Königtum nicht als eine bloße Prachtentfaltung, sondern faßte sein Amt als einen überaus ernsten Dienst am Reich auf und entzog sich keiner Pflicht. Unentwegt arbeitete er und gönnte sich kaum eine Ruhepause. Er ritt beständig durch sein Reich, um überall nach dem Rechten zu sehen.

Heinrichs Regierungszeit ist unter anderem durch eine Reihe von Feldzügen gekennzeichnet. Er mußte mehr als einen widerspenstigen Herzog unter die Oberhoheit des Reiches zwingen. Er wollte das Reich zusammenhalten, das unter seinem wirklichkeitsfremden Vorgänger beinahe auseinandergefallen wäre, weshalb er sich mit einem Heer umgeben mußte. Mit pazifistischer Schwärmerei wäre ihm dies nicht gelungen.

Von den verschiedenen kriegerischen Unternehmen greife

ich nur den polnischen Feldzug heraus, weil er damals wie heute der Diskussion unterstellt ist. Der polnische Herzog Boleslaw der Kühne wollte aus dem Reich ausbrechen, was Heinrich nicht duldete. In der Folge kam es zum Polenkrieg, dem fragwürdigsten Unternehmen in Heinrichs Laufbahn. Heinrich verband sich in diesem Krieg mit den heidnischen Liutizen, die Götzenbilder mit sich führten und Klöster in Brand steckten, und zog mit ihnen gegen einen christlichen Herzog. Die Bischöfe nahmen damals schweren Anstoß daran, und Thietmar bemerkte darüber in seiner Chronik: «Gern möchte ich meinen Vetter irgendwie verteidigen, aber ich wage nicht, die Wahrheit, die jeder Christ ehren muß, zu beflecken.» Trotz großer Mühen und Strapazen war denn auch dem Feldzug gegen die Polen kein Gelingen beschieden. Die Einzelheiten sind zu weitläufig und können deshalb nicht erwähnt werden, aber man darf die zweifelhaften Taten eines Heiligen auch nicht stilisieren oder gar zurechtrükken. Wir merzen die dunklen Töne nicht aus, verleihen sie doch neben den hellen Farben dem Gemälde erst die plastischen Konturen. Bei einem heiligen Kaiser ist nicht alles heilig, was er getan hat; seine moralischen Niederlagen gehören zum Bild der Niedrigkeit, an der auch der Heilige Anteil hat. Im Grunde war Heinrich kein kriegerisch gesinnter Kaiser, denn wenn immer er einen Streit gütig beilegen konnte, tat er es. Dank seiner großen Vermittlungsgabe gelang ihm dies denn auch öfters. Wo immer Heinrich Händel zu schlichten hatte, ließ er die streitbaren Parteien auf Seele und Seligkeit Frieden schwören. Die Zeitgenossen rühmten seine offensichtlichen Erfolge und wußten auch, daß er nur bei ausweglosen Situationen den Krieg erwog, den er als ein notwendiges Übel betrachtete. Unerfreuliche Nachrichten nahm er mit Ruhe und Ergebung entgegen, «indem er seiner Sündhaftigkeit die Schuld gab, wenn ihm Unangenehmes im Reich zustieß» – fürwahr eine christliche Gesinnung.

Heinrich war unbestreitbar von einer ausgesprochen kirchlichen Gesinnung erfüllt. Die Klosterschule in Hildesheim und die Erziehung des heiligen Wolfgang haben ihn stark geprägt. Er beging gewissenhaft die kirchlichen Feste, und Bischöfe waren seine Ratgeber, mit denen er freundschaftliche Beziehungen unterhielt. Er beteiligte sich am Bau von Gotteshäusern und errichtete zahlreiche Stiftungen für kirchliche Zwecke. Die Kirche hat nicht umsonst ihm, der «lebend ihr großer Trost war», nachgetrauert.

Der kirchlich gesinnte Mann erfaßte die Bedeutung der Klöster für seine Zeit. Damals schon schien der Niedergang unaufhaltsam zu sein. Heinrich hatte eine benediktinische Erziehung genossen und nahm deswegen an der Verwilderung der Klöster schweren Anstoß. Er war nicht gewillt, diese Tatsache gleichgültig hinzunehmen, sondern es lag ihm daran, die Klöster wieder zu ihrer ursprünglichen Bestimmung zurückzuführen, weshalb er sich für eine Klosterreform einsetzte. Er wußte um die Ausstrahlungskraft der Gottesburgen, und darum war ihm das monastische Leben ein ernsthaftes Anliegen. Mit mächtiger Hand zwang Heinrich mehr als eine Abtei, zu ihren Anfängen zurückzukehren. Einzelne widerstrebende Mönche ließ er ruhig austreten. Freilich hatte diese gute Tat eine unerfreuliche Nebenwirkung. Da die Klöster meistens wegen ihres Reichtums verweltlichten, führte Heinrich sie zu der ursprünglichen Armut zurück und einverleibte ihren überflüssigen Besitz dem Reich. Dieses Vorgehen hatte ihm bei der Nachwelt den Vorwurf einer Säkularisation eingetragen. Dies ist jedoch von einem späteren, jedenfalls nicht vom damaligen Standort aus geurteilt, was in historischer Beziehung stets falsch ist. Dem Verständnis jener Zeit entsprechend, war Heinrichs Vorgehen durchaus legitim, denn er hob keine Klöster auf, um sich ihr Vermögen anzueignen. Wohl handelte Heinrich hierin manchmal gewalttätig, aber immer in einem höheren Interesse.

Auch war er auf vielen Synoden anwesend und griff tatkräftig in das Geschehen ein. Er setzte stets gute Bischöfe in ihr Amt ein. Die kirchlichen Anliegen besaßen sein vordringlichstes Interesse. Diese christliche Einstellung drückte seiner Regierungstätigkeit den Stempel auf.
Bedeutsam war Heinrichs Vermählung mit Kunigunde, der luxemburgischen Grafentochter. Nie ist es nebensächlich, was für eine Frau als Lebensgefährtin neben einem Manne steht – sie kann ihm zum Heil oder zum Fluch werden. Man hat viel darüber gerätselt, was Heinrich wohl bewogen haben mochte, die standesgemäß nicht ganz ebenbürtige Kunigunde heimzuführen. Warum will man aber eine Angelegenheit kompliziert machen, wenn sie ganz einfach ist? Es ist unnötig, hierin nach unbekannten Gründen zu forschen. Heinrich heiratete Kunigunde aus Liebe, und wenn man jemanden wirklich liebt, dann fragt man nicht noch lange, ob sein Adelsstand etwas höher oder niedriger ist. Das wäre doch töricht. Für Heinrich war es die natürlichste Sache von der Welt, sich mit seinem geliebten Mädchen zu verbinden. Heinrichs Ehebund mit Kunigunde gehört zu seinen gesegnetsten Entschlüssen. Erzbischof Willigis hat auch Kunigunde die Krone aufgesetzt und sie zur «Genossin des Reiches» erhoben. Kunigunde war eine überaus liebenswerte Frau, schön, klug und gebildet. Sie beeinflußte Heinrich günstig und wies mit der Hand stets auf ihn, wie es der Künstler dargestellt hat. Heinrich vertraute ihr während seiner Abwesenheit die Regierungsgeschäfte an, denen die hoheitsvolle Gattin durchaus gewachsen war. Die beiden Gatten fühlten sich während ihres ganzen Lebens ungewöhnlich innig verbunden, wie dies bei echten Eheleuten der Fall ist.
Freilich fiel auch auf diese Ehe ein Schatten. Kunigunde wurde nicht Mutter, und deswegen schnüffelte die Neugierde in diese intime Sphäre allzu ungehemmt hinein. Eine Fama begann von einer Josefsehe zu fabeln. Heinrich Günter wies in

seiner Monographie über «Kaiser Heinrich II., der Heilige» nach, wie es zu dieser reichlich sonderbaren Legende gekommen ist, die nicht auf diese Bezeichnung Anspruch erheben kann, sondern reine Erfindung ist. Danach sollen Heinrich und Kunigunde im ledigen Zustand ewige Jungfräulichkeit gelobt und deswegen sich entschlossen haben, als Bruder und Schwester das Ehebett zu teilen. Eine solche Eheschließung ist bei einem Herrscherpaar ganz undenkbar, das doch auf Nachkommenschaft geradezu angewiesen ist. Doch genügte dieses unmögliche Keuschheitsgelöbnis der Phantasie der Leute noch nicht, hemmungslos verbreiteten sie über Kunigunde das Gerücht der Untreue. Um den Verdacht zu widerlegen, habe sich Kunigunde auf eigenen Wunsch einer Feuerprobe unterzogen, die Riemenschneider fünfhundert Jahre später auf dem Sargrelief festhielt. An dieser Stelle entdeckt man sehr gut den Unterschied zwischen einer echten und einer falschen Legende. Die echte Legende verdichtet eine Begebenheit aus dem Leben eines Heiligen zu einem Bild, das dessen Wesen verdeutlicht, während die unechten Legenden vom Heiligen wegführen. Die Legende von der Feuerprobe beschmutzt Heinrich, der in der lächerlichen Rolle des eifersüchtigen Liebhabers dasteht, nicht an die Treue seiner Gattin glaubt und sich obendrein noch Grobheiten gegenüber seiner Gattin erlaubt. Wenn es so in der Ehe zwischen Heinrich und Kunigunde zugegangen wäre, wahrhaftig, man dürfte sie nicht als ein vorbildliches Paar bezeichnen. Die Josefsehe wurde den beiden viel später angedichtet, weil sie einem mittelalterlichen Ideal entsprach, das die Enthaltsamkeit überschätzte und die eheliche Vereinigung als etwas Unreines geringachtete, obwohl der Ehe doch sakramentaler Charakter zuerkannt wurde. Sagen wir es unmißverständlich: Eine Josefsehe ist gar keine rechte Ehe, weil sie den Zweck der Ehe, die Fortpflanzung des Menschengeschlechts und die menschenwürdige Befriedigung des erotischen Verlangens, nicht erfüllt. Sowohl Josefsehe als Feuerprobe sind haltlose Phantasien; in Wirklichkeit war die Ehe zwischen Heinrich und Kunigunde ausgezeichnet. Heinrich betonte mehrfach, er und Kunigunde seien «zwei in einem Fleisch» und «ein Leib und eine Seele». Nach einigen Ehejahren verkündete der Kaiser, er und seine Frau wünschten, Gott zum Erben ihres Besitztums einzusetzen, weil ihnen Kindersegen versagt sei. Die Kinderlosigkeit beeinträchtigte jedoch keineswegs die starke gegenseitige Zuneigung der beiden Ehegatten. Heinrich sprach stets mit den zärtlichsten Worten von seiner Gemahlin, was mehrfach urkundlich bezeugt ist. Es war das heilige Kaiserpaar, das als solches zu würdigen ist. Es ist nicht oft vorgekommen, daß die Kirche Mann und Frau in getrennten Prozessen heiliggesprochen hat, in diesem Fall aber hat sie es nach reiflicher Überlegung getan. Dies erfüllt uns mit besonderer Freude, weil es eine menschliche Wärme in das Bild hineinträgt. Die Auffassung, nach der nur ehelose Menschen heiliggesprochen werden, ist ohnehin unrichtig, gibt es doch eine ganze Reihe verheirateter Heiliger. Heinrich und Kunigunde haben gezeigt, daß der Mensch auch durch eine Ehe zu Gott aufsteigen kann, ein Beweis, der helfen würde, die moderne Ehe-Misere zu überwinden.

Heinrich hat seinen Lieblingssitz Bamberg Kunigunde als Morgengabe geschenkt. Diese Stadt ist vor allem mit diesen beiden Namen verbunden. Sie liegt in einer anmutigen Gegend und ist eine der ehrwürdigsten Stätten deutscher Geschichte. Ursprünglich war Bamberg als Vorposten gegenüber den heidnischen Slawen gedacht, und hernach wurde sie zu einer Stadt des Geistes. Der Bau des Domes war das gemeinsame Werk des kaiserlichen Paares. Kunigunde selbst zahlte jeweils am Wochenende die Handwerker aus, wobei sich jenes Schüsselwunder ereignete, nach dem keiner mehr aus der Schale voller Münzen entnehmen konnte, als ihm zukam. Das Paar beschenkte das neue Bistum reichlich; es sei nur an den prachtvollen Band «Bamberger Apokalypse» erinnert, der eine Vorstellung der romanischen Buchmalerei vermittelt. Noch heute betritt man ehrfürchtig den inzwischen erneuerten Dom, in dem sich der einzigartige Reiter in lebensvoller Plastik und die Grabstätte des heiligen Kaiserpaares befindet.

Solange Heinrich lebte, stand Kunigunde als ebenbürtige Mitregentin an seiner Seite. Nach seinem Tode vollbrachte sie eine weit über das gewöhnliche Maß hinausgehende Tat. Zunächst herrschte sie würdig und kraftvoll, bis der Nachfolger gewählt war, und dann übergab sie in einer feierlichen Szene die kaiserlichen Hoheitszeichen dem neuen König. Hierauf legte sie in einer eindrucksvollen Gebärde der Demut die königlichen Gewänder ab, hüllte sich in das schwarze Nonnengewand und trat als einfache Schwester in das Benediktinerinnenkloster Kaufungen ein. Auch hier sind längst die alten Klostergebäude durch profane Neubauten ersetzt, und es finden sich in der Kirche nur noch wenige Überreste aus jener Zeit. Der Eintritt war ein freiwilliger Schritt und ist nicht dem Sturz eines heutigen Politikers gleichzusetzen. Kunigunde war zu einer derart ungewöhnlichen Losschälung durchaus fähig, eine Entäußerung, die gewiß keine leichte Sache ist, weil dabei das eigene Selbst überwunden werden muß. Jede Entsagung setzt einen Kampf in der Seele des Menschen voraus. Jedenfalls empfindet man das in Kunigunde ernsthaft vorhandene Heiligkeitsstreben. Mit ihrem beständigen Blick zur Ewigkeit war sie tatsächlich die heilige Kaiserin, die sich des Irdischen entäußerte und dafür das Unvergängliche gewann.

Sie trat in das von ihr mitbegründete Kloster ein, dem ihre Nichte Uta als Äbtissin vorstand. Zunächst war Uta eine eifrige Nonne, doch als sie Äbtissin geworden war, ließ ihr Eifer nach, und sie wurde ein gleichgültiger Mensch. Es geschieht zu oft, daß junge Leute voll Feuer und Schwung sind, und wenn sie dann älter werden, bleiben davon nur klägliche Reste übrig. Bei einer klösterlichen Prozession fehlte Uta, worüber sich Kunigunde erzürnte. Kurzerhand suchte sie ihre Nichte und fand die Äbtissin schließlich in einem Gemach, in dem sie sich mit andern Schwestern gemütlich zum Schmaus niedergesetzt hatte. Erbost und erregt über diesen unerwarteten Anblick, versetzte Kunigunde kurzerhand ihrer Nichte eine schallende Ohrfeige, so heftig, daß der Abdruck ihrer Hand gleich einem schrecklichen Wunder zeitlebens wie ein Siegel auf der Wange Utas blieb, zu ihrer und der Schwestern Warnung. Die rasche Tat zeigt die heilige Kaiserin in ihrer spontanen und auch in ihrer affektgeladenen Art. Man mag sich fragen, ob in unserer Zeit bei vielen lauen Klosterleuten und Kirchenchristen nicht eher ein Donnerwort am Platze wäre als das dauernde Nachgeben, das sie zuletzt noch völlig in die Indifferenz drängt. Kunigundes Backenstreich hat die Bedeutung eines Zeichens, das wir nicht mißachtend übergehen sollten. Eine neue geistige Zucht kann uns helfen, denn die Erleichterungen sind es, die wir, nach einem Wort Nietzsches, stets am schwersten büßen müssen.

Ergreifend war auch Kunigundes Sterben. Als die Agonie begann, schafften die Schwestern schnell ein goldgewirktes Kleid für die ehemalige Kaiserin herbei. Die Sterbende bemerkte dies, wurde bleich und sagte: «Das ist nicht mein Gewand, bringt solchen Schmuck wieder weg, das ist mir fremd geworden; mit diesem hier aber, das ich trage, bin ich dem Himmlischen verbunden. Von allem entblößt bin ich aus der Mutter Schoß gekommen, entblößt will ich auch wieder zurückkehren. Den armseligen Stoff meines Körpers hüllt in ein Bußgewand und begrabt mich neben Kaiser Heinrich.» Kunigunde vermochte ihre straffe Haltung bis zum letzten Moment durchzuhalten, und deswegen verbeugen wir uns tief vor dieser königlichen Frau, die das Christliche mit Hoheit und mit einem neuen Glanz verkörperte. Wahrhaftig, Heinrich ist nicht ohne Kunigunde und Kunigunde nicht ohne Heinrich zu denken; sie stehen denn auch im Westportal des von ihnen gegründeten Basler Münsters würdig nebeneinander. *Eine* Heiligkeit ist in diesen beiden Menschen verkörpert, uns zur Freude, zum Trost und zur Aufmunterung.

Wer von Heinrich nur als Kaiser unter Ausklammerung aller übernatürlichen Ereignisse redet, vermittelt ein bloß profangeschichtliches, nicht aber ein hagiographisches Bild von ihm. Nach einer Legende erlebte Heinrich das Steinwunder, das Riemenschneider auf dem Grabrelief von Bamberg dargestellt hat. Darnach wurde Heinrich auf einem Kriegszug von einem schweren Steinleiden befallen; er zog sich hierauf in das Benediktinerkloster Monte Cassino zurück, um dort sein Ende zu erwarten. Nach der Gewohnheit des Mittelalters lag er nackt im Bett und bis unter die Achseln in eine Decke gehüllt. Am Bettrand saß, dem zurückgeschlagenen Vorhang zugewandt, der Kämmerer, der bei der Nachtwache vom Schlaf übermannt wurde. Da nahte sich leise der heilige Benedikt, schnitt mit sicherer Hand den großen Stein heraus und legte ihn in die gekrümmte Hand des Kaisers. Er stöhnte im Traum, seine Zehen verkrampften sich, aber als er am Morgen erwachte, hielt er den Beweis seiner Heilung in der Hand. Solche Legenden gehören zu einer Heiligengestalt; wer sie aus rationalistischen Gründen ausschaltet, beraubt einen schön gefiederten Vogel seiner Federn. Es ist eine Legende, denn Heinrich litt an seinem Steinleiden bis zu seinem Ende. Der Sinn dieses Wunders ist naheliegend: Heinrich verehrte besonders Benedikt als den Begründer des monastischen Lebens im Abendland. Die Legende verdichtet diese Verehrung. Nach ihr war der Kaiser mit den Heiligen verbunden; er wurde von ihnen besucht, und sie ließen ihn in der schwersten Situation nicht im Stich. Die Legende bezeugt die Nähe

zwischen Heinrich und den Heiligen und spricht damit die Wahrheit aus.
Noch eine Tat Heinrichs muß unbedingt erwähnt werden. Bei dem Versuch, die Königswürde zu erhalten, ritt er dem Leichenzug Otto III. entgegen und verlangte vom Kanzler des verstorbenen Königs, dem mächtigen, später heiliggesprochenen Erzbischof Heribert von Köln, die Aushändigung der Reichsinsignien. Heribert verweigerte sie ihm, weil die Neuwahl noch nicht stattgefunden habe, worauf Heinrich ihn kurzerhand verhaftete. Das war ein offenkundiger Akt der Gewalt und als solcher ein Unrecht. Selbst nach seiner Befreiung zürnte Heribert jahrelang dem Kaiser. Viel später wurde der Erzbischof wegen Nichterfüllung einer Pflicht vom Hofgericht zur Zahlung einer großen Geldsumme verurteilt. Heribert trat in den Gerichtssaal und ging mit Tränden in den Augen auf den Kaiser zu. Was geschah? Heinrich warf sich vor dem Erzbischof in die Knie und bat ihn demütig um Verzeihung. Er weigerte sich aufzustehen, bis ihm Heribert von Herzen sein Unrecht vergeben habe. Hernach mußte der Erzbischof neben ihm Platz nehmen. Ein Theologe glaubte darüber bemerken zu müssen: «Unserem heutigen Empfinden erscheint solches Flehen eines Königs wenig königlich. Es ist uns direkt unsympathisch.» Ein sonderbares Urteil eines Ordensmannes, kommt es doch einer Verkennung der christlichen Rangordnung gleich, in der der Demütige immer dem Hochmütigen übergeordnet wird. Unrecht muß gesühnt werden, mag es nun ein vornehmer Herr oder eine gewöhnliche Magd begangen haben. Jedenfalls hat Heinrich in aller Öffentlichkeit gezeigt, daß er das tiefste Wesen der Demut verstanden hat. Leicht ist ihm die Bitte um Verzeihung sicher nicht gefallen, aber das Evangelium forderte sie von ihm. Demut ist nie und nimmer eine feige Handlung, sondern sie schließt die denkbar stärkste Kraft in sich. Der moderne Mensch verkennt die Demut, und darum

schwankt er ständig zwischen Arroganz und Minderwertigkeitsgefühlen hin und her.

Heinrich war unermüdlich tätig, obwohl er seine enorme Arbeitsleistung einem schwächlichen Körper abringen mußte. Auf dem Weg ins Burgundische zwang ihn die Krankheit umzukehren. Die Heimfahrt wurde zu des Kaisers Todesfahrt. Er hielt sich zunächst zehn Tage in Goslar auf und ritt dann weiter. Aber das Leiden wurde so heftig, daß die Weiterreise wieder unterbrochen werden mußte. Zwei Monate lang lag er krank in Grona, der damaligen kaiserlichen Pfalz. Über diese Zeit weiß man gar nichts. Am 13. Juli 1024 starb der einundfünfzigjährige Kaiser und wurde auf die Seelenwaage gelegt. Riemenschneider hat diese Szene in seinem Relief sinnvoll gedeutet. Der Leichnam wurde auf ausdrücklichen Wunsch des Kaisers nach Bamberg überführt und im Dom beigesetzt. Noch heute wallfahrtet das fränkische Volk in frommer Verehrung zu diesem Grabe. Die Trauer um den toten Kaiser war groß. Schon während seiner Krankheit schrieb Diakon Bebo: «Wenn du hinsinkst, wird wieder alle Tugend schwinden, alles hinwelken, was unter deinem Schutz heute in entzückender Pracht dasteht; der Landmann bebaut fröhlich sein Feld; geistliche Tugend blüht im Chor; nach den vom Himmel verliehenen Fähigkeiten obliegt jeder seinen Studien, und unter deiner kräftigen Obhut dünkt sich selbst die Armut reich.» Welch ein Unterschied zwischen der Trauer bei dem Tode Heinrichs und dem Ableben eines heutigen Diktators, bei dem oft ein ganzes Land aufatmet. Hundert Jahre später hat der Bamberger Bischof Egilbert beim Papst Eugen III. die Heiligsprechung veranlaßt und sie auch am 14. März 1146 erreicht.

Heinrich gehört zu den großen Kaisergestalten Deutschlands, nach Giesebrecht «einer der tätigsten und durchgreifendsten Herrscher, der je auf deutschem Thron gesessen» und der in gefahrvoller Stunde das Reich gerettet hat. In charakterlicher

Beziehung war er ein vorbildlicher Mensch und Christ. Er besaß eine unverkennbare Herzensgüte, die er auch den Armen zuteil werden ließ, und zugleich einen glühenden Gotteseifer. Der Kaiser war ein nüchterner Herrscher mit einem Sinn für die Realitäten. Den allzu phantasievollen Plänen seines Vorgängers war er abhold, und selbst in den schwersten Momenten verlor er nie die Fassung. In seinem Verhalten war er sowohl hart als mild – beides ist notwendig –, und dank seinem menschenfreundlichen Wesen gewann er viele Freunde, mit denen er farbige Feste zu feiern liebte. Obschon er Krone und Zepter mit Würde und Festigkeit trug, lebte er kaiserlich und geistlich. Sein Königsamt war ihm priesterlicher Dienst. Wir schauen in Ehrfurcht zu ihm empor, weil seine Heiligkeit immer wieder durch seine Kleider hindurchschimmert, auch wenn bei ihm widerspruchsvolle Züge nicht fehlen. Am Ende dieser Skizze beschäftigen uns namentlich drei Gedankenkreise, die trotz des unzeitgemäßen Anscheins doch wesentlich sind.

Heinrich hatte es mit den Problemen der Macht und der Religion zu tun. Als Herrscher mußte er Macht ausüben, denn es gibt keine Herrschaft ohne Macht. Heinrich wußte sie eindrucksvoll zu gebrauchen. Die Macht ist nicht an sich böse – das ist ein zu vereinfachendes Urteil. Macht muß sein, wenn ihr auch ein starkes verführerisches Element innewohnt, dem viele Menschen nicht gewachsen sind. Doch darf die Macht nur als ein von Gott verliehenes Lehen betrachtet werden, über das der Mensch Rechenschaft ablegen muß. Heinrich aber verfügte nicht nur über Macht, er war auch ein Christ und bekannte sich bewußt und innerlich überzeugt zum Evangelium. In seiner christlichen Haltung war er weit entfernt von der frivolen Spötterei des staufischen Friedrich II. Das Christliche war Heinrich ein Herzensanliegen. Er betrachtete alle Gottlosigkeit als eine persönliche Feindschaft, wäre es anders, er würde nicht zu den Heiligen zählen. Nun aber stehen Macht und Evangelium nicht in einem kongruenten Verhältnis zueinander, sondern sind gegensätzlicher Natur. Eindeutig sagte der Herr: «Ihr wißt, daß die weltlichen Fürsten herrschen und die Oberherren Macht haben. So soll es nicht sein unter euch, sondern so jemand will unter euch gewaltig sein, der sei euer Diener.» Der Kaiser mußte das Unvereinbare vereinen, was er bei aller redlichen Bemühung nicht vermochte, indem er sich in bluttriefende Kriege verstrickte. Der nicht zu lösende Widerspruch ist offensichtlich. Ein politisches Christentum war damals nicht weniger als heute eine fragwürdige Angelegenheit, weil die beiden Größen gegensätzlicher Art sind. Verborgenerweise litt auch Heinrich an diesem Widerspruch. Daß er an diesem Gegensatz nicht zerbrach, liegt an seiner Heiligkeit. Man darf von einer heimlich-heiligen Kaisertragödie reden, erst dann gewinnt Heinrichs Bild die wahre Größe. Freilich war es eine christliche Tragödie, in der der Mensch nicht, wie in der griechischen Tragödie, zuletzt verstummt in seiner Qual, sondern über dessen Schuld sich ein Himmel wölbt, der die Gnade kennt.

Der zweite Gedanke kreist um den christlichen Kaiser. Darüber zu reden in der heutigen kaiserlosen Zeit ist schwer. Reinhold Schneider hätte es gekonnt, denn er bekannte sich zur Krone, ohne von einer romantischen Restauration der Monarchie zu träumen. Heinrich wollte bewußt ein christlicher Kaiser sein und als solcher für den Frieden auf Erden bürgen. Es gab viele Kaiser in der Geschichte Deutschlands, aber unter den zahlreichen Fürsten nur ein einziges heiliggesprochenes Kaiserpaar: Heinrich und Kunigunde. Nach der beinahe mystischen Kaiseridee ist der Herrscher ein von Gott in sein Amt eingesetzter Mensch; sein Amt steht mit dem Himmel in Verbindung. Heinrich sprach es bei der Kaiserkrönung deutlich aus, als ihm der Papst einen goldenen Reichsapfel, mit einem Kreuz versehen, schenkte: «Ein sinnreiches Werk, Heiliger Vater. Du hast mich damit belehren wollen, wie ich zu regieren habe.» Tatsächlich gibt es keine christliche Herrschaft ohne den Blick auf das Kreuz. Der christliche Kaiser handelt aus einer höheren Befugnis, denn er ist eine sakrale Symbolgestalt. Die Sehnsucht nach dem heiligen Kaiser ist wie diejenige nach dem Engelpapst: ein großartiger, wenn auch meistens ein utopischer Traum. Heinrich führte das kaiserliche Schwert als ein Mensch, der um das Kreuz wußte, und trug die Krone in Demut, voll Ergebenheit und Gnade. Wenn diese Auffassung heute nur noch von wenigen Menschen geteilt wird, so ist und bleibt sie dennoch eine hohe Anschauung, die ihr Ansehen behält. Wir empfinden Ehrfurcht vor dieser Kaiseridee, heute mehr denn je, weil in unserer Gegenwart vielerorts zum Teil der Abschaum der Gesellschaft die Macht an sich gerissen hat. Die Suche nach der würdigen Staatsform ist dringlicher denn je, zumal wir auch heute die Mängel der direkten oder indirekten Demokratie sehr stark empfinden.

Damit nähern wir uns dem Kern unserer Schilderung. Die Geschichte des Mittelalters ist nicht, wie die Romantiker glaubten, mit dem Goldgrund der Ewigkeit identisch, aber damals erinnerte man sich doch immer wieder an diesen Goldgrund, weshalb es aller Behutsamkeit bedarf, sie im wahren Licht zu sehen. Das Geschehen wurde namentlich durch zwei Mächte bestimmt, durch Kaiser und Papst. Es bildet die Tragik der mittelalterlichen Geschichte, daß diese beiden Mächte früh miteinander in einen unheilvollen Zwist gerieten und sich in einen mörderischen Kampf verwickelten, der Nationen, Geschlechter und Familien spaltete. Es ist nicht unsere Aufgabe, den Kampf zwischen Kaiser und Papst eingehender zu schildern, zumal es den Umfang dieser Ausführungen sprengen würde. Die Kriege zwischen den beiden Mächten forderten einen unübersehbaren Blutzoll und endigten mit der Niederlage des Kaisertums, in die auch das

Papsttum hineingerissen wurde, wenn wir an die babylonische Gefangenschaft der Kirche denken.

In diesem gigantischen Ringen um die Weltherrschaft gab es eine einzige Sternstunde, in der es Heinrich gelang, zwischen Kirche und Staat eine wundersame Harmonie zu schaffen. Unter seinem Zepter verbanden sich die beiden Mächte in bestem Einvernehmen miteinander, und dies geschah nicht wegen Heinrichs hohen diplomatischen Fähigkeiten. Mit bloßer Politik wäre Heinrich nie der mannigfachen Schwierigkeiten Herr geworden. Es wurde ihm ein Charisma geschenkt, und nur dank diesem Charisma vollbrachte er, zusammen mit der heiligen Kunigunde, das Wunder der Harmonie zwischen geistlicher und weltlicher Führung. Um dieser charismatischen Tat willen, die die widerstrebenden Teile zu einer Einheit zu verbinden vermochte, und wegen nichts anderem ist er der heilige Kaiser. Dazu war nur er allein fähig, und keinem seiner Nachfolger gelang dies wieder. Es war eine einmalige Tat. Andere Menschen wurden wegen ihrer caritativen Taten und ihrer radikalen Christus-Nachfolge zu der Ehre der Altäre erhoben. Heinrich verkörperte die christliche Kaiseridee, die geistliche und weltliche Macht einträchtig in sich vereinigte. Um dieser Sendung willen, die uns ein unvergängliches Vermächtnis mit auf den Lebensweg gibt, ist er bedeutsam.

Der dritte Problemkreis ist der Idee des Reiches verpflichtet. Heinrich wußte um die Größe des Gedankens vom Heiligen Römischen Reich Deutscher Nation und war in all seinen Taten darauf bedacht, ihm Achtung zu verschaffen. Er ließ sich während seiner Regierung nur von den Interessen des Reiches leiten und verstand das Reich als eine heilige Gemeinschaft. «Bi ihm stund wohl das Rich», bezeugt eine alte Urkunde. Heinrich ist gestorben, und beinahe scheint es, er habe das Reich mitgenommen. Doch bleibt der Reichsgedanke eine große Idee. Zwar wird das Gottesreich oft mit dem weltlichen Reich verwechselt. Wie entsetzlich die Reichsidee geschändet werden kann, haben wir in den unseligen Tagen des «Dritten Reiches» erfahren. Man hat das Reich zuweilen grauenhaft mißbraucht und hat ihm Hekatomben von Menschen geopfert, und dennoch ist die Reichsidee turmhoch erhaben über die bloß utilitaristische Staatsauffassung, die heutzutage nur noch wirtschaftliche Fragen kennt und die Nationen zu Einkaufszentren erniedrigt. Für einen solchen Händlerstandpunkt lohnt es sich nicht zu leben, während die Reichsidee Menschen zutiefst zu entflammen vermag. Der Idee des Reiches liegt der Ordnungsgedanke zugrunde. Angesichts der schrecklichen Unordnung auf der ganzen Welt regelt die Idee der Ordnung das Zusammensein der Menschen. Heinrich hat Ordnung geschaffen; hierarchische Ordnung war sein Lebenselement, eine Aufgabe, die von zeitloser Gültigkeit ist. Nach dem Neuen Testament ist Gott ein Gott der Ordnung und nicht der Unordnung. Wir sind überzeugt davon, was der göttlichen Ordnung unter den Menschen Geltung verschafft, ist gut, und was das Chaos vergrößert, ist den unteren, zersetzenden Mächten verpflichtet. Heute ist das Reich versunken, worüber man sich keinen Illusionen hingeben darf. Wir müssen uns gegenwärtig mehr denn je auf das christliche Reich besinnen. Jesus ist mit dem Ruf aufgetreten: «Denket um, denn das Reich ist nahe herbeigekommen.» Das Reich steht in der Botschaft Christi im Mittelpunkt. Aber er dachte nicht an ein mit Waffengewalt zu eroberndes oder zu verteidigendes Reich. Jesus antwortete Pilatus ganz unmißverständlich: «Mein Reich ist nicht von dieser Welt.» Bei dieser Aussage müßten wir uns doch viel stärker auf das innere Reich besinnen. Deshalb ziehen wir uns gegenwärtig auf dieses innere Reich zurück, nicht damit es immer innerlich bleibe, sondern damit wir wieder an die Gestaltung eines neuen Reiches denken können, wenn die Zeit dazu reif geworden ist. Vom

Reich Christi ist das irdische Reich nur ein schwaches Abbild. Am ewigen Reich aber halten wir fest, weil wir gewiß sind, daß niemand es uns rauben kann.

Eines Heiligen gedenken heißt nie und nimmer, sich bloß an ihn zu erinnern. Es gilt vielmehr, sich mit ihm zu verbinden, ihn innerlich spürbar anwesend empfinden. Der Kaiser hatte etwas Ähnliches erlebt, als er einst das Kloster St. Vito in Verdun besuchte und sich von der monastischen Atmosphäre überaus angesprochen fühlte. In seiner christlichen Gesinnung hegte er zuletzt den Wunsch nach Einkleidung, aber der Abt verweigerte ihm das Mönchshabit und sprach zu ihm: «Wir wollen also und befehlen es Euch, daß Ihr zur Leitung des Reiches, das Euch von Gott übertragen wurde, wieder heimkehrt und in Gottesfurcht und Gerechtigkeit die Sorge für das ganze Reich nach bestem Können übernehmt.»

Dieses Erlebnis läßt sich auch auf unsere Situation übertragen, denn wenn wir Heinrich und Kunigunde wirklich angeblickt haben und sie auf uns zugeschritten sind, so daß es zu einem Grüßen über die Jahrhunderte hinweg gekommen ist, dann erwacht auch in uns der Wunsch, in ihrer Nähe zu bleiben, wie es Heinrich im Kloster St. Vito widerfahren ist. Es gibt nichts Besseres, als mit den Heiligen zu sprechen, sich in ihr Leben zu vertiefen und sich von ihnen umgeben zu wissen. Die «Gemeinschaft der Heiligen» wirklich zu erleben, ist eine der beglückendsten Erfüllungen in einem Christenleben. Wohl wissen wir, daß es uns, genau wie Heinrich, verwehrt ist, immer bei ihnen zu verweilen, weil wir unsere täglichen Aufgaben zu erfüllen haben. Wir sollen und wollen aber, im Sinne von Heinrich und Kunigunde, mitten in der heutigen Welt gegen den sich stets bedrohlicher auswirkenden Ungeist unserer Zeit ankämpfen und Zeugen des Evangeliums sein, das allein imstande ist, das Leben von Grund auf zu ändern, indem es zuerst uns in neue Menschen verwandelt.

Ein großer Lehrer: Albertus Magnus

Nach der Überlieferung besuchte Erzbischof Siegfried den alten Albertus im Kölner Kloster. Er klopfte an die Zellentüre und rief: «Albertus, bist du da?» Da vernahm er eine Stimme wie aus dem Grabe: «Albertus ist nicht mehr hier!»
Sowohl die Frage als auch die Antwort scheinen unsere Situation widerzuspiegeln. Fragen wir wirklich ernsthaft: «Albertus, bist du da?» Sind wir nicht weit mehr mit Fragen nach dem dynamischen Gruppenchristentum, nach kreativer Tätigkeit, nach der Selbstverwirklichung beschäftigt, mit Fragen, die zu nichts führen? Wäre es nicht besser zu fragen: «Albertus, bist du da?», oder anders formuliert: «Albertus, wer bist du eigentlich?» Diese Frage aber stellen wir gegenwärtig nicht, und darum hören wir nur das dunkle Raunen der Grabesstimme: «Albertus ist nicht mehr da.» So scheint es wenigstens, meine ich, doch wenn wir tiefer in die Vergangenheit hineinhorchen, spüren wir deutlich, daß Albertus unsichtbar immer noch da ist und immer da bleiben wird, um uns den richtigen Weg zu weisen.
Zwar schrieb einmal Léon Bloy nach der Lektüre eines Heiligenbuches in sein «Tagebuch»: «Man muß schon wirklich die Heiligen sehr lieben, um solch mittelmäßige Ware wie die der Heiligenliteratur des neunzehnten Jahrhunderts verdauen zu können.» Beschäftigt man sich mit jener Hagiographie, versteht man den Zorn des temperamentvollen Franzosen durchaus.
Nun, bei Albertus liegen keine salbadernden Traktätchen vor, über die man sich aufregen könnte. Dies wird niemand

sagen, der die Biographien von Strunz, Wilms, Scheeben, Dörfler usw. gelesen hat. Es sind ernsthafte, mit Wissen und Ehrfurcht geschriebene Arbeiten. Dagegen traf Albertus ein anderes Ungemach. Er verfaßte eine erstaunlich große Anzahl bedeutsamer Werke, an die man schwer herankommt, weil sie nur teilweise ediert sind. Über die veröffentlichten Werke entstand wegen der Urheberschaft zu Beginn dieses Jahrhunderts ein heftiger Streit unter den Gelehrten. Dieser Streit wirbelte eine große Staubwolke auf, hinter der wiederum, wie bei den süßlichen Heiligenschilderungen, die Gestalt des Albertus verschwand. Ich möchte mit aller Deutlichkeit sagen, daß ich mich an diesen Echtheitsstreitigkeiten auf keine Weise zu beteiligen gedenke. Der erwähnte Staub hinterläßt nur ein trockenes Hüsteln bei einigen Gelehrten, das Problem aber, ob Albertus alle seine Werke selbst geschrieben habe oder nicht, hat mit unseren gegenwärtigen Existenzfragen nichts zu tun. Darum weg damit!

Was uns heute beschäftigt, ist einzig und allein das Thema «Albertus Magnus als Heiliger». Ich bin vor allem an der Hagiographie interessiert, die man in den letzten Jahren vielfach wie ein mißratenes Kind aus einer guten, katholischen Familie behandelt. Das Kind war tatsächlich auf Abwege geraten, aber daran war nicht das Kind, sondern waren seine Eltern schuld, die es zum voraus in ihre etwas allzu enge Vorstellungswelt hineinzwängen wollten. Schauen wir uns das Kind, gemeint sind die Heiligen, in seiner Natürlichkeit an. Wenn wir sie nicht schon in der Wiege in fromme Windeln wickeln, sondern ihnen Liebe und Verständnis zeigen, werden wir eine freudige Überraschung erleben. Die Heiligen sind nicht so langweilig, wie sie dargestellt worden sind, sondern bergen die herrlichsten Schätze, die die Kirche überhaupt besitzt. Wenn wir uns auf die Heiligen ganz neu besinnen und versuchen, ihnen mit letzter Ehrfurcht und Wahrheitsliebe, mit Realismus und mystischem Sinn zu begegnen, bekommen wir das christliche Menschenbild schlechthin zu sehen, nach dem wir so sehnsüchtig Ausschau halten. Nicht Wissenschaftlichkeit, nicht Gelehrsamkeit, sondern innere Verbindung mit den Heiligen verleihen uns Führung und Geleit, weisen uns immer wieder auf die Christus-Realität hin, zu der wir stets hindurchbrechen müssen, und zwar jeden Tag. Freilich paßt Albertus nicht in das übliche Heiligen-Schema hinein, weil er dafür wegen seiner gelehrten Scholastik zu volksfremd wirkt. Dieser Schein trügt, denn zum einen ist das landläufige Heiligenmodell fragwürdig, und zum andern ist mit dem Wort «Gelehrter» nur ein Teil von Albertus umschrieben. Die Auffassung, die Albertus zu einer Art von Schwarzkünstler nach dem Muster von Doktor Faust machen wollte, war ohnehin ganz falsch. Dem Versuch, Albertus mit der Zauberei zu verbinden, sind leider seine Ordensbrüder viel zu wenig energisch entgegengetreten, was dem Ruf des Heiligen überaus geschadet hat. Ich bin fest überzeugt, daß Albertus ein Heiliger war, jedenfalls war die Kirche gut beraten, als sie ihn 1622 selig- und 1931 endlich heiligsprach und ihn zum Kirchenlehrer erhob. Sie pflegt in solchen Dingen nie überstürzt zu handeln. Zwar hat Albertus lange auf seine Heiligsprechung warten müssen, obschon, nach der Volkskunst zu urteilen, seine Verehrung in der Regensburger Diözese stets lebendig war und von gewissen Bischöfen kräftig gefördert wurde. Aber es fehlten die Wunder. Endlich sah ein großzügig gesinnter Kardinal von diesen, meines Erachtens allzu äußerlichen, Zeichen ab und brachte die Heiligsprechung zustande.

Albertus war ein deutscher Heiliger. Er stammte aus gutem Hause, wurde um das Jahr 1193 in Lauingen an der Donau geboren und gehörte seiner Veranlagung nach zu den Grüblinsleuten, wie die Schwaben jene Menschen bezeichnen, die die Dinge nicht einfach hinnehmen, sondern sich über alles ihre eigenen Gedanken machen.

Wir wissen nicht viel über seine Jugend, weil es keine Vita gibt. Man sollte das Nichtwissen ehrlich zugeben und es nicht durch erfundene Geschichtlein übertünchen, weil dies ein Heiliger wahrhaftig nicht nötig hat. Eines aber steht fest: Albertus war kein Stubenhocker, denn schon früh streifte er durch die freie Natur und betrachtete eifrig die Fische und die Vögel.

Auch sein Studiengang liegt nicht einhellig vor uns. Während längerer Zeit hielt er sich in Padua auf und lernte dort den wenige Jahrzehnte zuvor gegründeten Dominikanerorden kennen. Dieser Orden war gegenüber dem monastischen Benediktinerorden völlig anders eingestellt. Er verlangte von seinen Mitgliedern ein gründliches Studium, das sie befähigen sollte, die Häresie durch substantielle Predigten geistig und nicht gewalttätig zu überwinden. Kurz ausgedrückt: der Predigerorden wollte den Menschen helfen. Dominikus verlangte von seinen Brüdern ein Leben in Armut, damit ihre Verkündigung glaubhafter und wirksamer würde. Die Patres und die Brüder sollten ein dem Evangelium entsprechendes Dasein führen, weil nach Dominikus nur das Beispiel überzeugt und nicht das bloße Wort.

Die dominikanische Niederlassung in Padua beeindruckte Albertus überaus. Der vornehme Sohn fühlte sich gerade von der Armut angesprochen. Trotzdem hegte er Bedenken, die sich kaum zerstreuen ließen: Wenn er nun voller Begeisterung in den Orden eintreten würde, so fragte er sich, wäre er denn auch imstande, in all den kommenden Jahren seinen Entschluß durchzuhalten, oder würde er sich nicht bald kleinmütig nach der Welt zurücksehnen? Das bedächtige Wesen des Schwaben verwickelte ihn in einen wahren Seelenkampf, jedenfalls schwankte er lange hin und her.

Jordanus von Sachsen, der damals General des Ordens war, hörte von Albertus' seelischer Unsicherheit. Er nahm sich seiner an und sagte zu ihm in einer entscheidenden Stunde: «Ich verspreche dir, mein Sohn, wenn du in unseren Orden eintrittst, wirst du ihn niemals verlassen.» Auf diese Zusicherung gewann Albertus den inneren Halt, dessen der junge Mann damals unbedingt bedurfte. Hierauf trat er in den Dominikanerorden ein und wurde nie vom geringsten Wankelmut angefochten, sondern entwickelte sich im Laufe seines Lebens zu einem der größten Dominikaner aller Zeiten. Er erhielt sogar den Beinamen «magnus», der sonst keinem andern Ordensangehörigen verliehen wurde.

Zeitlebens blieb Albertus ein überzeugter Dominikaner, der es mit der Regel sehr ernst nahm. Damals lebte man noch von Almosen, und die Speisekarte war alles andere als reichhaltig. Der Orden erkannte bald die außerordentliche Begabung des jungen Mannes und förderte seine Studien mit allen Kräften. Nach der Priesterweihe wurde er zunächst Lektor in Hildesheim, hernach in Freiburg und Regensburg. Er stieg innerhalb des Ordens rasch empor und übernahm schließlich die Leitung der deutschen Ordensprovinz. Nun hatte er die zahlreichen Dominikanerklöster zu visitieren, wozu er weite Reisen durch ganz Deutschland, vom Rhein bis nach Schlesien, von der Nordsee bis nach Ungarn unternehmen mußte. Vom beschaulichen Dasein blieb wenig übrig. Er benutzte kein Pferd – dies war den Angehörigen der Bettelorden streng verboten –, sondern ging zu Fuß, den Stab in der Hand. Es trieben ihn stets die Ordensaufträge, nie die Unruhe des Herzens, zu seinen weiten Wanderungen. Bei diesen ausgedehnten Reisen erbettelte er sich den Unterhalt. Es mag für ihn nicht leicht gewesen sein, bald an dieser Türe und bald an jener anzuklopfen und um ein Stück Brot oder eine Schale Milch zu bitten. Als Dominikaner war er jedoch dem Gelübde der Armut verpflichtet, das er unbedingt halten wollte. Es ist nötig, über die Armut ein Wort zu sagen, weil sie in unserer Wohlfahrtsgesellschaft schlechterdings nicht mehr verstanden wird. Bei der Armut sollte man nicht Rilkes Wort zitieren: «Armut ist ein großer Glanz aus Innen.» Das ist ästhetisches Gerede. Armut ist zunächst schwer zu ertragen; die freiwillig auf sich genommene Armut aber vermittelt dem Menschen eine innere Freiheit von den Dingen und trägt die Verheißung Christi in sich: «Selig seid ihr Armen, denn das Reich Gottes ist euer.» Nur der arme Christ wird imstande sein, den Kapitalismus und auch den Kommunismus von innen heraus zu überwinden. Mit seiner gelebten Armut legte Albertus den Boden für seine Heiligkeit, ein Zusammenhang, der nicht übersehen werden darf.

Seine Tätigkeit als Dominikaner wurde jäh unterbrochen durch seine Berufung auf den Bischofsstuhl in Regensburg. Dort war als Bischof ein Mann tätig, der mehr an Kriegen als an der Kirche interessiert war und der infolgedessen die Diözese an den Rand des Abgrundes brachte. Rom mußte eingreifen und sah keinen andern Ausweg aus der verfahrenen Situation, als Albertus zum Bischof zu ernennen. Albertus kam dadurch in eine Verlegenheit, denn er empfand das Bischofsamt als unvereinbar mit dem Mönchsstand. Auch seine Freunde beschworen ihn, das Amt nicht anzunehmen. Ein Bettelmönch als Reichsfürst war ihm und ihnen unvorstellbar. Da aber der Befehl des Papstes vorlag, gehorchte Albertus und zog eines Tages ganz unbemerkt in Regensburg ein, wo er hernach die Bischofsweihe empfing. Zunächst brach er mit vielen bischöflichen Gewohnheiten radikal, indem er von keiner Prachtsentfaltung etwas wissen wollte. Er blieb stets der einfache Predigermönch und lebte auch im bischöflichen Ornat und unter der Mitra als Ordensmann. Mit tatkräftiger Hand ordnete er sofort die verwahrlosten Zustände, entließ unfähige Personen und setzte vertrauenswürdige Männer an deren Stelle. Nach einem Jahr herrschte in der verlotterten Diözese Regensburg wieder Ordnung, so daß Regensburg wieder eine ehrwürdige Bischofsstadt war. Dann ging Albertus nach Rom und bat den Papst inständig, ihn

seines Bischofsamtes zu entbinden, weil er sich zum Bettelmönch berufen fühle und in seinem Stande bleiben möchte. Der Papst entsprach seinem Wunsche, wenn auch ungern. Der Verzicht auf den Bischofssitz war ein sprechender Beweis für die Demut von Albertus; es lag ihm wirklich keineswegs an einem herrschaftlichen Auftreten.
Danach ernannte der Papst ihn zum Kreuzzugsprediger für das deutsche Gebiet. Auch hierin gehorchte Albertus, obwohl die blutigen Kreuzzüge im Widerspruch standen zum dominikanischen Ideal der gewaltlosen Bekehrung. Ähnlich wie Berthold von Regensburg hielt Albertus Kreuzzugspredigten, wenn auch der geplante Kreuzzug gar nicht durchgeführt wurde.
Albertus kehrte nun wieder nach Köln zurück an die Dominikanerschule, an der er schon früher tätig gewesen war. Regensburg und Köln bleiben wohl für immer mit seinem Namen verbunden, da er in diesen Städten segensreich wirkte.
In Köln übernahm er wieder seinen früheren Lehrstuhl, und hier saß sein größter Schüler, Thomas von Aquin, zu seinen Füßen. Albertus hat das Talent des Thomas zuerst entdeckt und hat dessen große Auswirkung prophetisch vorausverkündet: «Ihr nennt diesen hier den stummen Ochsen, er wird aber noch ein Gebrüll in der Wissenschaft erheben, das in der ganzen Welt gehört wird.» Zwischen Albertus und Thomas von Aquin ergab sich bald ein vorbildliches Lehrer-Schüler-Verhältnis; weder von Abhängigkeit noch von Rivalität war die Rede, wie dies in der Geschichte der Universitäten oft vorgekommen ist. Die beiden Männer fühlten sich durch das gleiche dominikanische Ideal verbunden. Als Thomas von Aquin einmal in Paris wegen seiner Lehrtätigkeit in Schwierigkeiten geriet, eilte ihm Albertus sofort zu Hilfe, und zusammen meisterten sie die Situation.
Albertus hatte in Köln noch anderes zu tun. Der damalige ehrgeizige Erzbischof Konrad von Hochstaden stritt öfters

mit der Bürgerschaft, wobei Albertus mehr als einmal zwischen den Parteien vermitteln mußte. Die beiden Männer waren denkbar verschieden: Der Erzbischof war ein stolzer Machtmensch und Albertus ein Freund des Friedens. Überlegen fällte er jeweils den Schiedsspruch, dem sich beide Parteien fügten. Albertus war in jener verwilderten, kaiserlosen Zeit auf Gerechtigkeit bedacht.
Albertus blieb auch als alter Mann in Köln nicht untätig. Solange es seine Kräfte gestatteten, arbeitete er an seinen Schriften. Als ihn einmal bei einer Vorlesung das Gedächtnis im Stich ließ, stellte er seine Lehrtätigkeit ein. Keineswegs wurde er nun schwachen Geistes! Am Schluß seines Testamentes schrieb er die Worte: «Wenn jemand, was Gott verhüten möge, nach meinem Tode diese meine Verfügungen zu ändern wagt, so möge er wissen, daß der Fluch des allmächtigen Gottes ihn treffe.» Diese Worte besitzen einen alttestamentlichen Klang und beweisen, daß er bis zuletzt ein starker Mann geblieben ist. Am 15. November 1280 starb er im hohen Alter von siebenundachtzig Jahren. Es wurde in der St.-Andreas-Kirche in Köln beigesetzt. Noch heute stehen wir mit innerer Ergriffenheit vor seiner schlichten Grabstätte. Albertus ist als Doktor universalis in die Geschichte eingegangen, eine Ehrenbezeichnung, die ihm tatsächlich zukommt. Albertus Teutonicus war der große Lehrer mit universalem Geist, und gerade wegen seiner Weite und Offenheit muß er vor allem unser Vorbild sein. Wir haben gewöhnlich eine viel zu schmale Basis. Wir sollten uns nicht in ein enges Gehäuse einschließen, sondern sollten geöffneter werden, wie Paulus schreibt: «Unser Herz ist weit geworden.» Dies heißt, sich leidenschaftlich für alles Geistige interessieren. Ich rede weder von einer bloßen Neugierde, von der sich Albertus' Zeitgenosse, Friedrich II., in seinen schrecklichen Experimenten an Menschen leiten ließ, noch von einer wahllosen Zersplitterung, sondern von einer allseitigen Hal-

tung. Wir müssen von einer zentralen Mitte aus – dem Evangelium –, getragen von einer mutigen Gläubigkeit, nach allen Richtungen in die Geisteswelt vorstoßen. Das wäre in unserer Zeit eine albertinische Einstellung, die seines Namens würdig ist. Drei Aspekte aus der Tätigkeit des Doktors universalis sind von zeitloser Bedeutung.

Fürs erste besaß Albertus einen Blick für die Schöpfung Gottes, was keineswegs selbstverständlich ist. Der mittelalterliche Mensch hatte im allgemeinen eine eigentümliche Angst vor der Natur. Es schien ihm, als sei sie von unheimlichen Geistern durchwirkt, vor denen er sich fürchtete. Infolgedessen huldigte er einem starken Aberglauben. Albertus kannte diese Angst in keiner Weise. Bei seinen ausgedehnten Visitationsreisen wanderte er stets mit offenen Augen durch Deutschlands Lande und beobachtete alles, was ihm dabei begegnete. Ihn interessierten Berge und Flüsse, Flora und Fauna. Jede Pflanze am Wegrand beobachtete er, das Versteck der Hirsche suchte er auf und machte sich fleißig Notizen, ja, er scheute sich nicht, in die Bergwerke hinabzusteigen. Albertus verstand die Sprache der Landschaft, der Pflanzen und der Tiere; er fühlte die Größe der Welt, weil er selbst ein ungewöhnlicher Mensch war. Eichendorffisch ausgedrückt, vernahm er das Lied, das in allen Dingen schläft, und wußte auch um das Zauberwort, das es zum Erklingen brachte. Gerade weil er seinen Ordensbrüdern «das Buch der Natur» erschlossen hat, verdient er die Auszeichnungen «der erste Naturforscher Deutschlands»; «Doktor universalis» oder auch einfach Albertus Magnus vollkommen zu Recht. Er war bereit, von den Alten zu übernehmen, was sie gut beobachtet hatten, und erkannte zugleich den Wert der eigenen Erfahrung. Albertus versuchte, den Naturerscheinungen auf die Spur zu kommen, und fragte stets nach den Ursachen, eine Haltung, die den echten Forschergeist verrät.

Eifrig interessierte er sich für das, was die alten Griechen über die Natur ausgesagt hatten. Selbstverständlich war das noch recht primitiv und oft auch falsch, weil es mehr auf Spekulation als auf Erforschung begründet war. Trotzdem nahm Albertus diese Lehren auf und führte sie weiter. Um jeden Preis wollte er selbständig forschen. Aus seiner Feder stammen Schriften über Botanik und Zoologie, die eindeutig sein Interesse für das Lebendige beweisen. Albertus schwärmte nicht nur für die Natur, sondern war bestrebt, sie zu ergründen. Er machte als erster Experimente, indem er Apparate baute, Metalle analysierte und auch Tierversuche unternahm.

Die einzelnen Resultate sind dabei gar nicht so bedeutsam, denn inzwischen sind sie durch die heutige Forschung längst überholt. Wichtiger sind sein Blick und seine Leidenschaft dafür und die Erkenntnis, daß es nicht genügt, die Beschreibungen früherer Zeiten einfach zu wiederholen. Albertus betonte oft: «Ich habe selbst fleißig beobachtet» und «ich habe nachgeforscht bei Bauern, Fischern und Vogelstellern.» Es kommt im Leben auf die eigene Erfahrung an und in der Naturforschung besonders zählt nur die eigene Feststellung. Nie fand Albertus all die Pflanzen und Tiere, den Sonnenaufgang, die Nebelbildung und die Gesteinsarten nur merkwürdig, sonderbar und interessant, sah er doch in allem die Hand Gottes. Er kannte noch, um es in der Schulsprache auszudrücken, eine theologia naturalis. Nach ihm sind alle Dinge von Gott und führen zu Gott. Alles bekommt seinen Sinn durch seine Beziehung zu Gott. Der Heilige Geist zündet das Licht der Natur an. Wo Natur und Offenbarung auseinanderfallen, stirbt im Menschen das göttlliche Leben ab. Das ganze All ist Gottes Werk, der Allmächtige ist der Schöpfer und Ordner aller Dinge. Deswegen war die Natur für Albertus nicht ein Mechanismus, sondern ein Organismus.

Wir müssen in dieser Hinsicht verschiedene Dinge lernen. Zunächst dürfen wir die Welt nicht in zwei Teile auseinanderfallen lassen, sozusagen in eine «gottlose» Naturwissenschaft und in eine naturfeindliche Theologie, die miteinander nichts zu tun haben und sich sogar gegenseitig bekämpfen. Das war die unfruchtbare Haltung des letzten Jahrhunderts, die sich in törichten Streitigkeiten zwischen Darwinismus und Bibelglaube verlor. Albertus lehrte uns etwas anderes: Die ganze Natur ist als eine Schöpfung Gottes zu lieben. Sie ist neben der Heiligen Schrift das großartigste Zeugnis Gottes, das uns veranlaßt, den Schöpfer zu rühmen und zu preisen. Nur keine blutleeren Schemen, sondern eine lebensvolle Frömmigkeit, die die gottgeschaffene Natur ein- und nicht ausschließt. Wir leben doch von der Anschauung und nicht von der Abstraktion.

Außerdem besaß Albertus noch die Kraft einer elementaren Verwunderung. Wir müssen das Staunen wieder lernen. Wir haben es verlernt. Das sture Sitzen vor dem Flimmerkasten hat uns stumpfsinnig gemacht, es huscht alles an unseren Augen vorüber, und wir nehmen es gar nicht mehr in unser Bewußtsein auf. Das hat überaus nachteilige Folgen. Wir mischen uns nicht unter die Umweltschützer, aber wir betrachten das Staunen als den Anfang der Weisheit. Hier setzen wir ein, denn ohne dieses verwundernde Staunen bleiben wir dumpfe Menschen und hasten am Schönsten vorbei.

Schließlich müssen wir von Albertus fragen lernen. Es gibt in der Natur nicht nur einzigartige Schönheiten, sondern sie stellt uns auch vor schwere Rätsel. Mißgestalten, Katastrophen gibt es, Dinge, die wir nicht verstehen. Wir müssen immer wieder neu über die Natur nachdenken, nicht fragen um des Fragens willen. Das ist unfruchtbar. Der fragende Mensch aber ist seit Sokrates bedeutsam, denn ohne ehrliches und suchendes Fragen kommen wir nicht weiter. «Wo im Menschen die Frage nicht ist, da ist auch nicht die Antwort des Heiligen Geistes», sagte Hildegard von Bingen. Diese Auffassung teilte auch Albertus.

Der zweite Blick von Albertus richtete sich auf die Philosophie. Sie ist kein müßiges Gedankenspiel für einige weltfremde Leute. Das ist ein Vorurteil, dem auch einige engherzige Ordensangehörige huldigten und gegen die Albertus einmal voller Zorn schrieb: «Es gibt Leute, die Ignoranten sind, die mit allen Mitteln das Studium der Philosophie bekämpfen, stupide Bestien, die lästern, was sie nicht kennen.» Wer die Probleme des Lebens denkend zu verarbeiten sucht, wird unweigerlich zur Philosophie geführt. Eine, wenn auch noch so einfache, philosophische Orientierung ist unumgänglich notwendig. Es fragt sich nur, was für eine. Hierin zeigt sich ebenfalls eine der geistigen Nöte der Gegenwart. Wir haben heute keine rechte und brauchbare philosophische Unterlage, und gerade darum werden wir auch des Nihilismus nicht Herr. Bei Albertus war die Situation anders. Er verhielt sich nie nur pragmatisch in seinen naturwissenschaftlichen Arbeiten, denn nie hat er seine Beobachtungen nur erzählt oder aneinandergereiht. Er dachte darüber nach, warum die Dinge so und nicht anders beschaffen sind und was für einen Sinn und welche Ursache sie haben. Albertus dachte ausgesprochen scharf nach; er zählt zu den ganz großen Denkern Deutschlands. Es gibt ein verschiedenes Denken: ein schulmäßiges, ein bürokratisches, ein technisches, aber auch ein dichterisches und lebendiges Denken. Jedenfalls fürchtete sich Albertus nicht vor dem Denken, zumal Paulus die Korinther ermahnte: «Werdet nicht Kinder im Denken.» Ein ernsthaftes, verantwortungsbewußtes Denken ist nicht nur mit dem Christentum vereinbar, es ist geradezu von uns gefordert. «Denken ist auch Gottesdienst»; dieses gottesdienstliche Denken übte er reichlich aus. Auch besaß er einen Fragemut, der zugleich auch einen Glaubensmut in sich schloß.

Damals erkannte die Kirche die Notwendigkeit, eine Unterlage für ihre dogmatischen Lehren zu schaffen. Mit scharfem Blick sah Albertus, daß hierfür vor allem die griechische Philosophie in Frage komme, namentlich Aristoteles, der sich damals jedoch ganz in den Händen der Araber befand. Die Kirchenmänner scheuten zunächst vor dieser Gestalt zurück, weil Aristoteles ein Heide gewesen war. Albertus dagegen besaß die Freiheit des Geistes, auch das Gute in den Werken der Heiden zu erkennen. Er war bestrebt, alle über die ganze Welt verstreuten Wahrheitskeime heimzuholen und einzubauen in den Kosmos der Wahrheit und den Nachweis zu führen, daß Wissen und Glauben sich in Harmonie befinden. Aus dieser Erkenntnis heraus bemühte er sich, die Philosophie des Aristoteles von den arabischen Beimischungen zu reinigen und sie für das kirchliche Denken nutzbar zu machen. Das war eine Riesenaufgabe; man hat schon den Vergleich gebraucht: «David stand vor dem neuen Goliath.» Auch Albertus selbst empfand dieses Unternehmen nicht als leicht. Zugleich stellten sich ihm viele Gegner entgegen und wollten ihn als Erneuerer in Verruf bringen. Er hatte gegen zahlreiche Widersacher zu kämpfen, die sogar erreichten, daß der päpstliche Legat die Benützung der Schriften des Aristoteles an der Universität Paris verbot. Albertus aber ließ sich nicht entmutigen und begann mit seiner Arbeit, die dann freilich erst Thomas von Aquin umfassend zu Ende führte. Die beiden Männer haben die Taufe des Aristoteles vorgenommen und haben mit dem «christlichen Aristotelismus» der Kirche einen unendlichen Dienst geleistet. Albertus hat die Grundlage für eine christliche Philosophie gelegt, und beide zusammen haben der mittelalterlichen Scholastik die endgültige Form gegeben, die Jahrhunderte überdauert hat. Erst unsere Generation schleuderte sie mit einer leichtfertigen Gebärde auf die Seite, ohne fähig zu sein, etwas Gleichwertiges an ihre Stelle zu setzen.

Wiederum kann ich dies nicht, wie es nötig wäre, im einzelnen ausführen. Ich möchte daran nur eine Überlegung für unsere Gegenwart knüpfen. Wir stehen ebenfalls mitten in der Auseinandersetzung mit der Neuzeit, stehen vor unbekannten Problemen und erleben eine Wandlung des Lebensgefühls. In unserer Hilflosigkeit reden wir von progressiver oder konservativer Einstellung, wobei die beiden Begriffe oft nur Schlagworte sind. Es wäre verächtlich, jedem neuen Hasen nachzujagen und unter allen Umständen modern sein zu wollen. Aber grundsätzlich jeden neuen Denkversuch ablehnen, verrät wiederum eine Angst vor dem Neuen, die aus einer Unsicherheit kommt. Albertus dachte ganz anders und seine Einstellung war deshalb überlegen, weil er ein Heiliger war. In Umbruchszeiten sind vor allem Heilige fähig, der Kirche wirklich zu helfen. Wir stehen so hilflos da, weil uns heute die Heiligen fehlen. Vorsichtig griff Albertus die damaligen Probleme der Kirche an und versuchte, sie organisch mit den bisherigen Vorstellungen zu verbinden. Der Heilige baute das Neue in die Tradition ein und erwies sich dadurch als ein eminent fruchtbarer Geist. In dieser nur ganz flüchtig umschriebenen Haltung des Albertus sehe ich das Vorbildliche an ihm, denn er zeigt uns damit den Weg, den wir heute gehen sollten. Weder das Alte rettet uns noch das Neue, sondern wir müssen uns bemühen, quer durch beide Einstellungen hindurch zu einem lebendigen Durchbruch zur Christus-Realität zu gelangen, weil nur sie allein die heutige Not zu überwinden vermag. Wir müssen alle Fragen mit Christus in Verbindung bringen, weil nur von ihm aus das Licht in die Finsternis scheint. Das Neue muß im Alten verankert werden, und das Alte muß sich zum Neuen weiterentwikkeln, wie Christus von jenem Hausvater spricht, «der aus seinem Schatz Neues und Altes vorträgt». Dies kann und darf jedoch nicht auf dem Wege des Kompromisses geschehen, indem wir da etwas abhandeln und dort etwas unbemerkt hinzufügen. Daraus ergäbe sich nur eine schwächliche Vermittlungstätigkeit. Für die organische Verknüpfung von Altem und Neuem bedürfen wir eines Charismas, pointierter ausgedrückt, eines albertinischen Charismas, um das wir beten müssen, weil wir es uns selbst nicht geben können. Nicht durch Diskussionen und schon gar nicht durch unseren Intellekt überwinden wir die gegenwärtige Krise. Wir haben heilige Menschen nötig, Menschen, die, von der Gnade geleitet, fähig sind, klärende und helfende Worte in unsere Verworrenheit hineinzusprechen. In diese Richtung muß unser inneres Bemühen gehen – alles andere verbleibt in der Ratlosigkeit.

Der dritte Blick von Albertus richtete sich in das Reich der Mystik. Auch hier wandelte er auf einem ungewöhnlichen Pfad. Albertus gilt zwar in den Lehrbüchern als einer der großen Scholastiker, was er auch zweifellos war. Seine scholastische Arbeit vollzog sich freilich noch in einer knienden und nicht bloß sitzenden Haltung, worin der große Unterschied zur heutigen Wissenschaft besteht. Wenn die Verbindung von Gebet und Gelehrsamkeit zerrissen wird, dann tritt jene heillose, sich chaotisch auswirkende Situation ein. Anders formuliert: Albertus war nie nur ein scharfsinniger Denker, er war auch stets ein frommer Mensch, der betete und seine Kraft allein aus seiner Verbindung mit Gott schöpfte. Die innige Verknüpfung von Gebet und Studium ist für ihn charakteristisch. Er sagte: «Will man fragen nach den Geheimnissen Gottes, so frage man nach dem ärmsten Menschen, der auf Erden weilt und der mit Freuden arm ist aus Liebe zu Gott; der weiß von Gottes Geheimnissen mehr denn der weiseste Gelehrte auf Erden.» Albertus pflegte das betrachtende Gebet und war überzeugt: «Durch Gebet und Frömmigkeit erreicht man in den göttlichen Wissenschaften mehr als durch Studium.» Mitten im pulsierenden Leben von Paris und Köln stehend, führte er ein Leben aus dem Glauben: «Es möge kommen – es käme nicht, wenn Gott es nicht zuließe; es kann nicht anders kommen, nicht mehr kommen, als sonst er es zuläßt, weil er es ja zum besten weiß, es zum besten wenden und leiten kann und will.»

Albertus schrieb auch ein mystisches Büchlein über «Die Einung mit Gott». Die Frage, ob dieses Büchlein von ihm oder von einem anderen Verfasser stamme, wie Grabmann meinte, lasse ich absichtlich beiseite, weil sie zu dem aufgewirbelten Staub gehört, der unseren Lungen nur schlecht bekommt. In diesem reizenden und tiefsinnigen Büchlein erweist sich Albertus als ein echter Mystiker, der der reichen dominikanischen Tradition eines Meister Eckhart, Johannes Tauler und Heinrich Seuse vorangegangen ist. Leider wurden sie später vom Orden arg vernachlässigt, sie, die doch zu den herrlichsten Boten abendländischer Christlichkeit gehören. Der kindliche Mensch Albertus redet zu uns und kennt nur eine Seligkeit, zu Gott zu kommen und bei Gott zu bleiben. Albertus ist ein Mystiker, denn allein schon sein Kommentar der Schriften des Dionysius Areopagita beweist eindeutig seinen Neuplatonismus.

Das ausschließliche Verlangen nach Gott aber kennzeichnet den Heiligen, und darum brauche ich zu keinen Kunstgriffen meine Zuflucht zu nehmen, um von Albertus als einem Heiligen zu reden. Die Heiligkeit eines Menschen erweist sich nicht darin, daß ihm Visionen und Entrückungen zuteil werden. Das ist eine zu einschränkende Auffassung; Albertus aber war in dieser Hinsicht von einer heiligen Nüchternheit erfüllt. Seine Heiligkeit ist undramatisch, wundervoll diskret und fast unsichtbar; sie besteht in einer beständigen, durchaus wahrnehmbaren Nähe Gottes. Auch hierin ist und bleibt er unser Richtbild. Er wollte bei Gott sein, und wir möchten doch in unserem tiefsten Herzensgrund auch nichts anderes. Mystik ist keine komplizierte Lehre, sondern vor allem eine wirkliche Gotterfahrung. Wir Christen brauchen weder Zen noch Yoga – dies sind meistens Modeströmungen ohne Dauer. Wessen wir bedürfen, ist eine reale Verbundenheit mit dem lebendigen Gott, aus der heraus wir jeden Tag leben und die uns auch durch das ganze Leben hindurch begleitet.

Ich schließe mit einer märchenhaften Legende über Albertus: «Um Weihnachten, bei vielem Schnee und heftiger Kälte, kam König Wilhelm nach Köln, um am Tage der heiligen drei Könige auf deren Grab die feierliche Königsgabe darzubringen und mit den daselbst versammelten Fürsten und Bischöfen seiner Partei die Reichsgeschäfte zu beraten. Zu dieser Zeit wohnte im Dominikanerkloster zu Köln Bruder Albertus, Lesemeister daselbst, ‹groß in der Magie, größer noch in der Philosophie, am größten in der Theologie›. Dieser bat den König inständig, er möge am Tage der heiligen drei Könige im Kloster das Mittagsmahl einnehmen; Wilhelm, irgendein hübsches Wunder erwartend, sagte ihm den Besuch zu. Nach dem Gottesdienst im Dom ging er mit seinem Gefolge zu den Dominikanern. Bruder Albertus empfing ihn am Tor und führte ihn in seinen Garten. Hier lag zwar Eis und Schnee; gleichwohl erschienen zierliche Diener und bereiteten eine große Tafel zum Gastmahl zu. Man setzte sich trotz der großen Kälte unter freiem Himmel zu Tische und jeder dachte bei sich selbst: Was soll daraus werden? Bruder Albertus aber saß neben dem König. Wie nun alle frierend der Speisen harrten, da verschwand auf einmal Eis und Schnee, eine milde Sommerwärme verbreitete sich, die Erde trieb in einem Augenblick frisches Gras und schöne Blumen, die kahlen Bäume erschienen reich belaubt und schwer von Früchten, blühende Weinranken verbreiteten den herrlichsten Duft und trieben zugleich volle, prächtige Trauben hervor, und ein Chor von Vögeln sang von allen Zweigen herab. Es wurde immer wärmer, die erstaunten Gäste zogen die Oberkleider aus und lagerten sich unter den Bäumen; die Diener setzten ihnen geschäftig vor. Da gerieten der König und alle Anwesenden in die fröhlichste Heiterkeit. Aber sowie das Mahl zu Ende war, verschwanden plötzlich die Diener wie Schatten, der Gesang der Vögel verstummte, die Bäume wurden kahl, die Blumen verdorrten, und grimmige

Kälte brach mit Schnee und Eis wiederum herein, so daß alle ins Kloster an die Kaminfeuer flohen. Ehe die Gesellschaft sich vom Erstaunen erholt hatte, trat Bruder Albertus zu König Wilhelm und bat ihn, bei seiner bevorstehenden Reise nach Utrecht dem Predigerorden daselbst die Baustelle zu einem Kloster zu schenken. Der König gewährte die Bitte, nach wenigen Tagen nahm er Abschied von den versammelten Herren, reiste den Rhein hinunter und kaufte in Utrecht nicht nur die große Baustelle, sondern beschenkte auch das neue Kloster mit großer Freigebigkeit.»

So lautet die Legende aus dem Lebenskreis von Albertus. Wie bei allen Legenden darf man nicht so sehr nach ihrer Geschichtlichkeit, sondern eher nach ihrem Sinn fragen. Der Sinn der Legende ist eindeutig, denn alle Beschäftigung mit den Heiligen erstrebt doch nur eines: Verwandlung unserer eiskalten Welt der Technik und der Wirtschaft in einen blühenden Garten, in dem es uns wieder ganz warm ums Herz wird und unsere Seele voller Jubel dem ewigen Gott entgegenbrennt. Ist das bloße Utopie und nur ein frommer Wunsch? Nein, zehnmal nein! Schließen Sie jetzt die Augen für einen Moment und öffnen Sie Ihre Herzen – Sie werden den blühenden Gottesgarten des Albertus Magnus leibhaftig vor sich sehen.

Ein noch größerer Schüler: Thomas von Aquin

«Ein Heiliger! Ihr alle führt dies Wort im Munde. Ein Heiliger, wißt ihr, was das ist?», fragt Georges Bernanos. Natürlich meinen wir es zu wissen. Wir haben doch von Jugend an fromme Erzählungen von Heiligen gehört, zu Hause und im Religionsunterricht, und haben auch viele Heiligenfiguren in den Kirchen gesehen. Artig und geschmückt stehen sie da – wie sollten wir nicht wissen, was ein Heiliger ist? Doch dies gehört zu den vielen selbstgefälligen Täuschungen, mit denen die Menschen sich vorzeitig zufrieden geben, ohne daß ihnen je einmal die Augen über ihre Verblendung aufgegangen wären. In Wirklichkeit haben wir nur eine geringe oder auch gar keine Ahnung davon, was sich alles in einem Heiligenleben abspielt, welche Erschütterungen sich ereignen und welche Versuchungen zu bestehen sind, wie sich die Sturzbäche der Gnade auswirken und wie sehr dies andere Menschen mißverstehen. Wahrhaftig, alles andere ist leichter als das Abenteuer der Heiligkeit zu bestehen, denn dazu bedarf es schon übernatürlicher Kräfte. Der Sturmwind Gottes fegt mit brausender Gewalt über seine Diener dahin, beinahe bis ihnen Hören und Sehen vergeht. «Ein Heiliger, wißt ihr, was das ist?», schreibt der Dichter, und es gibt auf diese Frage nur eine ehrliche Antwort: Nein, wir wissen es nicht; wir können uns kaum eine Vorstellung davon machen, weil alle unsere Maßstäbe auch nicht entfernt dazu ausreichen.

Bei wenigen Heiligen gilt diese Wahrheit in so starkem Maße wie bei Thomas von Aquin, denn in ihm einen Heiligen erkennen hat mit einer zweifachen Schwierigkeit zu kämpfen.

Noch bis vor einer Generation galt Thomas von Aquin als eine unantastbare Autorität. Die Kirche hatte sich fast völlig auf seine Lehre festgelegt. Freilich wurde seine Theologie wie auch seine Philosophie dem Studierenden in einer etwas starren Lehrform übermittelt, weshalb sie gewöhnlich wenig begeisterte. Mit Thomas von Aquin verband sich die Vorstellung von einem unbeweglichen Lehrgebäude, das man einfach zu übernehmen hatte und dem gegenüber alle kritischen Fragen nicht am Platze waren. Über Thomas von Aquin gab es früher nichts zu diskutieren – er war der große Lehrer der Kirche, vor dem sich alle beugten. Diese festgefahrene Auffassung mußte dem Heiligen mit der Zeit schaden. Es ist gefährlich, die Wahrheit als unumstößlichen Besitz zu verstehen, die dem Menschen zu einem sanften Ruhekissen wird, auf dem sich leicht einschlafen läßt. In dieser Weise verhielt sich Thomas von Aquin gerade nicht.

Vor einigen Jahren kehrten sich plötzlich viele katholische Theologen von Thomas von Aquin ab, und es traf ein, was Robert Grosche einmal den «antithomistischen Affekt» nannte. Es wuchs eine junge Theologen-Generation heran, die den Fürsten der Scholastik nur noch dem Namen nach kannte und sich von der Lektüre seiner Summen für dispensiert hielt. Ein Buch, das «Große Gestalten christlicher Spiritualität» zum Thema hat, enthält kein Kapitel mehr über Thomas von Aquin. Die jungen Theologen hören eine hypothesenreiche Exegese und beschäftigen sich mit etwas Psychologie und namentlich mit Soziologie, kurz, mit allem anderen, nur nicht mit Thomas von Aquin. Für sie ist der beherrschende Lehrer beinahe über Nacht nicht-existent geworden, und infolgedessen gehen sie ihm aus dem Wege und finden nichts Gleichwertiges. Darf man derart wertvolles Vergangenheitsgut so gedankenlos wegwerfen? Ist das nicht in höchstem Maße pietätlos? Muß man sich da noch wundern, daß wir plötzlich so bettelarm dastehen?

Die Einstellung, die den Thomismus als eine unüberbietbare, für alle Zeiten feststehende Lehre betrachtet, wie auch jene, die sich in einer Unkenntnis seiner Schriften gefällt, bewerten wir als unfruchtbar. Es sind Extreme, die den Weg der Mitte verfehlt haben. Wir wissen darum, daß man ein katholischer Philosoph sein kann, ohne Thomist zu werden, wofür der ehrwürdige Peter Wust ein rühmenswertes Beispiel ist. Ganz zu Unrecht hat man ihn vergessen. Wir suchen einen neuen Zugang zu Thomas von Aquin, den wir fragen dürfen und der uns fragt, kurz, zu jenem wahren Menschen, der uns zum Wesentlichen hinführt. Wir finden ihn, indem wir in ihm den Heiligen erkennen. Das ist nicht ohne weiteres gegeben, zumal Thomas von Aquin kaum von sich selbst spricht und ein farbiger Legendenkranz über ihn fehlt. Diese Aufgabe aber ist uns gestellt, weil unsere Zeit wahrscheinlich nur über den Weg des Heiligen wieder in eine nähere Beziehung zu Thomas von Aquin gelangt. Die Kirche hat ihn heiliggesprochen, was sie gewiß nicht getan hätte, wenn er es nicht gewesen wäre. Aber es ist nicht ohne weiteres selbstverständlich, die Spuren seiner Heiligkeit aufzuzeigen, weil sein stilles, undramatisches Leben wenig spannungsgeladene Begebenheiten aufweist.
Schon früh haben sich zwar seiner Biographen angenommen, es sei nur an Wilhelm von Tocco und Peter Calo erinnert, die den Heiligen persönlich gekannt haben. Wir tappen keineswegs im dunkeln, was sein Leben betrifft, und sind nicht darauf angewiesen, leere Strecken mit Erfindungen auszufüllen. Das Leben von Thomas von Aquin liegt wie ein klarer See vor uns. Er war eine reine Gestalt, ein Mensch, der nichts zu verhüllen brauchte. In unserem Jahrhundert sind einige Werke von großer Sachkenntnis über Thomas von Aquin erschienen, leider aber weisen sie die bekannte gelehrte Trokkenheit auf und sind deshalb von nur geringer Anziehungskraft. Eine Ausnahme macht das Buch des Engländers G.K.

Chesterton, das, wenn auch gelegentlich in einem journalistischen Ton verfaßt, doch mit unverkennbarer Liebe zu Thomas von Aquin geschrieben ist. Auch Josef Piepers Schriften über ihn verdienen lobend erwähnt zu werden.

Thomas von Aquin wurde um 1225 auf der Burg Roccasecca im Königreich Neapel geboren. Seiner Herkunft nach stammte er aus dem niederen Adel und hatte von der mütterlichen Seite normannisches Blut in sich. Die aristokratische Vornehmheit ist bei ihm nicht zu übersehen. Er bildete sich jedoch gar nichts auf den erblichen Adel ein, schrieb er doch: «Es irren viele, die sich für adelig halten, weil sie aus adeliger Familie sind... Ich wiederhole also mit dem heiligen Hieronymus, daß es an diesem angeblichen erblichen Adel nichts zu beneiden gibt... Wahrer Adel ist nur der Adel der Seele.»

Über seine Jugend ist verhältnismäßig wenig bekannt. Der Fünfjährige wurde als puer oblatus nach Monte Cassino zur Ausbildung gegeben. Nach den ehrgeizigen Plänen des Vaters sollte er dort Benediktiner werden, um dann zum Abt aufzusteigen und der Familie neuen Glanz hinzuzufügen. Aus der Knabenzeit des Thomas wird nur ein einziges Wort überliefert; er soll plötzlich seinen Lehrer gefragt haben: «Wer ist Gott?» Die Frage aus dem Munde des Jünglings ist nicht so überraschend, wie es im ersten Moment zu sein scheint, fragt doch nach Wolfram von Eschenbach der junge Parzifal vor seiner Ausfahrt ebenfalls: «Gott? Was ist Gott? O Mutter, sag es!» Die Mutter antwortete dem Dümmling: «Sohn, er ist lichter als der Tag.» Das ist eine würdige Antwort; so sollten Eltern auf die Fragen ihrer Söhne und Töchter antworten. Dem jungen Thomas dagegen blieben die damaligen Benediktiner vom Monte Cassino die Antwort schuldig. Gewiß glaubten sie an Gott, aber sie waren nicht fähig, lichtvoll vom ewigen Geheimnis zum Knaben zu sprechen. Da man ihm keine Antwort gab, wurde die Frage «Was ist Gott?» zur Frage seines Lebens. Ohne Übertreibung darf man sagen, daß alles, was Thomas von Aquin in seinen mächtigen Summen niederschrieb, sich im Grunde nur um diese eine zentrale Frage drehte. Dies allein schon korrigiert die irrige Vorstellung vom bloßen Intellektualismus bei Thomas von Aquin, gibt es doch nichts Aufwühlenderes als die bohrende Frage: Was ist Gott? Wenn in der heutigen Jugend anstelle des revolutionären Geredes die Gottesfrage existentiell aufbrechen würde, wenn sie in ihrem Innern wie Feuer zu brennen anfinge, wahrhaftig, es würde eine ganz neue Generation heranwachsen und die Verfallsepoche hätte ein Ende gefunden.

Thomas von Aquin studierte mit neunzehn Jahren an der von Friedrich II. gegründeten Universität in Neapel. Damals entschloß er sich unerwartet, in den sich noch in den Anfängen befindenden Dominikanerorden einzutreten. Der junge Mann fand Gefallen an den kühnen Gelübden des Predigerordens, der so viel mehr wagte als die eingesessenen monastischen Orden. Die fremdartige Unbürgerlichkeit des Bettelordens zog ihn an, und die damit verbundene Armut lockte ihn. Der Entschluß, die Dominikanerkutte zu tragen, war ein starker Affront gegenüber seiner adeligen Familie, die sich in ihrem Stolz getroffen fühlte. Zu jener Zeit wurden die Bettelmönche als Halbverrückte verlacht, weshalb der neue Weg von Thomas von Aquin den Bruch mit seiner Familie herbeiführte. Sein Leben verlief keineswegs so unbewegt, wie wir dies in unseren Vorurteilen annehmen. Sein früher Entschluß, ein Dasein in Armut zu führen, ist das erste Anzeichen eines außerordentlichen Lebens.

Die Familie war nicht gewillt, sein Vorhaben stillschweigend hinzunehmen. Die Schwester Maritta erklärte ihm, ein Bettler sei für die Familie nicht tragbar. Da ihre Überredungskünste nichts nützten, griff die Mutter Theodora zur Feder und schrieb einen Brief an die Brüder von Thomas mit der Bitte, ihn von seinem wilden Plan abzubringen. Thomas war eben dabei, seine Heimat zu verlassen, als ihn zwei seiner Brüder überfielen und ihn wie einen Feind auf eine Burg schleppten und in ein Verlies einsperrten. Die Gefangenschaft sollte ihm seine extravaganten Ideen austreiben und ihn eines Besseren belehren. Thomas aber ertrug entgegen ihrer Erwartung alles und war bereit, nach wie vor zu den verachteten Bettelmönchen zu gehören.

Da weder Überredung noch Drohung zum gewünschten Ziele führten, griffen die aufgebrachten Brüder zu einem anderen Mittel: sie schmückten ein hübsches Mädchen und sandten es in sein Schlafgemach. Es sollte durch süße Worte und zwinkernde Blicke, durch kosende Berührungen und innige Zärtlichkeiten den jungen Mann locken und verlokken. Bei ihren koketten Verführungskünsten erwachte in Thomas «der Stachel des Fleisches», und obwohl er die in ihm aufsteigende Erregung spürte, ließ er sich vom leichtfertigen Mädchen nicht umarmen. Er war an sich ein ruhiger Mensch. Ein einziges Mal in seinem Leben gebärdete er sich zornentbrannt, und das war bei diesem Geschehen. Eine grenzenlose Wut erfaßte ihn über die plumpe Falle. Er empfand dieses Tun schändlicher als die gwaltsame Gefangennahme. Nie hätte er seine Brüder zu einer solchen Gemeinheit für fähig gehalten. In seinem Zorn ergriff er ein brennendes Scheit aus dem Kamin und stürmte mit dieser lodernden Waffe auf das sinnliche Mädchen los. Die Kurtisane erschrak darob maßlos, war sie doch gewohnt, anders von den Männern empfangen zu werden. Die Dirne eilte schleunigst aus dem Raum, schlug die Türe knallend hinter sich zu, und damit ist die Namenlose auch endgültig unseren Blicken entschwunden. Hierauf brannte Thomas mit seinem glühenden Holzscheit ein schwarzes Kreuz in die Türe, warf dann das Scheit in den Kamin zurück und stürzte jäh zu Boden, wo er lange Zeit stumm liegen blieb. Offenbar war Thomas von Aquin kein steifer, unbeweglicher Mann. Auch dieser

Mensch hatte, wie alle Heiligen, seine Versuchungen zu bestehen. Diesen Angriff vermochte er nur mit einer elementaren Gebärde abzuwehren. Ohne Kämpfe ist kein Heiliger ans Ziel gekommen.

Dem stumm am Boden liegenden Thomas wurde hierauf ein visionäres Erlebnis zuteil. Er war, was viel zu wenig bekannt ist, Visionär und hat in seinem Leben mehrere Visionen erlebt. Dies war die erste: Zwei Engel erschienen ihm und sagten: «Siehe, von Gott her gürten wir dich, wie du erbeten hast, mit dem Gürtel der Keuschheit, der durch keinen weiteren Kampf gelöst werden kann.» Thomas von Aquin empfand die Umgürtung durch die Engel als einen körperlichen Schmerz, über den er mit lautem Aufschrei erwachte, was für die Echtheit der Vision spricht. Nach dieser schmerzhaften Engelvision war er zeitlebens befreit von solchen Anfechtungen, während andere Menschen dauernd von ihnen bedrängt werden. Wilhelm von Tocca unterstrich diesen merkwürdigen, für uns nicht leicht zu verstehenden Vorgang, während die neuzeitlichen Darstellungen ihn aus Furcht vor den aufgeklärten Zeitgenossen mit Stillschweigen übergingen. In der Situation der Umgürtung muß man Thomas von Aquin beobachten, erst dann ruft man mit Bernanos aus: «Ein Heiliger! Ihr alle führt das Wort im Munde. Ein Heiliger, wißt ihr, was das ist?»

Beinahe zwei Jahre dauerte die Gefangenschaft, aber Thomas von Aquins eiserner Wille war nicht zu brechen. Er legte sein Mönchshabit nicht ab. Schließlich erbarmte sich seine Schwester seiner, gab ihm ein Seil, worauf er sich heimlich durchs Fenster auf die Erde hinabgleiten ließ. Mit dieser Flucht hatte er die Freiheit wiedergewonnen. Es gelang ihm, aus Italien zu entkommen und im Ausland sein dominikanisches Noviziat zu beginnen.

Er wollte sein Studium in Paris beginnen. Unterwegs erlebte er auf dem Meer ein schreckliches Gewitter; selbst die Seeleute fürchteten, dabei umzukommen. Thomas von Aquin selbst blieb während des ganzen Sturmes unerschrocken und legte damit ein erstes Zeugnis seiner inneren Ruhe ab. In Paris wurde Albertus Magnus sein Lehrer, der aber bald nach Köln übersiedeln mußte. Thomas von Aquin begleitete ihn und betrat damit deutschen Boden in einer Zeit, da die Grundsteinlegung des Kölner Domes erfolgte. Um 1250 empfing er durch Erzbischof Konrad von Hochstaden die Priesterweihe.

Thomas von Aquin war nach Augenzeugenberichten dem Äußeren nach eine hochgewachsene, aufrechte, aber massige Gestalt, ohne je den Gaumenfreuden gehuldigt zu haben. Die Bettelorden setzten den Mönchen einfache Speise vor. Seine Körperfülle war durch seine Konstitution und namentlich durch seine sitzende Tätigkeit bedingt.

Seine Mitstudenten gaben ihm den Spitznamen: «Der stumme Ochse von Sizilien.» Er regte sich darüber nicht auf, liebt man es doch bis zum heutigen Tag, einem Mitschüler einen Übernamen anzuhängen.

Der Spitzname war durch eine auffallende Eigenschaft bedingt: Thomas sprach nicht viel und nur das Notwendige. Schon als Knabe war er schweigsam; sportliche Turnierspiele sagten ihm nichts. Er betrachtete die Dinge, ohne dabei viele Worte zu verlieren. Als Jüngling verabscheute er alle Geschwätzigkeit und wurde noch stiller. Thomas von Aquin war der schweigsame Mensch, was alle Biographen betonen. Keineswegs darf diese In-sich-Gekehrtheit der mürrischen Wortkargheit gleichgesetzt werden, sondern er war ein Mensch des wundersamen Schweigens, weil er wußte, wie leicht man mit seiner Zunge sündigt. Im Schweigen vernimmt der Christ die göttliche Stimme, und nur im Schweigen gelangt er zu der inneren Ruhe, die Thomas von Aquin in starkem Maße besaß. Das wortlose Nachdenken verbreitet um den Heiligen jene wohltuende Stille, die man zu spüren

bekommt, wenn man sich mit ihm beschäftigt. Thomas von Aquin war der Mann der Meditation – er war es, und er redete nicht davon.
Auch wir müßten einsehen, daß wir zu viel reden. Was wird doch bei Sitzungen, Konferenzen, in Parlamenten, Synoden und Massenmedien alles geredet! In weltlichen und kirchlichen Zeitungen werden die Menschen noch dazu aufgefordert, sich über dieses oder jenes Problem in einer Zuschrift zu äußern, so daß im demokratischen Zeitalter die Meinung herrscht, jeder Mensch könne über jedes Problem zu jeder Zeit etwas sagen, auch wenn er keine Stunde darüber ernsthaft nachgedacht hat. Von dieser schwatzenden Gesellschaft hebt sich der schweigsame Thomas von Aquin stark ab. Von ihm kann man das Schweigen lernen. Podiumsgespräche lösen kein einziges Problem; wir überwinden auch eine die Geheimnisse Gottes zerredende Theologie nur durch ein neues, gotterfülltes Schweigen.
Seine Mitstudenten verstanden Thomas von Aquins Schweigen nicht. Eindrucksvoll ist die Szene in Albertus' Hörsaal, als bei einer Diskussion Thomas von Aquin bescheiden seine Ansicht vertrat. Albertus schaute betroffen seine Schüler an und äußerte, auf Thomas zeigend, die berühmten Worte: «Wir heißen ihn einen stummen Ochsen, aber er wird mit seiner Lehre noch ein solches Brüllen von sich geben, daß es in der ganzen Welt ertönt.» Der prophetische Ausspruch hat sich erfüllt. Zwar brüllte Thomas von Aquin nie, auch später nicht, das entsprach nicht seiner vornehmen Natur; aber seine Stimme wurde nicht nur zu seinen Lebzeiten gehört, sie ist auch bis in unsere Gegenwart gedrungen und wird nie mehr verstummen.
Vier Jahre weilte Thomas von Aquin innerhalb der Mauern von Köln, dann mußte er nach Paris, um in der dortigen Philosophenstadt nun selbst zu lehren. Zunächst kämpfte er für das Recht der Bettelmönche auf die Lehrstühle der Uni-

versität, die ihnen der Weltklerus verwehren wollte. Thomas von Aquin war dabei erfolgreich. Die junge Universität bekam damals die ersten Studentenunruhen zu spüren, in die die städtischen Nachtwächter eingriffen und für Ruhe sorgten. Es gab dabei verwundete Studenten und sogar einen Toten. Thomas von Aquin kümmerte sich nicht um die Tumulte und verteidigte in seiner ruhigen Art nachdrücklich den Ordensstand. Damals lernte er auch Bonaventura kennen, der für das gleiche Recht für die Franziskaner eintrat. Die beiden Männer schätzten einander sehr.

Im übrigen sprach Thomas von Aquin gelegentlich noch mit einem dritten Heiligen in Paris, mit dem heiligen Ludwig, dem König von Frankreich, der in schwierigen Fragen immer den Rat des Lehrers erbat. Bei aller Verschiedenheit der Aufgaben waren sie einander aufrichtig zugetan. Einmal wurde Thomas von Aquin an den Hof geladen. Obschon er gesellschaftliche Anlässe gar nicht liebte, befahl ihm die Ordensleitung, die Einladung anzunehmen. Er fühlte sich in der eleganten Gesellschaft der Höflinge und Hofdamen nicht sonderlich wohl, auch wird über das Gespräch zwischen Ludwig und Thomas von Aquin nichts überliefert. Wahrscheinlich saß Thomas wie gewöhnlich schweigsam und in seine eigenen Gedanken versunken da. Plötzlich aber schlug er mit der Faust heftig auf den Tisch, daß alle Becher hüpften, und murmelte: «Dieses Argument erledigt die Manichäer.» Welches Argument ihm gegen die Manichäer plötzlich in den Sinn gekommen war, wird wiederum nicht berichtet. Der Manichäismus spukte damals in abgewandelter Form auch in den Köpfen der Katharer, die nur die Seele und nicht auch den Leib gelten lassen wollten. Die ganze Gesellschaft schaute verblüfft auf den schweigsamen Mönch, der sich nicht weiter stören ließ, und die schöngekleideten Damen und Herren werden sich auch nicht weiter für die Probleme des Manichäismus interessiert haben. Nur der Prior flüsterte ihm zu: «Merkt auf, Meister, daß Ihr jetzt am Tische des Königs von Frankreich seid.»

Das Thema Thomas von Aquin als Heiliger ist auch so ein Faustschlag, und zwar auf den Tisch der heutigen Theologie. Er müßte sie aus ihrem selbstgenügsamen Treiben aufschrekken, damit sie sich endlich wieder auf die entscheidenden Fragen besinnt. Es sollte ihr zum Bewußtsein kommen, daß der Heilige keine altmodische Erscheinung ist, sondern vor allem ein Ansporn, uns selbst auf den Weg zu machen, um mit Gott in eine ganz reale Verbindung zu treten. Der Faustschlag des Thomas ist eine Mahnung an uns, uns viel intensiver auf die Argumente zu besinnen, die die Gegner des Christentums zum ernsthaften Nachdenken zwingen würden, indem wir weder bloß restaurieren, noch uns bequem dem Zeitgeist anpassen, sondern leidenschaftlich nach dem Wesentlichen und ewig Lebendigen suchen.

Wenn man sich persönlich mit einem Heiligen beschäftigt, fragt man in erster Linie nach seiner Sendung. Nun ist kein Schwanken möglich, daß die Sendung von Thomas von Aquin die eines Lehrers für die Christenheit war, gemäß den Worten des Apostel Paulus, wonach Gott die einen Menschen zu Lehrern in der Gemeinde gesetzt hat. Thomas von Aquin besaß in hervorragendem Maße die Gnadengabe des Lehrens. Alles, was man über seinen Intellektualismus sagen mag, bleibt ganz im äußeren Bezirk stehen und dringt nicht zum Kern des von Gott gesandten Lehrers vor, der im Dienste der christlichen Wahrheit stand.

Thomas von Aquin lehrte nicht nur vom Katheder herab, sondern verfaßte auch umfangreiche Werke, wie die großen «Summen». Man darf wohl ruhig sagen, daß die Form seiner Werke, die Art und Weise, wie er Fragen gestellt und darauf die Antworten gegeben hat, nicht mehr unserer Art entspricht. Seine stereotypen Formulierungen, wie: «es scheint», «hingegen» und «ich antworte» muten uns fremd an. Deswegen kostet es Mühe und Anstrengung, sich in die «Summen» einzulesen. Schaut man aber durch die zeitbedingte Form hindurch, spürt man doch Thomas von Aquins zeitlose Fragen und bewundert die meisterhafte Klarheit seiner Antworten.

Das Motiv seiner Lehrtätigkeit ging nicht aus dem törichten Ehrgeiz hervor, Schlagzeilen zu machen. Er wollte sich nicht selbst zur Geltung bringen, sondern erstrebte ein Leben des Gebetes und der Meditation. Infolgedessen ließ er sich durch nichts ablenken, auch lag ihm jede Zerstreuung fern. Seine Konzentrationsfähigkeit überstieg die Norm, so daß seine Biographen an eine Entrückung glaubten. Er war dermaßen versunken, daß er zum Beispiel nachts nicht merkte, wie die Kerze in seiner Hand niederbrannte und sie anzusengen drohte. Innerlich vollkommen gesammelt, flehte er um den Geist der Weisheit, und nie begann er an seinem Schreibtisch zu arbeiten, ohne vorher die Hände zu falten.

Das schriftstellerische Werk des Dominikaners, an dem er Tag und Nacht und oft unter ungünstigen Bedingungen arbeitete, wird nur richtig verstanden, wenn man weiß, daß es von einem Heiligen verfaßt ist und auch im Dienst der Heiligkeit steht. Losgelöst von diesem Verständnis erweckt es den Eindruck einer trockenen Angelegenheit, die den heutigen Menschen nur wenig anzusprechen vermag. Sein Werk ging aus einer echten Gottes- und Nächstenliebe hervor.

Es ist angebracht, Thomas von Aquins Denken näher zu betrachten. Vor allem war es ein ehrfürchtiges Denken, fern ab von jeder autonomen oder gar hybriden Einstellung, die dem Menschen immer wieder zum Verhängnis wird. Das Denken bei Thomas von Aquin war auch ein Gottesdienst. Spürt man die gottesdienstliche Weihe nicht, die in seinem beständigen Fragen und Antworten zum Ausdruck kommt, dann fehlt dem Leser das entscheidende Organ zum Verstehen. Der Aquinate kannte das Bibelwort vom vernünftigen Gottesdienst, der in der Erneuerung des Denkens besteht (Röm 12,1–2). Was dem heutigen Leser im ersten Moment als eine peinliche Exaktheit vorkommt, ist Thomas von Aquins objektive Haltung, die dem modernen Subjektivismus fremd anmutet.

In Wirklichkeit kreiste sein Denken um die Welt als Schöpfung Gottes. Dies veranlaßte ihn, dem damaligen Skeptizismus unerschrocken entgegenzutreten, der durch Averrhoes gelehrt wurde. Der Skeptizismus ist eine Versuchung des Menschen, damals und heute. Es ist so leicht, das Kleid des Skeptizismus anzuziehen, man glaubt, damit den Eindruck eines geistreichen und kritischen Menschen zu erwecken. Näher besehen, ist die grundsätzliche skeptische Einstellung eine bequeme Ausflucht, ein Abgrund, in den viele Menschen kopfüber abstürzen. Dies erkannte Thomas von Aquin und kämpfte eindrücklich gegen den Skeptizismus, weil er mit einer religiösen Haltung schlechterdings unvereinbar war. Unermüdlich stellte Thomas von Aquin der Skepsis das Seiende gegenüber. Das Sein kann doch nicht bestritten werden, sehen und fühlen wir es doch Tag für Tag. Auch wir werden den modernen Nihilismus – der eine andere Form des Skeptizismus ist – nur durch ein neues, tiefes Erleben des Seienden überwinden. Es kommt auf das Sein, auf das Dasein an, nicht auf den Begriff oder die Dialektik. Eine bloße Begriffsphilosophie bleibt eine akademische Angelegenheit und dringt nicht bis auf den Grund vor.

Thomas von Aquin war keineswegs nur ein braver Professor der Theologie, er war auch ein neuer Denker. Dies zeigt sich darin, daß er die von Albertus Magnus angefangene Beschäftigung mit Aristoteles zu Ende führte. Er bleibt des großen Lehrers noch größerer Schüler. Nach wie vor war Aristoteles wegen seiner heidnischen Herkunft umstritten. Thomas von Aquin hatte die Voreingenommenheit gegen die griechischen, vorchristlichen Denker überwunden und war bereit,

die Wahrheitselemente der griechischen Philosophie ohne weiteres anzuerkennen. Aristoteles schien ihm die beste philosophische Unterlage für die Theologie zu sein, und daher nahm er vor, was man die Taufe des Aristoteles genannt hat. Das war damals ein kühner und keineswegs selbstverständlicher Schritt, jedenfalls hat er Thomas von Aquin eine nicht geringe Feindschaft eingetragen. Man kann fragen, ob er der Vernunft nicht einen zu breiten Raum in seinem christlichen Denken gegeben hat. Aber die Frage aufwerfen, heißt sie verneinen, zumal Thomas von Aquin die Offenbarung keinen Moment vergaß. Er hat auch den Augustinismus nicht verabschiedet, dessen Grundlage mehr platonisch war, vielmehr hat er versucht, den Augustinismus mit Aristoteles zu versöhnen. Er war ein harmonischer Mensch und dachte eher, die Richtungen zusammenzufassen, eine Eigenheit, die seine Person anziehend und großartig zugleich macht.
Thomas von Aquins Denkbemühung liegt einzig und allein ein unermüdliches Forschen nach der Wahrheit zugrunde. Für ihn gab es nur eine einzige Wahrheit, nach der der Mensch streben muß, und nicht, wie für Siger von Brabant, eine doppelte Wahrheit, nach der theologisch etwas wahr sein kann, was philosophisch falsch ist. «Das Studium der Philosophie», formuliert Thomas von Aquin in großartiger, abschließender Weise, «ist nicht dazu da, daß man weiß, was die Menschen gemeint haben, sondern wie sich die Wahrheit der Sache verhält.» Daran krankt der ganze Philosophiebetrieb: ein Professor setzt sich mit der Meinung des andern Professors auseinander. Die Meinungen der Menschen sind jedoch gewöhnlich unerheblich. «Wie sich die Wahrheit der Sache verhält» – das und nichts anderes möchten wir erfahren. Dieses Verlangen bleibt in der Regel unerfüllt, und gerade darin liegt der Grund unseres Auf-der-Stelle-Tretens. Thomas von Aquin dagegen bewertete eine doppelte Wahrheit als eine Doppelzüngigkeit, als jenen mittelalterlichen

Versuch, das Tun der griechischen Sophisten zu wiederholen, das schon Sokrates entschieden abgelehnt hat und das auch für den lauteren Denker Thomas von Aquin unannehmbar war. Für ihn gab es nur eine einzige Wahrheit, eine, die er mit seiner Vernunft und seinem Herzen an den Tag bringen wollte. Wir sollten dieser Wahrheitsleidenschaft, dieser Wahrheitsfreude und dieser Wahrheitsverpflichtung mit neuem Mut nacheifern. Im Grunde kreiste er mit brennendem Interesse um die eine Frage, die schon den Knaben beschäftigt hatte: «Was ist Gott?» Des Aquinaten Lehre ist mehr als eine Lehre: sie ist eine grandiose Gotteserfahrung. Mit seinen Worten ausgedrückt: «Dies ist das Äußerste menschlichen Gotterkennens: zu wissen, daß wir Gott nicht wissen.» Die Unbegreiflichkeit Gottes zu betonen, ist keine bloße Wiederholung der negativen Theologie eines Dionysius Areopagita – Thomas von Aquin fühlte sich ihm durchaus verpflichtet –, sie dokumentiert unsere kreatürliche Grenze und bekundet die unendliche Größe Gottes, die der Mensch nicht zu erfassen fähig ist. Doch kann er sich vor dem lebendigen Gott niederwerfen, ihn anbeten und ihn mit glühender Inbrunst lieben. Thomas von Aquins Ringen um Gott ist nicht nur ergreifend, es ist Vorbild und Wegweisung zugleich.

Für den heutigen Menschen wirkt das bloße Wort «Scholastik» wie ein Schreckgespenst. Zu Unrecht. Schon dem ersten Scholastiker, Anselm von Canterbury, und besonders später Thomas von Aquin waren nicht Methoden und Doktrinen wichtig, sondern die Weisheit im biblischen Sinn. Weisheit ist etwas anderes als Lexikonwissen; sie ist ein Geschenk Gottes und kann nicht auf bloß rationalem Weg erworben werden. Die thomistische Weisheit hat es mit der Heiligkeit zu tun – nur sie eröffnet den neuen Zugang zu ihr. Niemals setzt sie den Glauben außer Kraft, Thomas von Aquin schrieb die herrlichen Worte: «Keiner der Philosophen vermochte mit all seinen Anstrengungen so viel von Gott zu wissen, wie seit der Ankunft Christi ein altes Weiblein durch den Glauben weiß.» Er liebte die Logik, aber er liebte auch das Geheimnis; er dachte mit Scharfsinn über die Probleme nach und betete dann wieder wie ein Kind. Gerade dieses gleichzeitige Denken und Beten ist vorbildlich an ihm und ist das, was wir vergessen haben.

Da Thomas von Aquin stets um die göttliche Weisheit rang, verfuhr er entsprechend milde mit seinen Gegnern. Zwar duldete auch er keine Ketzer, dies aber muß aus seiner vom Katharerkrieg betroffenen Zeit heraus begriffen werden. Er schonte seine Gegner, ein Tun, das vielen aufgefallen war und viele seiner Anhänger nicht verstanden. Ein junger Lizentiat redete hochmütig über Thomas von Aquins Auffassung. Alle Zuhörer waren gespannt, wie er ihn nun maßregeln würde, doch Thomas von Aquin schwieg ruhig. Darüber befragt, antwortete er: «Meine Söhne, mir schien es, man solle den neuen Meister in seiner Anfangsvorlesung schonen, damit er nicht vor allen Menschen verwirrt werde.» Nur ein ganz überlegener Geist verhält sich dermaßen vornehm. Er fand, auch der Gegner bemühe sich um die Wahrheit, weshalb er als Helfer im Erkenntnisprozeß zu bewerten sei. Im übrigen diene der Irrtum manchmal der Verdeutlichung der Wahrheit, weshalb man einen Gegner nicht mit feindseligen Gefühlen überschütten dürfe. Ähnlich äußerte sich später Kardinal Newman über dieses Thema. Alle Ironie lag Thomas von Aquin fern, weder Spott noch Geringschätzung kannte er. Ein mildes Licht liegt über seinen Ausführungen und verleiht seiner Person eine beinahe heitere Note.

Mit der Milde ist seine Demut verbunden. Bescheiden sagte er einmal: «Ich danke dir, Gott, daß ich über meine Wissenschaft, meine Lehrkanzel oder irgendeine scholastische Veranstaltung niemals eine Regung eitler Ruhmsucht hatte.» Wer von uns dürfte von sich das gleiche behaupten? Im Auf-

treten und im Schreiben bewies Thomas von Aquin eine echte Demut.
Milde und Demut weisen auf den Heiligen hin, denn solche Eigenschaften zeichnen den heiligen Menschen aus. Daraus ergibt sich auch unsere Einstellung zu seinem Werk. Wir bewerten Thomas von Aquins Werk nicht als eine unüberbietbare Leistung, die man immer nur mit anderen Worten wiederholen kann. Der Neuthomismus ist diesem Schicksal nicht immer entgangen. Es geht nicht an, Thomas von Aquin zu vergötzen, aber wir schätzen I. F. Görres Meinung: «Ich glaube ihn als Figur so klar zu sehen und gut zu verstehen, könnte ich ihn doch nur den Leuten zeigen: das Felsige und das Kristallene an ihm, das tief im Dunkel Wurzelnde und das Haupt im hellsten Licht der ‹Vernünftigkeit›, wie ein Berg zwischen Nacht und Morgen.» Seine Arbeit war von einem wegweisenden Tun geprägt, das höchsten Respekt verdient. Sein Werk ist für uns ein Ansporn, in seinem Geist weiter zu arbeiten. So wie er die Probleme seiner Zeit beantwortete, müßten wir die Probleme unserer Zeit aufnehmen, mit ihnen ringen und im Glauben nicht irre werden, daß auch wir sie im Aufblick zum Ewigen bewältigen. Diese Haltung befreit uns vom apologetischen Epigonentum und führt uns dazu, dem Heiligen auf eine neue Art zu begegnen.
Der in sich gekehrte Thomas von Aquin war ein Heiliger, den weder Besitz noch Macht verlockten. Auf die Frage: «Möchtet Ihr Herr von Paris sein?», antwortete er gelassen: «Lieber wollte ich die Predigten des Johannes Chrysostomus über das Evangelium des Matthäus haben.» Thomas von Aquin führte dabei keineswegs das Dasein eines weltfremden Gelehrten in seiner stillen Klause. Zu Fuß war er dauernd unterwegs in Italien, Frankreich und Deutschland, nicht etwa aus Reiselust, sondern im Auftrag seiner Oberen. Ohne Murren packte er seine sieben Sachen zusammen und machte sich auf den Weg. Er kam dem Befehl nach und erwies sich

als ein Mensch des Gehorsams. Der Gehorsam, heute eine verkannte Tugend, führt den Menschen wiederum in die Nähe der Heiligkeit. Der Christ gehorcht dem Befehl Gottes, ohne sich aufzulehnen. Das ist keine Kleinigkeit, muß er doch seinen Willen unterordnen, was oft sehr schwer ist, zumal bekanntlich der eigene Wille des Menschen Himmelreich ist. Thomas von Aquin verhielt sich hierin ganz anders: er gehorchte und vermochte dies zu tun, weil er nicht selbstherrlich seinen Neigungen lebte, sondern im Dienst des Allerhöchsten stand.

Der Papst befahl ihm, sich auf das Konzil in Lyon zu begeben. Wortlos kam der heilige Denker dem Befehl nach. Unterwegs widerfuhr ihm eine ungewöhnliche Verzückung, die in Parallele zu seiner Engelvision gesetzt werden darf. Nach dieser Schau war er nicht mehr der gleiche Mensch wie vorher. Die Veränderung fiel auch seiner Umgebung auf, weil er nicht mehr an seinem Werk weiterschrieb. Sein Mitbruder Reginald forderte ihn auf, doch wieder zur Feder zu greifen, aber Thomas von Aquin antwortete darauf einsilbig: «Ich kann nicht mehr schreiben.» Reginald drängte weiter, doch Thomas von Aquin verneinte und sagte: «Alles, was ich geschrieben habe, scheint mir Stroh zu sein im Vergleich mit dem, was ich gesehen habe und was mir geoffenbart worden ist.» Die ebenso überraschende wie ungewöhnliche Begründung verlangt alle Aufmerksamkeit. Was er geschaut hat, wissen wir nicht; er hat keine Silbe darüber gesagt und hat sein Geheimnis streng gehütet. Es muß eine gewaltige, über alle menschliche Vorstellungskraft weit hinausgehende Vision gewesen sein. Die Folgen seiner Vision können wir ein wenig ermessen: sein Werk schien ihm wie Stroh zu sein. Während seines ganzen Lebens hatte er mit verzehrendem Fleiß an seinen Kommentaren und Summen gearbeitet, und nun bewertete er alles als Stroh, das man als Streue den Tieren in den Stall legt. Angesichts des Glanzes der geschauten

Herrlichkeit war sein Werk nichts, strohern seine Gedanken, die später die Kirche als exemplarische Lehre ihren Gläubigen vorgestellt hat und aufgrund deren er zum gefeierten Kirchenlehrer geworden ist. Diese einzigartige Situation entzieht sich unserem Begreifen. Doch dies sei bemerkt: In der Weise durfte Thomas von Aquin von seinem Werk reden, niemals aber wir! Uns ist lediglich erlaubt zu sagen: Was wir schreiben ist im Angesicht der Ewigkeit Stroh, und das wird wohl richtig sein. Daß das Erlebnis für Thomas von Aquin bestürzend gewesen sein muß, geht aus seinem endgültigen Verzicht auf alles Schreiben hervor. Seine letzte Aussage besteht in einem ergreifenden Schweigen. Der berühmte Lehrer war zuletzt wieder zum stummen Ochsen geworden.

Auf dem Weg zum Konzil erkrankte Thomas von Aquin. Es liegt kein näherer Bericht über die Art der Krankheit vor. Er begehrte in das nahe gelegene Zisterzienserkloster Fossa Nova überführt zu werden, weil er sich seinem Ende nahe fühlte. Er betete zu Christus: «Aus Liebe zu dir habe ich studiert, gewacht und mich gemüht. Dich habe ich gepredigt und gelehrt.» Wiederum in einem visionären Erlebnis bezeugte ihm der Gekreuzigte: «Du hast gut von mir geschrieben.» Die Krankheit war nicht von langer Dauer; der Beichtvater bemerkte nach der Verabreichung der Sterbesakramente: «Die Beichte eines fünfjährigen Kindes.» Vielleicht ist dies das höchste Lob, jedenfalls ist es ein wundervolles Wort über Thomas von Aquin. Mögen doch auch wir einst mit einem derart kindlichen Gemüt vor den Toren der Ewigkeit stehen! Während der süßen Worte des natürlich allegorisch gedeuteten «Liedes der Lieder» ging der erst Neunundvierzigjährige am 7. März 1274 in die Ewigkeit ein. Seine Grabstätte befindet sich in der Kirche von Toulouse.

Zunächst war die Nachwirkung von Thomas von Aquin umkämpft, woraus wir ersehen, daß er in seiner Zeit nicht als konservativer Denker gegolten hat. Der Bischof von Paris verurteilte drei Jahre später einige Lehrpunkte des Aquinaten, und die Universität Oxford pflichtete bei. Die offizielle Verurteilung aber blieb ohne entscheidende Bedeutung. Es waren kleine Wölklein, die seinen strahlenden Glanz nicht zu verdunkeln vermochten. Von Mal zu Mal kam es der Christenheit zum Bewußtsein, welch heiliger Lehrer ihr in der Person des Thomas von Aquin geschenkt worden war. Es war der Wunsch von Papst Johannes XXII., Thomas von Aquin fünfzig Jahre nach seinem Tod heiligzusprechen. Diesem Vorhaben standen einige Schwierigkeiten entgegen. Es fehlten die Wunder, weil Thomas von Aquin wohl wegen seiner großen Gelehrsamkeit nie ein volkstümlicher Heiliger war. Der Gedanke, es komme bei einer Heiligsprechung auf drei einwandfrei bezeugte Wunder an, erwies sich schon damals als eine große Hemmung. Sie hat die Heiligsprechung von Nikolaus von Flüe um Jahrhunderte verzögert, und auch bei Thomas Morus mußte man diese Regel außer acht lassen. Schließlich war der Papst der Meinung, so viele theologische Sätze Thomas von Aquin geschrieben habe, so viele Wunder habe er gewirkt! Dies ist vortrefflich geurteilt und zeugt von einer souveränen Einstellung, die man auch bei andern Heiligsprechungen an den Tag legen sollte. Die Heiligkeit eines Menschen hängt nicht von Wundern ab, sondern von seiner Gottnähe. Thomas von Aquin wurde nach dem päpstlichen Urteil in das Verzeichnis der Heiligen eingetragen, und die Geschichte gab ihm die verdiente Bezeichnung: «Der engelgleiche Lehrer». Engel sind lichtvolle Gestalten, und auch er war eine vom Licht umflossene Persönlichkeit. Dieser Meister der christlichen Philosophie führte keinen Monolog. Das wäre eine Verkennung. Sein Dialog mit Gott gehört zum Mittelpunkt der Christenheit. Gewiß gab es neben ihm auch Augustinus und Franziskus. Wir wissen um die Verschiedenheit dieser Gestalten und verwischen den Unterschied nicht, denn «in meines Vaters Haus sind viele Wohnungen». Thomas von Aquin war der Mann, dessen Seligkeit im Erkennen bestand und der ein Genie der Harmonisierung genannt werden darf. Das Ziel der thomistischen Spiritualität war: mehr zu erkennen, um mehr lieben zu können. Der Heilige war ein heiterer Mensch, seine Seele war von einer Ruhe, einer Festigkeit und einem Gleichmut erfüllt, und er war darauf bedacht, dies alles vor den Augen der Menschen zu verbergen. Seine Spiritualität ist nicht leicht zu umschreiben; wir ahnen sie mehr, als daß wir sie in Worte fassen könnten. Die Klarheit seines Denkens verrät einen hohen Flug, und gebe Gott, daß er auch uns veranlaßt, uns ein wenig vom Erdboden zu erheben.

Thomas von Aquin war kein Poet, und doch hat er einige Hymnen gedichtet. Bezeichnend für ihn ist sein Bedürfnis, seine Seele in einem Hymnus zu Gott verströmen zu lassen. Darum können wir diese skizzenhaften Ausführungen nicht besser schließen, als von ganzem Herzen in seinen Hymnus einzustimmen:

Ich bete dich in Demut, verborgene Gottheit an,
Die sich in dieses Zeichen so wahrhaft hüllen kann.
Mein Herz hab ich gegeben ganz deinem Walten hin,
Weil voll dich zu erfassen ich allzu kraftlos bin.

Eine außerordentliche Äbtissin: Hildegard von Bingen

Gestatten Sie mir, ausnahmsweise mit einem kleinen persönlichen Erlebnis zu beginnen. Vor einigen Jahren waren meine Frau und ich auf der Heimreise von Antwerpen genötigt, unterwegs in der Stadt Bingen zu übernachten. Beim Frühstück sagte der Ober zu uns: «Wenn sich die Herrschaften für das Fußballspiel zwischen Deutschland und Spanien interessieren, bin ich in der Lage, Ihnen das Resultat von gestern abend mitzuteilen.» Ich erwiderte: «Danke, die Herrschaften interessieren sich nicht dafür, aber ich möchte Sie etwas anderes fragen: Könnten Sie uns sagen, in welcher Kirche von Bingen sich die Grabstätte der heiligen Hildegard befindet?» Darauf erwiderte der Ober: «Entschuldigen Sie, aber diesen Namen habe ich noch nie gehört.» Zur Ehre der Stadt Bingen nahm ich damals an, daß es sich, in Schweizerdeutsch ausgedrückt, um einen «fremden Fötzel» handelte und nicht um einen einheimischen Bürger.
Das kurze morgendliche Gespräch zeigte also folgendes Resultat: Fußball ja, Heilige nein! Sie werden mir jedoch erlauben, daß ich das damalige Erlebnis kurzerhand radikal umdrehe und sage: Heilige ja, Hildegard von Bingen sogar dreimal ja, und die Fußballer lassen wir ruhig ihrem Bällchen nachspringen.
Freilich ist das freudige Ja zu Hildegard von Bingen leichter ausgesprochen als in die Tat umgesetzt. Zwar weiß ich heute, daß der goldene Schrein mit ihren Gebeinen in der Kirche des Nachbardorfes Eibingen steht und dort in hohen Ehren gehalten wird.

Hildegard war eine Frau des 12. Jahrhunderts. Sie gehörte also jenem Zeitraum an, da die Romanik langsam von der Gotik abgelöst wurde. Die Romanik besaß noch jene geistige Ausgeglichenheit, die der unruhigen, himmelstürmenden Gotik bereits verlustig gegangen war. Hildegard lebte demnach in einer ganz anders gearteten Vorstellungswelt als wir heutige Menschen. Es ist nicht leicht, sie gleichsam zu «bewegen», so daß sie auf uns zuschreitet und uns in die Augen blickt. Es bedarf dazu vor allem einer starken inneren Anstrengung von unserer Seite aus. Wir versuchen dieses lebendige Gespräch unter bewußtem Verzicht auf alle Gelehrsamkeit und alles Fachwissen. Es geht uns um eine Begegnung mit dieser hehren Gestalt, die uns ein bedeutsames Wort zu sagen hat, das gegenwärtig leider in der Kirche kaum gesagt wird.
Das im Sommer 1098 als Tochter eines Grafen in Bermesheim geborene Mädchen bekam in der Taufe den Namen «Hildegard», das bedeutet «Heldin», genauer formuliert, «rettende, schirmende Heldenjungfrau». Die Bezeichnung traf auf sie zu, wie wir noch sehen werden. Aus der Kindheit wird eine merkwürdige Begebenheit berichtet: Das Mädchen war hellseherisch veranlagt. Es liegen darüber durchaus glaubwürdige Berichte vor. Die Hellsichtigkeit verließ sie nie mehr, sondern steigerte sich im Laufe der Zeit. Diese Anlage war mit einer überaus zarten, kränklichen Konstitution verbunden. Hildegard wurde immer wieder von Krankheiten und Erschöpfungszuständen heimgesucht. Es sind hierfür keine pathologischen Gründe namhaft zu machen, da es nun einmal keine Psychologie der Gnade gibt. Wir stehen ehrfürchtig still vor diesem zu respektierenden Geheimnis.
Das ungewöhnliche Kind wurde von seinen Eltern der Reklusin Jutta auf dem Disibodenberg zur Erziehung übergeben, die Hildegard lesen lehrte, ihr das Latein beibrachte und sie im liturgischen Gesang unterrichtete. Hildegard wurde

von Jutta nach der Regel Benedikts erzogen, die das heranwachsende Mädchen formte. Der Stifter von Monte Cassino hat jene Ordnungen für das monastische Leben aufgestellt, die sich durch «Maß und Mitte», das will besagen, durch Vermeidung einer allzu harten Strenge und einer sträflichen Laxheit auszeichneten. Wir klagen heutzutage viel über die verwahrloste, außer Rand und Band geratene Jugend. Es wäre angebrachter, die gegenwärtige Pädagogik genauer zu betrachten, denn sie hat die Orientierung verloren und hat sich in eine verwirrende Experimentiersucht gestürzt. Eine vom Leistungszwang diktierte Erziehungslehre wirkt auf die Jugend negativ, und gerade darum haben es unsere jungen Leute heute sehr schwer. Ganz anders war die benediktinische Schule, in der Hildegard heranwuchs. Sie rückte ihr ein festes Ziel vor Augen und zeigte ihr auch den Weg, der zu ihm führte. Kurz, sie war fähig, den Menschen entscheidend zu formen. Statt über unsere Jugend zu klagen, müssen wir uns wieder auf die großen pädagogischen Traditionen des christlichen Abendlandes besinnen und sie auf die einfachen, zeitlos gültigen Grundsätze zurückführen. Der Fehler liegt nicht bei unserer Jugend, sondern an unserer desorientierten Erziehungsmethode, die wieder ins Lot gebracht werden muß.

Nach dem Tode Juttas wählten die Nonnen Hildegard zur Äbtissin. Sie gründete das Kloster Rupertsberg, das für immer mit ihrem Namen verbunden bleibt. Beim Bau legte sie mehr Gewicht auf helle, luftige Räume als auf eine glänzende Fassade. Sie vermehrte mit Umsicht den Besitz des Klosters und sicherte ihm auch die erforderlichen Rechte. Oberhalb Rüdesheim gründete Hildegard ein zweites Kloster, das heute Sitz der St.-Hildegard-Abtei zu Eibingen ist. Der Feudalzeit entsprechend nahm sie nur Mädchen adeliger Abkunft als Nonnen auf und pflegte mit ihnen innerhalb der Klausur eine benediktinische Kultur. Die Chorfrauen trugen an den Feiertagen festlichen Schmuck: schneeweiße Gewänder, weiße Rosen im Haar und Ringe an den Fingern. Hildegard verlangte von ihren Nonnen monastische Zucht und bestrickende Liebenswürdigkeit. Auch wir müßten uns auf eine echt religiöse Kultur besinnen, müßten wieder die edle Musik, Dichtung und Kunst pflegen, wenn wir die gegenwärtige Leere in den westlichen Ländern überwinden wollen. Diese Einsicht wird uns zur neuen Aufgabe, betrachten wir näher das Schalten und Walten Hildegards innerhalb ihres Klosters.

Die entscheidende Schicksalsstunde erzählt Hildegard selbst: «Im Jahre 1141 der Menschwerdung des Sohnes Gottes, Jesu Christi, als ich zweiundvierzig Jahre und sieben Monate alt war, kam ein feuriges Licht mit Blitzesleuchten von oben hernieder. Es durchströmte mein Hirn und durchglühte mir Herz und Brust gleich einer Flamme, die jedoch nicht brannte, sondern wärmte, wie die Sonne den Gegenstand, über den sie ihre Strahlen ergießt. Nun war mir plötzlich der Sinn der Schriften erschlossen, der Psalmen, des Evangeliums, der übrigen Bücher des Alten und Neuen Bundes.» Dieses stammelnde Geständnis redet von etwas Großem, das unbedingt der Deutung bedarf. Es war ein in Worte nicht zu fassendes Erlebnis, jedenfalls läßt es all unsere Erfahrungen weit hinter sich. Die hellseherische Nonne entfaltete nun eine seltene Begabung auf eine ganz ungewöhnliche Weise. Man kann es nicht anders sagen: das Feuer Gottes ist auf sie gefallen, und dies mehrfach in ihrem Leben. Hildegard war eine Seherin, wennschon sie keine ekstatischen Zustände erlebte, in denen sie entrückt wurde und nicht ansprechbar war, wie dies im Leben vieler Heiliger geschehen ist. In diesem Sinne war Hildegard keine visionäre Natur. Sie selbst bezeugte eindeutig: «Ich sehe alles bis ins Kleinste, aber ich vernehme es nicht durch die fünf Sinne meines Körpers. Meine Augen sind offen, keine Ekstase umfängt mich. Ich schaue es Tag und Nacht wachend und nicht träumend, aber oft todkrank und sterbensmatt.» Sie erlebte somit ganz einmalige Schauungen und versuchte, das Geschehen mit Worten zu verdeutlichen: «Manchmal, nicht oft, sehe ich in diesem Licht ein anderes Licht, das mir das lebendige Licht genannt wird. Wann und wie ich es sehe, vermag ich nicht zu sagen; aber solange ich es sehe, ist alle Traurigkeit von mir genommen, so daß ich wieder ein junges Mädchen und nicht wie eine alte Frau bin.» Wenn Hildegard dieses ganz und gar ungewöhnliche Lichterlebnis selbst nicht richtig zu erklären vermochte, wie viel weniger dann wir, denen uns die nötigen Begriffe ganz und gar fehlen. Wir können ihren erstaunlichen Erlebnisbericht nur schlicht zur Kenntnis nehmen und ahnen, daß Hildegard einzig und allein aus dieser unbeschreiblichen Schau zu verstehen ist. Wer diese Lichtschau für eine Illusion oder für eine Fantasie hält, wird die Äbtissin vom Rupertsberg nie begreifen. Alles Verständnis hängt davon ab, ob man ihre Erfahrung ernst nimmt und von ihr ausgeht.

Hildegard erlebte große Schauungen, die ihr einen ganz neuen Blick für die ganze Schöpfung schenkten. Gewiß war dies ein Erleben, das nur ihr zukam und das wir niemals nachahmen können. Trotzdem meine ich, daß wir es nicht einfach sachlich, objektiv, nur zur Kenntnis nehmen dürfen, weil wir es mit einer solchen Einstellung nur unwirksam für uns machen. Wir müssen unbedingt versuchen, daraus etwas für uns zu lernen. Als Christen dürfen wir uns nicht damit begnügen, nur den Vordergrund der Dinge anzuschauen. Wäre es so, würden wir an der Oberfläche hängen bleiben. Wir sollten uns stets bemühen, bei den Menschen und bei den Dingen von der Außenseite zu der inneren Sicht vorzudringen. Dies ist nicht immer leicht. Auch wir können im Licht die wunderbaren Entsprechungen des geheimen Lebens, die Antworten und Symbole sehen, und die leise Sprache der Steine, der Blumen, der Wolken mit dem inneren

Ohr hören. Freilich ist dies nicht aus eigener Kraft möglich. Wir bedürfen dazu des göttlichen Lichtes, des Taborlichtes, das die Dinge im Lichte der Verklärung sieht, des Lichtes vom unerschaffenen Licht. Das ist keine Spekulation von mir, sondern biblische Weisheit. Der Psalmist betet: «in deinem Licht schauen wir das Licht». Erinnern wir uns auch der Worte Christi: «Ich bin das Licht der Welt, wer mir nachfolgt, wird nicht in der Finsternis wandeln, sondern wird das Licht des Lebens haben.» Auf das Licht vom Licht können wir nicht verzichten. Um diesen Empfang zu ringen, scheint mir viel wichtiger zu sein, als östliche Meditationspraktiken stümperhaft nachzuahmen, Übungen, die für uns Christen doch zu nichts Ernsthaftem führen.

Die ungewöhnlichen Lichterlebnisse waren kein Privatvergnügen Hildegards. Sie selbst bezeichnet sich treffend als die Posaune, die zwar einen scharfen Ton gibt, aber diesen nicht schafft, sondern ihn vom Bläser empfängt. Während ihrer mystischen Schau vernahm sie eine himmlische Stimme, die zu ihr sprach: «Schreibe es nach dem Willen dessen, der alles weiß, alles sieht, alles ordnet in den verborgenen Tiefen seiner geheimnisvollen Ratschlüsse!» Und wiederum hörte sie die Stimme vom Himmel: «Tue kund die Wunder, die du erfahren, schreibe sie auf und sprich.» Hildegard bekam einen deutlichen Schreibbefehl, alles Geschaute aufzuzeichnen, «nicht nach menschlicher Rede, nicht nach menschlicher Einsicht, nicht nach menschlicher Darstellungsweise, sondern so wie du es in Gott vernimmst». Vor diesem schweren Befehl bebte Hildegard zunächst erschreckt zurück. Es lassen sich für dieses Sträuben mehrere Gründe anführen. Die Nonne scheute sich zunächst, ihr Innerstes aller Welt kundzutun. Sie wollte ihre Seele nicht öffentlich entblößen. Zudem bereitete ihr das Schreiben eine gewisse Schwierigkeit. Zwar vermochte sie den Gänsekiel zu führen, aber die ungeheuren Bilder, die sie geschaut hatte, in adäquaten Worten auszudrücken, schien ihr unmöglich zu sein. Hildegard kam deswegen dem göttlichen Befehl nicht nach und fiel prompt einer Krankheit anheim. Ihr psychosomatisches Leiden ist aus ihrem Ungehorsam gegenüber der göttlichen Stimme zu erklären. Es war gleichsam eine Selbstbestrafung, was sie auch selbst einsah. Sie raffte sich auf und gehorchte, worauf alle ihre Krankheitssymptome verschwanden.

Hildegard war freilich nicht imstande, die Niederschrift ihrer göttlichen Schau allein zu vollbringen. Sie bedurfte der Hilfe zweier Klosterleute. Ihre geistliche Tochter Richardis schrieb die Visionen nach Diktat nieder, und der Beichtvater Volmar verbesserte das mangelhafte Latein. Inhaltlich aber sind die Schriften einzig und allein Hildegards geistiges Eigentum. Sie erregten sofort Aufsehen und wurden auf der Synode zu Trier auch dem gelehrten Papst Eugen III. zur Prüfung vorgelegt. Er selbst las sie seiner näheren Umgebung vor und war überzeugt, daß in diesen Schriften etwas Göttliches enthalten sei. Seither gelten Hildegards Schriften als kirchlich anerkannt.

Hildegards Schriften sind in unserer Zeit in einer achtbändigen Ausgabe neu erschienen. Sie sind nicht leicht zu lesen, sondern erfordern vom Leser eine innere Sammlung. Man muß sozusagen in diese Schriften hineinknien, um Hildegards Spiritualität zu erfassen.

Über Hildegard ist fast in jedem Lexikon zu lesen, sie sei, hundert Jahre vor Albertus Magnus, die erste deutsche Naturforscherin gewesen. Bei dieser Bezeichnung ist Vorsicht geboten, denn im heutigen Sinn war Hildegard keine Naturwissenschaftlerin, da sie in keinem Laboratorium Experimente anstellte. Aber Interesse, Beobachtung und Beschreibung der Menschen, der Tiere und der Pflanzen bilden die Anfänge der Naturkunde, und an ihnen hatte Hildegard Anteil. Sie züchtete in ihrem Klostergarten viele Nutz- und Heilkräuter. Sie sann über Wolken und Sterne, über den

Wald und das Wasser nach. Auch Tiere und Steine interessierten sie lebhaft. Ihr Verhältnis zur Natur war nicht wissenschaftlicher Art, es war viel einfacher und tiefsinniger. Hildegard geriet über die Naturvorgänge mit elementarer Kraft in ein Staunen, dem sie mit einer großartigen Gebärde Ausdruck gab. Und wir, wir gleiten mit einem blasierten Achselzucken über die täglichen Wunder in Gottes Welt hinweg, weil unsere Augen halb blind geworden sind. Wir müssen es wieder lernen, mit weit geöffneten Augen das Bilderbuch Gottes für Groß und Klein anzuschauen. Von Ehrfurcht ergriffen sollten wir alles, Begreifliches und Unbegreifliches, neu sehen. Das überwältigende Staunen will uns die heilige Hildegard wieder lehren, die in dieser Beziehung eine neuartige Novizenmeisterin für uns desinteressierte Menschenkinder von heute werden könnte.
Man meinte schon gegen ihre Schriften einwenden zu müssen, sie enthielten Beschreibungen über das Geschlechtsleben, die einer Klosterfrau unwürdig seien. Solche Einwände entspringen einer bloßen Prüderie, während Hildegard von einer heiligen Natürlichkeit erfüllt war, die wahrhaftig nichts mit der zeitgenössischen Schamlosigkeit zu tun hat. Sie hat als Nonne auch hierin den richtigen Weg der Mitte gefunden, der uns verlorengegangen ist. Mit einem Wort, Hildegard war ein mit der Natur verbundener und in die Natur hineinschauender Mensch. Sie begriff die Natur als das große Schöpfungswerk und hat in ihrer grandiosen Schau einen Blick in das Innere dieser Schöpfung getan, die für sie eine Gottesoffenbarung voll Harmonie und Zweckmäßigkeit war. Wir müssen von den abstrakten, blutleeren Theorien wieder zu einer kraftvollen Frömmigkeit der Anschauung vorstoßen, die das göttliche Sein in seiner ganzen Fülle bejaht und in den Werken der Natur die Wunder der Schöpfung zu preisen fähig ist.
So ungewöhnlich dies alles war, das Ungewöhnlichste von

allem, was Hildegard tat, war es noch nicht. Sie vollbrachte noch eine Tat, für die uns jede Vergleichsmöglichkeit fehlt. Hildegard war Benediktinerin und lebte als solche innerhalb der Klausur des Klosters. Die Schwestern beobachteten diese Vorschrift genau. Auch Hildegard hielt sich an diese Bestimmung mit Ausnahme, wenn sie ihr Tochterkloster in Eibingen besuchte, wo noch heute ihre Tradition fortgesetzt wird. Eines Tages aber ging sie kühnen Schrittes auf Reisen, ging hinab zum Rhein, fuhr stromaufwärts nach Mainz und Seligenstadt und besuchte hernach auch Würzburg und Bamberg. Vier solcher Reisen unternahm sie, die sie nach Köln und auch ins Schwabenland führten. Es waren alles andere als Vergnügungsreisen, wie sie im Zeitalter des Massentourismus von unzählbaren Menschen unternommen werden. Hildegard fühlte sich innerlich dazu vom Geist getrieben.

Wir, namentlich die Älteren unter uns, schütteln gelegentlich den Kopf über die heutigen Zustände und sagen mit einem Seufzer: «Ach, früher war es doch anders! Wir hätten uns das nicht erlaubt, da herrschten noch strengere Sitten.» Diese gute alte Zeit, die wir in unseren Erinnerungen heraufbeschwören, gab es in Wirklichkeit nie. Es liegt da eine Gedächtnistäuschung vor. Nicht nur heute, auch früher, ja, in allen Zeiten geschah Schreckliches unter dem Himmel, Dinge, die in keiner Weise zu verantworten waren. Diese Feststellung gilt auch vom Mittelalter. Es gab damals stürmische Mönchsbewegungen und Heilige von strahlender Leuchtkraft. Aber im tausendjährigen Zeitraum, den wir als Mittelalter bezeichnen, gab es auch entsetzliche Verfallserscheinungen. Durch viele sinnlose Kriege verrohten die Menschen grauenhaft. Hildegard lebte in einer solchen Niedergangsepoche, die sie tief betrübte und zugleich bewog, dem Zeitgeist entgegenzutreten.

In ihrem schwarzen Benediktinerinnenhabit trat sie, die sich schon im reiferen Alter befand, auf den öffentlichen Marktplätzen auf und predigte dem herbeiströmenden Volk. Das war ein einmaliges Schauspiel. Nie hatte Hildegard um Erlaubnis gebeten, und niemand hatte sie ihr gegeben. Sie erhob ihre Stimme, weil sie vom Heiligen Geist dazu getrieben worden war. Sie hielt keine säuselnden Predigten, die niemandem weh tun; ihre Ansprachen waren angriffig. Mit einer Wucht ohnegleichen richtete sich ihre Rede gegen die Weltpriester und auch gegen die Ordensleute, in der auch für unsere heutige Zeit geltenden Erkenntnis: Beim Klerus beginnt der Verfall, und beim Klerus muß zuerst die Genesung einsetzen. Wörtlich verkündete sie das göttliche Strafgericht: «Fürsten und verwegenes Volk werden über euch herfallen, euch vertreiben und eure Reichtümer wegnehmen, weil ihr die Pflichten eures Priestertums nicht wahrgenommen habt. Ich sehe ein aus der Scheide gezogenes Schwert in der Luft schweben. Die eine Schneide ist gen Himmel und die andere zur Erde gerichtet.» Die Worte, mit denen Hildegard die Zuchtlosigkeit der damaligen Zeit geißelte, lassen sich kaum überbieten. Es ist, als blicke man da in einen Abgrund, den kaum noch ein Lichtstrahl erhellt. Sie beschuldigte die Hirten des Volkes: «Ihr seht Gott nicht und habt kein Verlangen, ihn zu schauen. Ihr solltet das Fundament der Kirche bilden, aber ihr zieht euch in die Höhle eurer Bequemlichkeit zurück. Ihr solltet eine Feuersäule bilden und dem Volk den rechten Weg zeigen, aber ihr täuscht euch selbst, indem ihr sagt, wir haben keine Zeit zum Predigen.» Hildegard nahm kein Blatt vor den Mund. Sie redete eine deutliche Sprache, die den Zuhörern durch Mark und Bein ging. Hildegard hielt keine antiklerikalen Reden, wohl aber fand sie glühende Worte der Ermahnung, Gedanken, die später auch Katharina von Siena in ihren Briefen niederschrieb. Die erschütternden Bußreden Hildegards mündeten alle in die Aufforderung: «Denket um, Gottes Gericht naht, ihr werdet seinem Richterspruch nicht entgehen.» Die Menschen hörten ihr atemlos zu, starrten erbleicht in das vergeistigte Antlitz dieser Prophetin des Neuen Bundes und wagten keinen Widerspruch vorzubringen.

Man kann von diesen Bußpredigten Hildegards nicht sprechen, ohne dabei an unser Jahrhundert zu denken. Wir leben in einer ähnlichen Zeit. Das verwandte Geschehen von damals und heute kann gar nicht übersehen werden. Auch in unserer Zeit herrscht eine vielfache Verwirrung, die tief in die Kirche eingedrungen ist und das einfache Volk mannigfaltig verunsichert. Es hilft uns wenig, darüber zu klagen, daß wir gegenwärtig keine heilige Hildegard unter uns haben. Das ist ein unnützes Gejammer. Vielmehr gilt es klarzumachen: Damals trat eine Frau als Retterin der Zeit auf, und heute, da eine von den Männern politisch regierte Welt in den Abgrund zu versinken droht, müssen ebenfalls Frauen aufstehen und sich als rettende Gestalten erweisen. Nicht in der Art, daß sie es den Männern gleichtun, das wirkt nur lächerlich. Unsere Frauen müssen sich wieder auf ihre Herzkräfte besinnen, müssen ihre Männer christlich beeinflussen, ihren Kindern ein christliches Leben vorleben, ohne viele Worte darüber zu verlieren, und mit ihren fraulichen Gemütern auf unsere kalte, unbarmherzige Welt unermüdlich einwirken. Nur die christlichen Mütter werden die Welle der Gottlosigkeit überwinden, die gegenwärtig Europa überflutet. Hildegard stand auf, und auch wir rufen heute die christlichen Frauen auf, sich zu erheben und sich mutig und unerschrocken stets dem verderblichen Zeitgeist entgegenzustellen.

Es ist noch eine vorbildliche Tat Hildegards zu erwähnen. Sie lernte einen jungen Mann kennen, der einen allzu lockeren Lebenswandel führte und deswegen von der Kirche exkommuniziert wurde. Hildegard brachte ihm seine Verlorenheit zum Bewußtsein. Er bekehrte sich und starb bald darauf. Die Äbtissin ließ ihn in geweihter Erde begraben, eine Anordnung, über die sich ein großes Geschrei erhob: man sagte, sie habe die kirchlichen Vorschriften übertreten und müsse den Toten wieder ausgraben lassen. Sie weigerte sich standhaft, verwischte sogar mit ihrem Äbtissinnenstab die Grenzen seines Grabes und wachte wie eine christliche Antigone über die Ruhe des Toten. Über das Kloster Rupertsberg wurde deswegen kurzerhand das Interdikt verhängt, das heißt, es wurde den Klosterfrauen verboten, die Glocken zu läuten, die Eucharistie zu feiern, kurz, jede religiöse Handlung hatte zu unterbleiben. Hildegard und ihre Schwestern litten schwer unter dieser überaus harten Strafe. Doch würde man Hildegard schlecht kennen, nähme man an, sie hätte sich dadurch in die Knie zwingen lassen. Der junge Mann hatte bereut und um Verzeihung gebeten; entweder gilt die Vergebung oder sie gilt nicht. Deswegen blieb Hildegard fest. Sie reiste nach Mainz und erzählte dem Erzbischof den wahren Sachverhalt: sie habe nicht einem Unwürdigen, sondern einem Menschen, der seine Sünden bereut hatte, das christliche Begräbnis gewährt. Der Erzbischof besaß die Größe einzusehen, daß er das Interdikt voreilig und ungerecht erlassen hatte und hob es sogleich auf, so daß die Schwestern wieder ihren klösterlichen Gottesdienst feiern konnten. Mag dies vom heutigen Weltgeschehen aus als eine unbedeutende Tat bewertet werden, so zeigt sie doch die Größe Hildegards, indem sie sich durch nichts von dem abbringen ließ, was dem Evangelium entsprechend war. Sie hat sich schützend vor den Toten gestellt, wozu nur Heilige imstande sind. Hildegard wußte noch, was das Grab bedeutet, wie ihre griechische Schwester Antigone, von der das Wort stammt: «Nicht mitzuhassen, mitzulieben bin ich da.» Deswegen nennen wir sie eine christliche Antigone, die noch um den tiefen Sinn von Totenfeier und Totenlied, von Allerseelen und Requiem wußte, während wir in Gefahr sind, unsere Verstorbenen zu vergessen.

Inzwischen war Hildegard alt geworden. Sie erreichte sogar das für ihre Zeit hohe Alter von beinahe zweiundachtzig Jahren, was bei ihrem zarten, von Krankheiten vielfach angefochtenen Körper verwunderlich war. Dann trat ein Leiden an sie heran. Die Füße versagten ihren Dienst, und sie verlangte, auf den Fußboden ihrer Zelle gelegt zu werden. Umgeben von ihren weinenden Töchtern, starb Hildegard am 17. September 1179, während das Sterbeglöcklein läutete. Damit erlosch ein Leben, dessen wir nicht umsonst nach achthundert Jahren noch gedenken, zumal ihr Herz und ihre Zunge unverwest blieben.

Wir versuchen eine Würdigung Hildegards zu geben, die freilich nur sehr unvollkommen ausfallen kann, aber wir dürfen uns wenigstens dem Versuch nicht entziehen. Damit dies nicht überschwänglich geschehe, erinnern wir an eine Tagebuchnotiz von Ida Friederike Görres: «Es ist sehr die Frage, ob ein Mensch wie die heilige Hildegard z. B. heute ein normaless Noviziat passieren könnte, ohne als untauglich entlassen zu werden.» Wenn die Frage bejaht weden müßte, so würde dies gegen unsere Institutionen und nicht gegen Hildegard sprechen. In aller Nüchternheit sei es gesagt: Hildegard war eine souveräne Persönlichkeit. Von ihr schrieb einst Döllinger: «Sie ist eine in der ganzen christlichen Geschichte einzig und unerreicht dastehende Erscheinung. So hoch wie sie hat nie ein Prophet sein Ansehen gebracht, so allgemeinen Glauben und uneingeschränkte Verehrung hat nie ein Heiliger gefunden.» Sie wurde keine von Legenden umrankte Gestalt; Hildegard war eine herbe, in hellem Licht dastehende Persönlichkeit, die unbeirrbar ihren Weg ging. Wir sind unfähig, sie darin einzuholen.

Vor allem war Hildegard eine Frau. Sie lebte lange vor dem Zeitalter der Gleichberechtigung der Geschlechter. Die Frau war damals noch auf den zweiten, wenn nicht gar auf den dritten Platz innerhalb der menschlichen Gesellschaft verwiesen. Hildegard schob diese Vorurteile mit einer kühnen Handbewegung auf die Seite. Sie erhob zu einer Zeit, da die Frau zum Schweigen verurteilt war, ihre Stimme, mochte dies nun der damaligen Vorstellungswelt entsprechen oder nicht, darauf achtete sie überhaupt nicht. Es ist immer so: wenn eine Frau wirklich etwas zu sagen hat, dann sagt sie es auch, und man hört auf sie. Wenn sie es jedoch nur den Männern gleichtun will, hat dies gar keine Bedeutung. Nur die Frau, die ihrem Wesen treu bleibt, erweckt wirklich Beachtung. Hildegard meldete sich, weil sie ein vordringliches Wort zu sagen hatte, und verschaffte damit den Frauen einen neuen Respekt. Sie war das Gegenteil einer verunsicherten Frau, die in ihrer Hilflosigkeit sich zu den Feministinnen gesellte und dann klägliche Töne von Selbstverwirklichung von sich gab. Hildegard war von einer festen Haltung erfüllt. Sie besaß eine innere Sicherheit, war eine führende Gestalt und ließ sich vom Heiligen Geist leiten. Gerade darum verneigen wir uns tief vor der Hoheit dieser Frau.

Diese Frau war – und das ist das zweite, was hier unbedingt gesagt werden muß – eine Heilige. Zwar weiß ich, daß die Heiligen heute nicht gerade hoch im Kurs stehen, aber dies braucht uns nicht zu irritieren. Was gegenwärtig Mode ist, taugt ohnehin nicht viel. Bei den Heiligen aber handelt es sich um Menschen, die in einer ganz besonderen Nähe Gottes standen. Durch ihre Worte und Taten zählen sie zum Leuchtendsten und Substantiellsten der ganzen zweitausendjährigen Kirchengeschichte. Wir müssen nur den Mut aufbringen, sie in ihrem ursprünglichen Licht zu sehen, indem wir die Ranken etwas zurückschneiden, die im Laufe der Zeit ihr wirkliches Leben beinahe überdeckten. Erst dann steht man vor diesen großen Nachfolgern Jesu Christi, bei deren Anblick und deren Ausstrahlung einem beinahe das Herz stille steht. Dies gilt auch von Hildegard, von der einmal gesagt wurde: «Sie war eine Bürgerin Jerusalems in Babylon.» Wir müssen von den Heiligen groß denken. Uns droht heute die Gefahr, daß wir die christliche Wahrheit als Trivialität vertreten. Ein banal aufgefaßtes Christentum ist schlimmer als Lästerung und Leugnung. Vor diesem unmerklichen Verrat bewahren uns die Heiligen, weil sie das Göttliche unverkennbar verkörpern. Eine Christenheit ohne Heilige treibt der Auflösung entgegen. Einzig die Heiligen leiten uns zu einem neuen Gott-Erleben an, zu einem Durchbruch, der die gegenwärtige Verfallsepoche überwindet.

Diese heilige Frau war ferner eine künstlerisch begabte Persönlichkeit. Hildegard war eine musische Natur, was immer ein Vorzug ist. Sie hatte einen Sinn für Poesie, die sich damals noch ganz in den Anfängen befand. Mehrfach dichtete sie Lieder. Echte Dichtung ist wegweisend, jedenfalls hat sie mit den heutigen nihilistischen Produkten nichts zu tun. Hildegard schrieb auch die Noten zu ihren Liedern. Mit der Vertonung lebte die Heilige noch in der Gregorianik, aber sie blieb nicht bei ihr stehen, sondern schritt auf dieser Bahn weiter. Sie komponierte den Wechselgesang von weiblichen und männlichen Stimmen und fügte Solostimmen hinzu. Dadurch hatte sie eine viel farbigere Musik erreicht und die Monotonie überwunden. Das Herz erfreut sich beim Anhören von Hildegards Gesang, und man spürt, daß ihre Musik reines Lob Gottes ist.

Frau, Heilige, Künstlerin nannten wir Hildegard und sind damit noch nicht bis zu ihrer letzten Tiefe vorgedrungen. Michelangelo hat in der Sixtinischen Kapelle in Rom den alttestamentlichen Propheten ein unsterbliches Denkmal gesetzt. Zwischen den verschiedenen Prophetengestalten setzte der Maler immer wieder eine antike Sibylle, rätselhafte Seherinnen, die aus dem Orakel dem Volk die Zukunft weissagten, und die im alten Rom in schwierigen Fällen vom Senat zu Rate gezogen wurden. Von diesen weiblichen Gestalten raunte der dunkle Philosoph Heraklit von Ephesus etliche Jahrhunderte vor Christi Geburt: «Die Sibylle, die aus rasendem Munde Ungedachtes, Ungeschminktes, Ungesalbtes ertönen läßt, reicht mit ihrer Stimme durch tausend Jahre, denn so treibt sie der Gott.» Diese Worte treffen auch auf Hildegard zu. Sie war die große christliche Sibylle und war ganz sicher eine prophetische Natur. Das Prophetische besteht nicht nur in einer bloßen Zukunftsweissagung, vielmehr stellt sich der Prophet vor sein Volk und legt ihm mit kämpferischen Worten die beiden Möglichkeiten vor: das ist der Weg zum Leben und das ist der Weg zum Verderben; zwischen dieser Alternative geht die Entscheidung. Dies und nichts anderes hat Hildegard als christliche Sibylle verstanden, sie ist eine Gestalt von seltener Wucht. Sie stand an einem Scheitelpunkt der Geschichte und sagte unmißverständlich: «Die gegenwärtige Zeit ist weichlich und schickt sich an, im Weinberg des Herrn Verwüstung anzurichten. Später werden noch schlimmere Tage kommen. Die wahren Christen werden Verfolgung erleiden, und der katholische Thron wird ins Wanken geraten. Darauf wird eine leichte Wendung zum Besseren, aber keine ernstliche Umkehr und Einkehr eintreten.» Die christliche Sibylle weissagte zunächst. Sie prophezeite der Christenheit schwere Zeiten, bestürzende Verfallsepochen, wie wir sie heute wiederum erleben. Aber darin erschöpfte sich ihre Bedeutung nicht. Hildegard fühlte die Verantwortung des Christen, ein Bewußtsein, das uns beinahe verloren gegangen ist. Christ sein bedeutet doch nicht Schlafwandel, Gewohnheitsdasein und süßes Leben, sondern heißt, schlicht ausgedrückt, Nachfolge. Der Nachfolger aber unterstellt sein Dasein dem Wort Jesu Christi: «Ich sende euch wie Schafe mitten unter die Wölfe, selig seid ihr, wenn sie euch verlästern», kurz: seid lebendige Zeugen des Herrn. Hildegard ruft uns die christliche Verpflichtung ins Gewissen: Wir müssen einstehen für die Wahrheit in einer Welt der Lüge, müssen unermüdlich die frohe Botschaft verkünden und allezeit hungern und dürsten nach der Gerechtigkeit. Der prophetische Geist der christlichen Sibylle wirkt zunächst unheimlich auf uns, aber dessen ungeachtet ist er es, der uns den Weg aus der Verwirrung in die neue Klarheit zeigt. Hören, ja hören wir auf die sibyllinische Hildegard von Bingen. Schlagen wir ihre Worte nicht in den Wind, sonst wird es auch einst von uns heißen: «Gewogen und zu leicht befunden.»

Was soll ich noch mehr über Hildegard sagen? Ich kann nur noch das Wort auf sie anwenden, das die heilige Frau einst selbst an Bernhard von Clairvaux schrieb: «Du bist der Adler, der in die Sonne blickt.»

Dichter

Die heimliche Geliebte: Die Dichtung

Der Kirchenvater Hieronymus hatte in seinen reiferen Jugendjahren eine erschreckende Traum-Vision. Er sei «im Geiste vor den Richterstuhl Gottes» geschleppt worden, erzählte er, und der Ewige habe ihn gefragt, welchen Glaubens er sei. Darauf habe Hieronymus ruhig geantwortet: «Ich bin ein Christ.» Über den Inhalt dieser Antwort gab sich der junge Mensch wohl zu wenig Rechenschaft, jedenfalls war er sich nicht klar, welche Verpflichtung das Christsein in sich schließt. Der himmlische Richter donnerte ihn an: «Du lügst, ich weiß, daß du ein Ciceronianer bist und kein Christ; denn wo dein Schatz ist, da ist auch dein Herz.» Anhänger des Cicero zu sein, ist sicher keine Schande, bekennt man sich doch damit zum antiken Humanismus. Christentum aber ist das nicht, und deswegen verstummte der der Lüge überführte Hieronymus. Der Richter befahl, ihn hart zu schlagen, so daß der Jüngling um Erbarmen schrie. In dieser Situation gelobte Hieronymus: «Herr, so ich je wieder weltliche Bücher lese, das soll sein, als ob ich dich verleugnete.» Darauf kam Hieronymus, in Tränen gebadet, wieder zu sich und las zunächst nur noch die Bibel. Trotz dieser Vision war er nicht imstande, sein Gelöbnis strikte zu halten. Heimlicherweise griff er auch später immer wieder zu den römischen Dichtern, mochte er deswegen auch ein Schuldgefühl empfinden und darauf neurotisch reagieren. Glücklicherweise tat er diesen verbotenen Rückgriff, denn ohne die Lektüre der römischen Schriftsteller wäre Hieronymus nie fähig gewesen, die großartige Vulgata zu schaffen. Sie ist, trotz etlichen Fehlern, eine Höchstleistung auf dem Gebiet der Übersetzung. Die Kirche hat ihm dafür auch gedankt, indem sie die Vulgata dem Urtext gleichstellte.

Obwohl Hieronymus dank seines beständigen Umganges mit der römischen Literatur sein weltberühmtes Werk schaffen konnte, blieb das schlechte Gewissen in der Christenheit in bezug auf die Dichter erhalten. Dies ist nicht ganz unbegreiflich, denn das Urchristentum mit seiner Nah-Erwartung war nicht an diesem Thema interessiert, und auch die Kirchenväter kannten keine besondere Pflege der Kunstwerke. Pietisten und Jansenisten lasen keine Romane, weil sie glaubten, sie würden zur Sünde anleiten. Als Gründe gaben sie an: weltliche Literatur weckt sündhafte Leidenschaften, und in erotischer Beziehung erwachen im Leser unerlaubte Wünsche. Wer wollte das grundsätzlich bestreiten? Hat nicht Franziska von Rimini in Dantes «Göttlicher Komödie» gestanden, sie sei beim Lesen einer Zeile von Lanzelots Gedicht veranlaßt worden, den Geliebten auf den Mund zu küssen und ihrem Mann untreu zu werden? Henry Newman hat ganz ruhig festgestellt: «Ein Roman ohne Sünde ist nicht möglich.» Sind denn alle Leidenschaftsdarstellungen notgedrungen schlecht? Läßt sich aus Shakespeares «Othello» nicht lernen, wie die Eifersucht aus einem Funken entstehen und den ganzen Menschen buchstäblich zugrunde richten kann?

Das schlechte Gewissen ist sogar bei Julien Green vorhanden, einem Dichter von hohem Rang. Er schrieb schauerlich düstere Romane, in denen er das Unterste der Seele zuoberst kehrte und die verborgensten Tiefen bloßlegte, in denen Gott waltet. Trotzdem schrieb er in seinen Tagebüchern, man sollte Gott nicht in den Büchern suchen wollen, und bemerkte einmal, «Heilige schreiben keine Romane». Julien Green hat durchaus recht, denn bis jetzt haben sie es nicht getan. Waren alle Heilige der Poesie gram? Johannes vom Kreuz schrieb wundersame Gedichte, eine Poesie, die von

Kennern des spanischen Heiligen hoch eingestuft wird. Gehören nicht, trotz des Einspruchs von Stephan George, Romane so gut wie Gedichte zu der Welt der Dichtung? Enthält nicht sogar die Bibel eine Abteilung «Poetische Bücher»? Kann man durch die Lektüre von Salomons Hohemlied, in dem es heißt: «Deine Brüste sind gleich zwei Böcklein, Zwillingen der Gazelle», nicht auch auf erotische Gedanken kommen? Natürlich verstand die Kirche das Hohelied allegorisch, aber das ist eine Deutung und kein Beweis. Schon Castellio erkannte den rein weltlichen Charakter des Hohenliedes und mußte deswegen vor Calvin flüchten, der diese Einsicht zu Unrecht als gotteslästerlich bezeichnete. Ist denn jede erotische Empfindung verwerflich? Gehört Eros nicht zu uns Menschen und zu unserer Weltnähe? Schreibt nicht Paulus, «daß nichts an und für sich unrein ist, sondern nur für den, der meint, es sei etwas unrein, für den ist es unrein»?

Dichtung, Musik und Kunst sind ganz große Geschenke Gottes, und doch möchte ich keineswegs alle Literatur in Bausch und Bogen verteidigen. Das wäre wenig einsichtsvoll. Es gibt Sumpfblüten, heute mehr denn je, doch will ich keine Namen nennen, um jede Polemik zu vermeiden.

An dieser Stelle muß ich von meiner heimlichen Geliebten reden. Freilich nicht von einer rassigen Dame, die als Kebse ein mehr als fragwürdiges Dasein fristet. Nein, denn meine Frau und ich sind dieser Geliebten gleicherweise zugetan, weil wir um den Wert echter Dichtung Bescheid wissen. Wenn ich in meinem Fauteuil sitze und mit meiner geliebten Dichtung lautlose, vertrauliche Gespräche führe, so gehört das zu den schönsten Stunden meines Lebens, die ich niemals aus meinem Dasein wegdenken könnte. Wie köstlich ist es, Fromentins «Dominique», Hölderlins «Gedichte», Stifters «Mappe des Urgroßvaters», um nur ganz wenige Beispiele zu nennen, zu lesen und zu überdenken. Ich vergesse dabei Zeit und Raum, befinde mich wie in einer anderen Welt, die

Stunden fliegen dahin, und nach beendeter Lektüre fühle ich mich jeweils unaussprechlich beglückt und bereichert.

Nicht das geringste schlechte Gewissen ficht mich dabei an. Bibellektüre und Lesung von Dichtern stehen wahrhaftig in keinem Widerspruch. Nur wenige Hinweise mögen dies dartun. Die altkirchlichen Hymnen und Sequenzen enthalten eine edle Poesie, und in Augustinus' «Konfessionen» finden sich hinreißende, von einem heimlichen Dichter geschriebene Seiten, die nicht mit dem Wort «Rhetoriker» erledigt sind. Je weiter das Christentum in das Mittelalter hineinschritt, desto mehr begegnet man dichterischen Klängen. Dantes «Vita nuova» ist eine hohe, geordnete und liebenswerte Dichtung. Von Cervantes «Don Quijote» hat ein Dichter gesagt, daß er «bisher das letzte und größte Wort» enthalte, und hinzugefügt, «dieses traurigste der Bücher wird der Mensch nicht vergessen, zum letzten Gericht Gottes mit sich zu nehmen». Dante wie auch Cervantes werden zwar gegenwärtig mehr gelobt als gelesen, weil der heutige Mensch in seinem Streß nicht mehr die nötige Ruhe und Geduld hierfür aufbringt. Nimmt er sich aber die Mühe, sich in diese Werke zu vertiefen, empfindet er hernach ein Seelenglück, das ihm keine neue Skiausrüstung und kein Hotelaufenthalt in einem fernen Land vermitteln kann. Es ließen sich noch viele Namen nennen, beispielsweise Calderon und Spee, Angelus Silesius und Paul Gerhardt, die für das enge Bündnis zwischen Christentum und Dichtung zeugen, das von einer religiös ausgerichteten Kultur nicht wegzudenken ist. Der Dichter will das Leben in einem Bild, in einem Gleichnis zusammenfassen, denn für ihn lassen sich die Probleme nicht in Begriffen und Systemen, sondern in lebendigen Gestalten lösen. Ob ihm dies, frei von aller Lehrhaftigkeit, gelingt, entscheidet über den Wert oder Unwert seiner Arbeit. Nichts ist trübsinniger als eine amusische Christenheit, in der nichts mehr singt und klingt. Evangelium und Dichtung stehen, trotz äußerlichem Gegensatz, in einer unterirdischen Verwandtschaft, indem beide sich zu einer Freude aufschwingen, die nicht mit dem Glück dieser Welt zu verwechseln ist. Ihre Liebe gilt nicht den Leuten, die an des Reichen Tisch sitzen, sondern weit eher dem «armen Spielmann», dem Grillparzer eine sanfte Novelle gewidmet hat.

Doch liegt es mir daran zu erklären, daß ich mit meiner heimlichen Geliebten keine ästhetische Buhlerei treibe. Der Ästhetizismus ist keine ernsthafte Lebenshaltung. Kierkegaard hat dies in seinem Werk «Entweder-Oder» klar ausgesprochen. Die l'art-pour-l'art-Einstellung ist so abwegig wie der grobschlächtige Naturalismus des ehrlichen Zola, der die Wirklichkeit mit der Häßlichkeit verwechselte. So wenig die Schöngeisterei taugt, so wenig betreibe ich die Kunst der Interpretation, die bei aller Virtuosität, mit der sie gegenwärtig gehandhabt wird, gewöhnlich doch die Haltung der Distanz einnimmt. Der Kritiker stellt sich gerne über das dichterische Werk und glaubt oft, besser zu verstehen, was «ewiger Vorrat deutscher Poesie» (Borchhardt) bedeutet, als der Dichter, ja, er will sogar in seinem Hochmut Dinge entdecken, an die der Autor gar nicht gedacht habe. Er vergißt, Dichter und Werk schlicht aufeinander zu beziehen und beide über sich zu stellen. Natürlich muß Kritik sein, und gerade am heutigen Literaturbetrieb ist scharfe Kritik am Platze, damit Bleibendes bleibe und Wertvolles sich von Wertlosem unterscheide. Satire, Karikatur und Sozialkritik sind kaum zur Dichtung zu zählen. Die Kritik aber steht nicht an erster Stelle, besonders nicht bei einer Geliebten. Will man eine erste Ahnung von der Dichtung bekommen, müßte man lesen, was Dichter über Dichter geschrieben haben, sagen wir, welche Eindrücke Reinhold Schneider oder Oskar Loerke über ihre Vorgänger und Zeitgenossen gehabt haben. Was für ein Tiefblick, welcher Zartsinn, welch überraschendes Innenverständnis tut sich da auf!

Dichtung ist im Zusammenhang mit dem religiösen Lebensgefühl entstanden, beiden ist die Transzendenz gemeinsam. Die Kunst will keineswegs nur das Dasein verschönern, sondern sie will, oft indirekt, aussagen und verkünden. Eine auf eine Aussage verzichtende Dichtung verdient den Namen «Dichtung» nicht mehr. Wie eine Mozartmesse unverkennbar in sich Religion und Kunst vereinigt, so erhebt sich jede echte Dichtung über das oft triviale Alltagsleben. Für alle Zeiten gelten die biblischen Worte: «Ist es doch der Urheber der Schönheit, der all das erschaffen hat. Geschah es aber aus Erstaunen vor deren Kraft und Wirksamkeit, so hätten sie von da aus zur Erkenntnis kommen sollen, wieviel mächtiger doch ihr Bildner ist. Denn aus der Größe und Schönheit der Geschöpfe läßt sich durch richtige Folgerung auch ihr Schöpfer erschauen.» Damit ist in der Bibel das Problem des Schönen aufgeworfen, das freilich von vielen Christen bewußt übersehen wird, obschon Hans Urs von Balthasar mit seinem umfangreichen Werk «Herrlichkeit» sie längst eines anderen belehrt hat. Von der Schönheit sagte der Maler Albrecht Dürer: «Was Schönheit ist, weiß ich nicht.» Welch ungewöhnliche Aussage aus dem Mund eines so begabten Künstlers, der viele schöne Dinge gemalt hat! Sein Geständnis sagt doch nichts anderes, als daß auch das Schöne ein Mysterium ist. Wohl ist der Mensch von ihr begeistert, er kann sie aber nie restlos ergründen. Wir stehen vor dem Geheimnis der Schönheit betroffen still und spüren, daß sie mit der Erlösung in einem uns unfaßbaren Zusammenhang steht. Dostojewskj kleidete das Problem in die rätselhaften Worte: «Schönheit wird die Welt erlösen.»
In jedem tieferen Verhältnis muß die Achtung voranstehen, soll eine Beziehung Bestand haben. Die Achtung allein genügt jedoch noch nicht. Man muß die innere Größe des andern spüren und sich ihm ehrfürchtig nähern. Die Dichtung ist unendlich viel größer als ich und steht weit über mir, das

fühle ich, so oft ich mich in ihr Wesen vertiefe. Verehren zu dürfen ist eines der edelsten Gefühle, mag diese Haltung heute auch fast völlig vergessen sein. Ohne Ehrfurcht ist kein tieferes Verständnis der Dichtung möglich. Dies sollten sich alle Kritikaster hinter die Ohren schreiben. Wenn sie nur einen Hauch von der dreifachen Ehrfurcht in sich hätten, die Goethe edelmütig dargelegt hat, ihre Besprechungen würden in einem viel nobleren Ton abgefaßt sein.

So bedeutsam die Ehrfurcht ist, sie bedarf noch einer Überhöhung. Eine Geliebte muß man lieben, sonst ist sie kein Liebling. Wer die Dichtung nicht liebt, wem es nicht größte Freude bereitet, sie zu lesen und mit ihr immer inniger vertraut zu werden, ist ihrer nicht wert. Es genügt auch nicht, ein lauer Liebhaber der Dichtung zu sein, wie gewisse Ehemänner, die schon beim Frühstück neugierig die Zeitung überfliegen, während ihre Gattinnen stumm daneben sitzen. Nein, man muß zum allermindesten ein feuriger Liebhaber sein, muß eine glühende und gesteigerte Liebe für die Dichtung empfinden, muß zärtlich und keusch zugleich sein, um ihr tiefes Geheimnis zu erahnen.

Was lieben wir, wenn wir die Dichtung lieben und von ihr in einer derart unkonventionellen Sprache reden? Vieles – es läßt sich gar nicht auf einmal sagen. Trotzdem muß man sich Rechenschaft geben, warum sich unsere Liebe so auf die Dichtung konzentriert. Könnte man dies nicht sagen, bliebe alles im Gefühlsbereich stecken und würde nie die Klarheit des Geistes erreichen.

Vorerst lieben wir die Dichtung um des Dichters willen. Seine hohe Bestimmung macht das Schicksal des Dichters nicht leicht; ergreifend hat sich darüber Hugo von Hofmannsthal geäußert. Der Dichter ist oft wegen seiner eminenten Begabung auch ein äußerst bedrohter Mensch, ist angefochten und ausgeliefert wie wenige, und es ist gar nicht gesagt, daß er seine Gefährdung auch besteht. Tragisch ist, daß er wohl sein Werk, nicht aber sein Leben zu gestalten vermag. Dies gilt von Goethe so gut wie von Leo Tolstoj, und dabei waren beide ganz große Menschen. Leid und Gückseligkeit erfuhren ebenso die Maler und Musiker. Rembrandt und Mozart kannten aus eigener Erfahrung schwerstes Leid, man darf dies ob der Bewunderung ihrer Werke nicht vergessen. Unter den schwierigsten Umständen sind die Dichter einfach da, auch die längst Verstorbenen sind dank ihrer Werke immer wieder gegenwärtig, selbst dann, wenn die Öffentlichkeit sie vorübergehend vergessen hat. Das ist das Tröstlichste in den Stürmen der Zeit. Zwar besaßen nicht alle Dichter die seelische Kraft, des Schicksals Fügung zu bestehen. Es gab auch vom Dämon verführte, in den Abgrund gerissene Dichter, man denke nur an den hochgeschätzten Kleist, an Rimbaud oder Poe. In solchem Geschehen verdunkelte sich des Lichtes letzter Schein. «Der Dichter hat einen Fluch auf seinem Leben und einen Segen auf seinem Namen», schließt ein französischer Romantiker ähnliche Überlegungen. Gewiß gab es auch fröhliche Dichter, Jeremias Gotthelf gehörte zu ihnen und auch Felix Timmermans darf man dazuzählen, abgesehen von seinen letzten Lebensmonaten. Wenn auch manche zarte Dichterseele zerbrach, vermochte sie doch ein Werk zu schaffen, das ein wahres göttliches Geschenk war. Während der gewöhnliche Mensch oft Mühe hat, zu formulieren, was in seiner Seele vorgeht, fließen dem Dichter die Worte in die Feder, er weiß nicht wie. Er ist auch ein Bote des Himmels, gesandt zu den geplagten Menschenkindern, um ihnen ein wesentliches Wort zu sagen. Dichter lieben heißt Sendboten Gottes lieben, die zu den höchsten Menschengattungen zählen, die es gibt. Der schlichte Matthias Claudius hat sich selbst sogar diese Bezeichnung zugelegt, sich Wandsbeckerbote genannt. Wer heute dieses Werk zur Hand nimmt, staunt über die Hintergründigkeit dieser scheinbar naiven, in Wahrheit aber überaus tiefsinnigen Ausführungen und wird zuletzt voller Freude sagen: Daß es einmal so reine Töne im deutschen Dichterwald gab! Die Dichter dichten, weil sie dichten müssen. Sie haben gar keine andere Wahl, denn sie sind von Gott bestimmt, ein Zeugnis des Ewigen abzulegen. Es steht nicht in ihrer Befugnis, zu gehorchen oder abzulehnen; sie befinden sich unter einem höheren Zwang. Dichter sind, bei allen menschlichen Unvollkommenheiten, Gefäße der Gottheit. Das Licht von oben befähigt sie, die ihnen aufgetragene Botschaft auszurichten und dem tiefsten Wesen eines Volkes Ausdruck zu geben. Deswegen muß ihre Stimme weiterklingen. Würde sie verstummen, ist ein Volk um seine tiefere Sprache gebracht und redet nicht mehr verständlich zur Welt.

Ehe wir Gefahr laufen, überschwenglich zu werden, stellen wir uns die Gewissensfrage: Leben wir selbst noch mit Gedichten? Kennen wir Gedichte, nach denen wir in schweren Stunden greifen? Oder bedeutet dies die «Suche nach der verlorenen Zeit?» Wahrscheinlich schon, wenn wir auf die heutige Lyrik schauen, nicht aber wenn wir uns der überzeitlichen Dichtkunst zuwenden. Ich kann mir durchaus denken, daß es noch innerliche Menschen gibt, die immer wieder, sagen wir einmal, in Annette von Droste-Hülshoffs «Geistlichem Jahr» lesen und sich daran seelisch stärken. Mit Gedichten leben ist keine leere Formel, besonders nicht für jene, die noch die Zeit des Expressionismus an sich erfahren haben und die Verse von Trakl, Werfel, Lasker-Schüler und Christine Lavant kennen. Das Werk gelang ihnen kaum noch – es waren gequälte Aufschreie echter Dichter über eine sich selbst zerstörende Welt, aus der die Poesie entschwunden war und nur Entsetzen zurückblieb.

Noch immer ist die Frage, «was lieben wir, wenn wir die Dichtung lieben», nicht genügend beantwortet. Wir müssen weiter fragen, auch wenn wir mit unserer Antwort nie zufrieden sind.

Es ist die Sprache, die wir lieben, weil sie das Mittel der Dichtung ist, wie die Noten es für die Musik sind. Sprache ist nie bloße Grammatik, doch gehört Grammatik selbstverständlich zur Sprache. Pestalozzi beherrschte die Grammatik keineswegs und hat damals mit seinem Buch «Lienhard und Gertrud» halb Europa bewegt. Die Sprache ist ein Musikinstrument mit den verschiedensten Tönen. Sie ist für den Dichter das, was dem Organisten die Orgel bedeutet. Er spielt und entlockt ihr Himmelsklänge. Nur die Dichter haben erspürt, welche Seele in der Sprache verborgen lebt. Wer die Sprache als eines der höchsten Instrumente begriffen hat, darf mit ihr alles sagen, sei es lieblich oder barsch, lyrisch oder dramatisch, denn immer wendet sie sich an das Innerste des Menschen. Nach Hamann ist die Sprache Geist, eine Formulierung, die ihr tiefstes Wesen andeutet. Gewiß verändert sich die Sprache beständig, wie alles Lebendige wächst und stirbt. Jede Sprache birgt etwas Heiliges in sich, und gerade deshalb ist der gegenwärtige Sprachverschleiß nicht etwas «Gerissenes», sondern eher ein Verbrechen.

Wer die Dichtung liebt, liebt auch die Form. Niemals darf man die Form der bloßen Äußerlichkeit gleichsetzen. Das wäre eine Verkennung der Form. In einem formensprengenden Zeitalter lernt man echte Form wieder schätzen. Was Form in der Dichtung darzustellen vermag, sei an einem Gedicht von Rainer Maria Rilke gezeigt:

Der Panther
Im Jardin des Plantes, Paris

Sein Blick ist vom Vorübergehn der Stäbe
so müd geworden, daß er nichts mehr hält.
Ihm ist, als ob es tausend Stäbe gäbe
und hinter tausend Stäben keine Welt.

Der weiche Gang geschmeidig starker Schritte,
der sich im allerkleinsten Kreise dreht,
ist wie ein Tanz von Kraft um eine Mitte,
in der betäubt ein großer Wille steht.

Nur manchmal schiebt der Vorhang der Pupille
sich lautlos auf –. Dann geht ein Bild hinein,
geht durch der Glieder angespannte Stille –
und hört im Herzen auf zu sein.

Es ist bewundernswert, wie in diesen Versen sich ein Wort an das andere fügt. Die Form ist niemals nur eine Angelegenheit von einigen Ästheten. Wie haben die antiken Völker schon den Wert der Form bei der Herstellung einer Vase erkannt, und welch künstlerische Bemühung stand dahinter, bis sie jene edle Gestalt bekam, die wir in den Vitrinen der Museen so sehr bewundern! Form ist kein bloßer Formalismus, denn hinter ihr steht eine Haltung. Dies hat Ernst Barlach in seinem «Selbsterzählten Leben» endgültig gesagt: «Form – bloß Form? – Nein, die unerhörte Erkenntnis ging mir auf, die lautete: du darfst alles Deinige, das Äußerste, das Innerste, Gebärde der Frömmigkeit und Ungebärde der Wut, ohne Scheu wagen, denn für alles, heiße es höllisches Paradies oder paradiesische Hölle, gibt es einen Ausdruck, wie denn wohl in Rußland eines oder beides verwirklicht ist.» In der Form ist unendlich mehr enthalten, als gewöhnlich angenommen wird. Eine formvollendete Dichtung hat durchaus Ewigkeitswert.

Über der Liebe zur Form darf nie der Inhalt übersehen werden, denn es ist vor allem der Inhalt, der über Wert und Unwert einer Dichtung entscheidet. Eine inhaltslose Dichtung ist keine Dichtung. Inhalt kann alles sein: Die Geburt, das Kinderland, das erstmalige Erwachen der Liebe, die Langeweile des Alltags, die Freude, der Tod und was man sonst noch aufzählen will. Es gibt hierin keine Grenzen. Daher kommt es oft gerade auf das Wie an und weit weniger auf das Was. Das erzählerische Talent gehört unbedingt zur Dichtung und darf nicht durch modische Romantechniken verdeckt werden. Es ist ein Irrweg der Gegenwart, wenn sich die Schriftsteller vor allem perversen Dingen zuwenden. Daß es Anomalien und Grausamkeiten im Leben gibt, weiß doch wohl jeder Mensch, aber sie dürfen nicht Gegenstand einer edlen Dichtung sein. Ganz sicher ist es schwierig, eine alltägliche Ehe mit ihren Freuden und Leiden, ihren Verstimmungen und dem Sich-wieder-Finden zu schildern, zehnmal schwieriger, als von einer Ehe zu dritt zu erzählen, die nicht gelingen kann, weil sie gegen das innerste Wesen der Liebe verstößt. Deswegen erachte ich Jeremias Gotthelfs «Käthi, die Großmutter» als eine ganz große Dichtung. Gotthelf hat darin das so simple Leben dieser alten und armen Frau so gehaltvoll zu gestalten vermocht, daß es in uns haften bleibt. Das ist Kunst, sogar hohe Kunst.

Man hört hie und da, die Dichtung sei nutzlos. Was heißt in diesem Zusammenhang «nutzlos»? Ist der Buchfink, der so emsig pfeift, nützlich? Ist die blauschimmernde Kornblume nützlich, und sind die Sterne nützlich, die am nächtlichen Himmel funkeln? Mit all den erwähnten Erscheinungen läßt sich kein Diskontladen eröffnen und keine «Aktion» starten. Wie leer aber und wie dürftig wäre unser Leben ohne sie! Das angeblich Nutzlose ist oft das Wertvollste in unserem Dasein, oder will man das gar nicht verstehen?

Mit den bisherigen Worten haben wir das Wesen der Dichtung weitgehend bestimmt und doch noch nicht genug. Wir dürfen uns nicht vorzeitig zufrieden geben, sondern müssen versuchen, der heimlich und offen Geliebten noch näher zu kommen. Wir sind ihr ohnehin nie nahe genug. Ausgerichtet auf die abendländische Literatur, deren Substanz dem Christentum verpflichtet ist, suchen wir nach einer Poesie, die bei allen komplizierten Fragestellungen das große Einfache nie aus den Augen verliert, die stets zu jener Tiefe vorzudringen versucht, wo der Urgegensatz von Gut und Böse in unverwischbarer Deutlichkeit sichtbar wird und wo das Gottesgeheimnis der Welt dem Menschen wieder zum Bewußtsein kommt. Die künstlerische Gestaltung ist uns, wie Peter Wust einmal schrieb, «eine religiöse, eine sakrale Aufgabe und demzufolge also auch noch irgendwie liturgischer Dienst an dem einen großen Altar, an dem die Menschheit der Gottheit ihre Verehrung darbringt».

Wahrhaftig, echte Dichtung leitet indirekt den Menschen an, das Leben besser zu verstehen. Sie predigt den Leser nicht an, denn das wäre im höchsten Maße unkünstlerisch. Die Predigt hat ihren Ort in der Kirche – die Dichtung schreitet in einem weltlichen Gewand einher. Das Leben ist eine merkwürdige Sache, wir müssen es leben, verstehen es freilich selten, höchstens ein wenig im Rückspiegel, nie aber im Blick auf die Zukunft. Doch ist es möglich, daß uns bei diesem Verstehen-Wollen die Dichtung zum gewichtigen Bundesgenossen wird, indem sie uns hilft, das verworrene Dasein tiefer zu begreifen. Sie zeigt uns anschaulich, wie verschieden und kompliziert das Leben gelebt wird, und sie hilft uns dadurch, es besser zu verstehen. Darum ist es keine törichte Zeitverschwendung, einen wertvollen Roman zu lesen, «der doch nicht wahr ist», wie unsere lieben Mütter zu sagen pflegten. Der lesende Mensch hat vor dem nichtlesenden Menschen einen immensen Vorsprung. Er sammelt Erfahrungen, die dem andern unbekannt bleiben oder ihm nur durch eigene Erlebnisse oft schmerzlich zum Bewußtsein kommen. Die Dichter verstehen es, tiefgründige Seelenvorgänge zu erfassen und unser Verständnis dadurch auszuweiten. Was ist alles an Psychologie von einem Stendhal zu lernen, mag er ein noch so kalter Mensch gewesen sein! Der französische und der russische Roman stellen in dieser Beziehung die Schulpsychologie in den Schatten, weil sie in viel tiefere Schichten hinabreichen und eine Anschaulichkeit besitzen, die die Wissenschaft nie erreicht. Dabei ist die Psychologie nur ein Thema aus der großen Vielfalt von Erkenntnissen, mit denen die Dichter ihrer Zeit voraus waren.

Dies sind nur einige Andeutungen von dem, was von den Dichtern zu lernen ist. Nicht alles wurde erwähnt, denn mit den Künstlern wird man nie fertig, man bleibt mit ihnen stets unterwegs. Bachs Passionen haben mir die Evangelien viel näher gebracht als alle Exegeten zusammen, die mir vorwiegend erklärten, wie man eine Perikope auseinandernimmt, nicht aber, was sie mir persönlich wirklich zu sagen hat. Bei Bachs Vertonung von Petrus' bitterlichem Weinen nach seiner Verleugnung ist es mir bewußt geworden, was es für Folgen hat, den Herrn vor den Menschen zu verleugnen. Diese Worte des Evangeliums sind mir, dank Bachs Musik, mein ganzes Leben lang in den Ohren nachgeklungen. Und da sollte man ein schlechtes Gewissen bekommen, wenn man sich der Kunst hingibt? Der Himmel bewahre uns vor einer armseligen Christenheit, der Glanz und Festfreude fehlt. Evangelium, Dichtung und Musik gehören enger zusammen, als man gewöhnlich annimmt. Jesu dichterisch erzähltes Gleichnis vom verlorenen Sohn, bei dem kein Wort zu viel und kein Wort zu wenig steht, dokumentiert die Zusammengehörigkeit eindeutig, und dabei würde es uns nie einfallen, Jesus unter die Dichter einzureihen.

In den nachfolgenden Kapiteln kommen nicht die Dichter der Weltliteratur zu Wort. Über sie wurde schon viel geschrieben. Ich berichte von einigen unstreitig künstlerischen Dichtern, die mir auf meinem Lebensweg persönlich begegnet sind. Deswegen ist die Wahl ganz subjektiv. Von ihnen habe ich gelernt, die Dinge unter einem dichterischen Aspekt zu sehen, und sie haben mir geholfen, mich gegenüber den göttlichen Räumen zu öffnen. Ich bin ihnen zu unendlichem

Dank verpflichtet und hoffe, damit auch einen kleinen Teil ihrer Biographie vor der Vergessenheit zu retten. Ausgenommen von dieser persönlichen Beziehung ist natürlich Nikolai Lesskow, der vor meiner Geburt gestorben ist. Ihn wählte ich, weil er nicht nur zu seinen Lebzeiten von den liberalen Kreisen in Rußland in den Winkel abgeschoben worden ist, sondern weil er noch heute im deutschsprachigen Raum ein wenig beachtetes Dasein fristet; jedenfalls hat er noch keinen deutschen Biographen gefunden.

Ehe ich diese Ausführungen über das Mysterium der Dichtung abschließe, möchte ich nochmals auf mein erwähntes Bekenntnis zurückkommen, auf die heimliche Geliebte, die mein Herz schneller schlagen läßt. Gerne gestehe ich, daß die echte Dichtung zu meinen größten Erlebnissen gehört. Sie hat mich nicht vom Göttlichen weg, sondern ihm entgegengeführt. Paulus sprach von der Verwandtschaft von Evangelium und Dichtung auf dem Areopag in jener höchst bedeutsamen Stunde, da Christentum und Hellas sich erstmals begegneten. In seiner über die Jahrhunderte hinweg schallenden Rede bemerkte er nachdrücklich: «Wie etliche von euren Dichtern auch sagen...» Tatsächlich zeugen die Dichter vom Ewigen, wenn auch in einer anderen Tonart als die Heiligen. Man muß nur Ohren haben, sie zu hören.

Bekannt und doch verkannt: Nikolai Lesskow

Nach dem Ersten Weltkrieg nannten wir in jugendlichem Überschwang die russische Dichtung «die heilige Literatur». Puschkin und Gogol, Tolstoj und Dostojewskij, Turgenjew und Gontscharow, Tschechow und Bunin wurden uns in der Pubertätszeit zum geistigen Erlebnis. Während der Lektüre vermeinten wir ein wenig zu ahnen, was die Mystiker mit dem Wort «Verzückung» andeuten wollten. Es ergriff uns der brennende Gottesdurst, und wir erkannten das Antlitz Christi inmitten der sündigen Menschen, auch lernten wir zwischen einer echt christlichen und einer bloß bürgerlichen Lebenseinstellung zu unterscheiden. Die russische Dichtung ist uns ganz anders als alle theologischen Lehrbücher zusammen unter die Haut gegangen, indem sie uns gelehrt hat, das Geheimnis des Evangeliums viel tiefer zu verstehen.
In Deutschland waren die Slawisten nach der späten Entdekkung Nikolai Lesskows leider nicht fähig, etwas Wesentliches über ihn auszusagen. Meistens begnügten sie sich mit einer dürftigen Inhaltsangabe und der Analyse seiner originellen Sprache und versicherten, man könne sie nicht adäquat ins Deutsche übersetzen. Deswegen gibt es bis heute keine Biographie über Lesskow aus der Feder eines deutschen Forschers. Nur einige unabhängig denkende Menschen haben sich überaus anerkennend über diesen russischen Dichter geäußert. Der geistvolle Essayist Hofmiller schrieb einen begeisterten Aufsatz über ihn und nannte ihn «komisch und erschreckend, unbändig und elementar». Wilhelm Hausenstein vermerkte im Tagebuch: «Mit der Lektüre des ‹Bergs›, der

vom Glauben versetzt wird, war ich schlechthin glücklich. Es hat in meinem Leben nicht viel Bücher gegeben, mit denen es mir so ergangen ist. Vor Stifter (mit dem ich Lesskow, ebenso wie mit Johann Peter Hebel und Gotthelf, sonst in eine gewisse Parallele setzen möchte, um des Positiven, des Christlichen willen) – vor Stifter hat er eine größere Heiterkeit voraus, jene ganz große Heiterkeit, die den diskreten Widerschein des Metaphysischen trägt.» Solche Anerkennungen bestehen durchaus zu Recht. Lesskow gilt als der russischste aller russischen Dichter; er brachte die farbigen Zwiebeltürme und die christliche Demut des Alten Rußland zum Leuchten, obwohl damals noch die drückende Zarenherrschaft mit ihrer Zensur herrschte. Trotz vereinzelter Lobeshymnen ist Lesskow bei uns im Westen zwar bekannt, aber, tiefer gesehen, doch verkannt. Selten begegnet man einem Menschen, der ihn eingehender gelesen hat und mit dem man ein Gespräch führen könnte. Die heutigen Leser, die in einer dichterisch dürftigen Zeit leben müssen, möchte man auf diesen großen, christlichen Dichter aufmerksam machen und sie auffordern: «Kommt, so werdet ihr es sehen!»

Lesskow selbst meinte einmal: «Jetzt liest man mich noch wegen der Schönheit meines dichterischen Werkes; in fünfzig Jahren aber wird diese Schönheit verblaßt sein, und dann wird man meine Bücher nur noch wegen der darin enthaltenen Ideen lesen.» Der russische Literaturhistoriker D. Mirskij kommentierte die Aussage dahin: «Dies war eine außergewöhnlich schlechte Prophezeiung, denn mehr als je liest man Lesskow heute wegen seines großen Erzähltalentes, keinesfalls wegen seiner Ideen.» Beide Äußerungen sind unrichtig, weil sie Form und Inhalt trennen. Das kann, das darf man nicht. Lesskows Kunst ist von der Schönheit getragen, doch diesmal sollen, was bis dahin kaum je versucht worden ist, seine Ideen in den Vordergrund gerückt werden. Dabei vergesse ich keinen Augenblick, daß Lesskow ein Künstler war und als solcher seine Ideen immer dichterisch einkleidete. Nie ähnelte er einem «Chefideologen», wie das neue Wort für «Inquisitor» lautet.

Das Leben Lesskows war in eine sichtliche Tragik eingehüllt. Man muß tiefer graben, um sein wahres Antlitz zu erkennen. Die Großmutter nahm ihren Enkel mit auf ihre Pilgerfahrten, weshalb Lesskow schon früh die Klosterwelt mit den Mönchen kennenlernte. Später bereiste er im Auftrag einer englischen Firma ganz Rußland und gewann einen Einblick in das mannigfaltige Leben des russischen Volkes. Lesskow war eine eindrucksvolle Persönlichkeit mit durchdringendem Blick. Man sagte von ihm: «Etwas Bedrückendes atmete diese machtvolle Gestalt – und gleichzeitig zog sie einen unwiderstehlich an. Man fühlte die komplizierte Seele, verbunden mit einem unbezähmbaren Temperament.»
Lesskow gesellte sich in seiner Jugend zu den fortschrittlichen Kreisen. Das war ein beinahe natürliches Verhalten. Wer im vergangenen Jahrhundert in Rußland ein Herz hatte, ging unter das Volk, um in der Sprache jener Zeit zu reden. Auch Lesskow reihte sich zunächst in die Front der neuen Jugend ein. Aber nur zu bald überkam ihn die Enttäuschung. In der Form zweier Romane sagte er den Revolutionären ab. Diese Erstlingswerke trugen ihm den wutentbrannten Haß der liberalen Presse ein, die ihm das Dasein zu vergiften suchte. Der Dichter wurde fortan totgeschwiegen. Von nun an gehörte er zu den Schriftstellern, die der fortschrittlich eingestellte Russe wegen seines Bildungsdünkels nicht las. Selbst in den russischen Schulbüchern fand er keine Aufnahme. Dabei lag keine Verkennung seiner dichterischen Werte vor, sondern eher eine Verfemung. Die Presse mit ihrer dem Zeitgeist verfallenen Denkweise ächtete Lesskow. Die sich ihrer Fortschrittlichkeit brüstenden Elemente schreiben gerne die To-

leranz auf ihre Fahne, näher besehen gebärden sie sich oft völlig intolerant gegen Andersdenkende. Die Feststellung «Der Fall Lesskow ist ein eindrucksvolles Beispiel für das Versagen der russischen Literaturkritik vor ihrer Aufgabe» deckt das Drama des Dichters allzu harmlos zu.
Nach der Enttäuschung mit den fortschrittlichen Kreisen wandte sich Lesskow der rechten Seite zu. Er war der Meinung, man müsse zuerst das Leben kennen, ehe man es mit weltfremden Ideen umformen könne. Auch war er in einer eher konservativen Umgebung aufgewachsen und teilte gefühlsmäßig viele ihrer Anschauungen. Aber Lesskow war alles andere als ein Reaktionär, kannte er doch die Mißstände des Alten Rußland zu gut. Auch vergaß er nie, daß es neben dem Bewahren auch ein beständiges Wachstum geben muß. Das Erstarrte und Verblühte zu pflegen, behagte ihm nicht, und ebenso war es ihm unmöglich, die reaktionären Machenschaften in Rußland zu billigen. Seine gelegentlichen Anklagen wurden ihm von der rechten Seite übelgenommen, worauf man ihn dort ebenfalls nicht als einen der Ihrigen anerkannte.
«Der große Dichter hatte es fertig gebracht, sich zwischen zwei Stühle zu setzen», schrieb Johannes von Günther, ein verdienter Übersetzer von Lesskows Werken. Die Formulierung avisiert Lesskows Problem, interpretiert es aber nicht ganz richtig. Zwischen zwei Stühlen sitzen bedeutet keineswegs ein bloß ungeschicktes Verhalten, es schließt vielmehr das Schicksal in sich, sich unter keinen Umständen aus opportunistischen Gründen weder an die linke noch an die rechte Seite zu verkaufen. Dies verrät niemals einen Mangel an realistischem Sinn für die jeweilige Konstellation. Lesskow wurde zum Außenseiter und nahm damit die Haltung des Christen ein. Gewiß ist der Christ in die unsichtbare Gemeinschaft der Heiligen aufgenommen, äußerlich aber geht sein Weg oft quer durch alle Fronten hindurch. Das ist das

Schwere an seinem Dasein, daß er fast immer gegen den Strom schwimmen muß und beinahe nie in Reih und Glied mitmarschieren kann. Der Christ steht zwischen den Zeiten, ein Los, das nicht leicht zu ertragen ist. Lesskow nahm es auf sich, wenn er auch unter dem absichtlichen Verschweigen seiner Bücher zuweilen schwer gelitten hat. Doch hat er tapfer durchgehalten und hat die geistige Unabhängigkeit aufgebracht, nicht klein beizugeben. Die selbständig Denkenden allein bringen ein wertbeständiges Werk zustande, nicht die Mitläufer, die sich dem augenblicklichen Zeitgeschmack hingeben.

Allen Hemmungen zum Trotz hat sich das dichterische Werk Lesskows durchgsetzt – es ist auch unmöglich, seine künstlerische Qualität zu verkennen. Sein erzählerisches Talent war außerordentlich, demjenigen von Dickens und Balzac vergleichbar. Das Erzählerische sprudelt bei ihm wie ein frischer Quell hervor und scheint unerschöpflich zu sein. Man könnte ihm tagelang zuhören und würde dabei nicht müde. Darin bekundet sich eine echt dichterische Kunst. «So müßte man schreiben. Wir machen zu viele Worte», bemerkte Julien Green in seinem Tagebuch nach der Lektüre einer Lesskowschen Erzählung. Dabei war Lesskow alles andere als ein akademischer Mensch, hatte keine höhere Schule besucht, war aber ein genialer Autodidakt mit einem starken Wissensdrang. In der Folge davon wurde er zu einem der belesensten Dichter. Gewöhnlich bewundert man die Vielfalt des russischen Lebens, und tatsächlich versteht er ausgezeichnet, die Adeligen und Leibeigenen, die Kaufleute, Bauern, Bürokraten und Militärs, die Vagabunden und Verbrecher zu schildern. Mit welcher Kraft stellte er die rasende Leidenschaft einer «Lady Macbeth aus dem Landkreis Mzensk» dar, deren Leben in einer Selbstzerstörung endigt, die viel eindrücklicher ist als jede moralische Verurteilung. Welch originelle Käuze wandern durch seine Bücher, und wie prachtvoll sind seine Naturschilderungen! Das russische Leben ist viel reichhaltiger und urwüchsiger, als daß ihm die kühnste Phantasie des Menschen gerecht werden könnte. Lesskow hat dem stürmischen Lebensroman aufmerksam zugehört und hat ihn mit poetischer Feder aufgezeichnet. Die letzten Fragen nach der Bestimmung des Menschen hat er nie aus den Augen verloren, wennschon er wußte, wie schwer es ist, in das Allerheiligste eines Wesens einzudringen, zumal Gegensätze in ein- und derselben Seele vereinigt sind. Inmitten seines Erzählstromes bemerkte er einmal: «Indem sie mir ihre Seele enthüllte, ließ sie mich tief in mich selbst hineinschauen, und ich entsetzte mich.» Eines der anschaulichsten Beispiele seiner Erzählungsfülle ist «Der verzauberte Pilger», bei dem die Macht des Diesseits mit ihren Erlebnissen den Menschen seinen Ursprung vergessen läßt. Die Mannigfaltigkeit des Lebens verdunkelt manchmal das eigentliche Ziel. Gorki sagte von Lesskow: «Sein Erzählen ist durchgeistigter Gesang», ein hohes, wohlverdientes Lob.

Lesskow war viel tiefer veranlagt, als daß er nur den farbigen Abglanz des Lebens gezeigt hätte, war er doch weit entfernt von jedem bloßen Ästhetizismus. Kein Russe hat ihm gehuldigt, auch Gontscharow und Turgenjew nicht. Der Künstler kämpfte für seine Ideen. Der Dichter sagte selbst: «Ich liebe die Literatur als ein Mittel, das mir die Möglichkeit gibt, alles das auszusprechen, was ich für die Wahrheit und für das Gute halte.» Die Literatur des Alten Rußland stand in einem höheren Dienst und betrachtete die Probleme fast ausschließlich von einem religiösen Gesichtspunkt aus. Man kann sie eine transzendentierende Literatur nennen, was die westliche Literatur der Neuzeit nur in einzelnen Vertretern ist, wie beispielsweise Jeremias Gotthelf, Annette von Droste-Hülshoff, Georges Bernanos und Julien Green. Es ist unmöglich, Lesskows ausgeprägtes religiöses Anliegen zu übersehen. Natürlich vertritt er es künstlerisch und nicht lehrhaft, aber er tut es mit einer intensiven Kraft, die den Leser überwältigt. Stets ist das Göttliche unsichtbar anwesend, und immer wieder wird es spürbar. Lesskow gehört zu den großen christlichen Dichtern. Er ist «der kleinen Herde» zum Trost geworden in einer Zeit, da das Christliche mehr und mehr aus allen Gebieten verdrängt wird. «Lesskow verstand es wie keiner vor ihm, daß der Mensch das Recht hat, getröstet und liebkost zu werden, daß der Mensch verstehen muß, zu liebkosen und zu streicheln.» Von welchem Dichter dürfte eine solche Zärtlichkeit gesagt werden, ohne daß sie zu einer peinlichen Sentimentalität würde? Bei Lesskow ist sie durchaus am Platz; mit seiner brüderlichen Gesinnung schließt er den Leser gleichsam in seine Arme.

Lesskow hatte sich in seinen jungen Jahren der revolutionären Jugend zugewandt, doch je mehr er mit ihr verkehrte, desto mehr fühlte er sich von ihr abgestoßen, weil sie sich an schönen Schlagworten berauschte, hinter denen nichts, aber auch gar nichts stand. Frühzeitig hatte er die ganze Hohlheit der revolutionären Phraseologie durchschaut.
Während Turgenjew im Westen als liberaler Bourgeois lebte, stellte er in seinem berühmten Roman «Väter und Söhne» der russischen Jugend den Nihilisten Basarow als Idol vor Augen und vergiftete sie damit, ohne sich über sein Tun Rechenschaft zu geben. In stärkstem Gegensatz zu dem ambivalenten Verhalten Turgenjews, der selbst nicht wußte, ob er seinen Helden Basarow lieben oder verabscheuen sollte, meldete sich Lesskow, der aus nächster Nähe sah, welch verhängnisvollen Weg die revolutionäre Jugend einzuschlagen im Begriffe war und wie hilflos die russische Intelligenz dem grenzenlosen Idealismus und der jugendlichen Opferbereischaft gegenüberstand. Mit den Frühromanen «Kein Ausweg» und «Bis aufs Messer» – bis dahin nicht ins Deutsche übersetzt – trat Lesskow seinen verblendeten jugendlichen

Zeitgenossen entgegen. Er zeichnete von den Nihilisten keine Karikatur, eher werden die Sozialisten als halbe Heilige geschildert, aber halbe Heilige taugen nicht viel, weil zum Heiligen die Kategorie der Vollendung gehört. Lesskow brandmarkte offen und schonungslos das Verderbliche am Nihilismus. Auch in der übersetzten Erzählung «Schafochs» schilderte er die Gestalt des wurzellosen Nihilisten und hielt dem verwirrten Mann das Wort entgegen: «Gott ist das Maß aller Dinge, und das vollkommenste Maß. Um Gott ähnlich zu werden, muß man in allem Maß halten, sogar im Wünschen.»

Gewöhnlich wird diese Epoche in Lesskows Leben als die politische verstanden, in der er von der linken auf die rechte Seite rückte und auch dort keine Heimat fand. Äußerlich mag man diesen Eindruck bekommen, tiefer gesehen aber gehört sein Frühwerk nicht unter einen politischen Aspekt, da sein Anliegen sich nicht in einer Parteipolitik erschöpft. Letzten Endes kämpfte Lesskow gegen den Nihilismus, der seine Bodenlosigkeit durch aufgeblasene Schwafelei zu vertuschen suchte. Die Nihilisten waren für ihn, wie schon ihr Name besagt, Vertreter des Nichts, Leute, die keine Grundwerte anerkennen und deswegen die jungen Menschen dem Ruin entgegentreiben. Er nannte sie die Totengräber der Christenheit, die nur Negationen und sonst nichts kennen. Darin hatte Lesskow recht, und deswegen ist er für uns, ganz abgesehen von seinen großen dichterischen Qualitäten, überaus aktuell.

Zwar sind heute mehr denn hundert Jahre seit Lesskows Auseinandersetzung mit den Nihilisten vergangen, seine Sicht aber ist alles andere als überholt. Im Gegenteil, wir staunen, wie scharfblickend er die Situation erfaßt hat. Der Nihilismus bleibt sich gleich, ob er nun in pervertierten Romanen oder als Terrororganisation auftritt; er ist der große Feind unseres Lebens. Er anerkennt keine Werte, zerstört die

Grundlagen des Lebens und liefert die Menschen dem Nichts aus. Heute kommt uns dies erschreckend zum Bewußtsein. Unsere jungen Leute drohen an der Sinnlosigkeit des Lebens elend zugrunde zu gehen.
Deswegen ist es angebracht, Lesskow aufs neue zu lesen. Für die Bekämpfung des Nihilismus kommen weder Parteien noch Massenmedien in Frage. Sie sind mit ihrem Traum von der Macht und ihrer Sensationslust, ohne es selbst zu merken, viel zu stark vom Nihilismus angekränkelt. Es bedarf dazu ganz anderer Kräfte. Lesskow hat klar erkannt, daß nur das Evangelium den zersetzenden Tendenzen überlegen ist. Eine lauwarme Kirchlichkeit hilft uns hierin ebenfalls wenig. Es bedarf des christlichen Mutes, um dem Nihilismus zielgerichtet und unerschrocken entgegenzutreten, eines Mutes, den Lesskow und auch Dostojewskij gehabt haben und der eine Hilfe ist für eine ratlos gewordene Gegenwart.

Ein weiterer Problemkreis, der ihn beschäftigte, war die orthodoxe Kirche. Lesskow schilderte in einigen Erzählungen das Leben der Geistlichkeit. Im Westen ist dies nicht neu, weil hier immer wieder Priester einbezogen wurden, von Raabes «Hungerpastor» über Barbey d'Aurevillys «Ein verheirateter Priester» bis zum unauslotbaren «Tagebuch eines Landpfarrers» von Georges Bernanos. Für die russische Literatur bedeutete Lesskows Darstellung ein Novum. Aus Respekt vor der orthodoxen Kirche blieb der Pope außerhalb der literarischen Darstellung. Er wurde gewöhnlich nicht erwähnt oder nur ganz gelegentlich im abschätzigen Sinn als ein Mensch, der bloß einige Eier zu ergattern versucht. Vielleicht war die Mißachtung nicht ganz unverdient. Es gab unter den Popen schwache und ungebildete Gestalten, weil ihre Ausbildung im Priesterseminar einseitig und ungenügend war. Doch darf man über den unwissenden und sogar korrupten Popen nicht die vielen guten Hirten übersehen, die täglich den Gottesdienst feierten, Gebete sprachen, heilige Handlungen verrichteten und in der Oktober-Revolution sehr viele Märtyrer stellten. Hut ab vor diesen heldenhaften Bekennern, die wirklich mit Gott in Verbindung standen und nichts mit dem hochmütigen Klerikalismus zu tun hatten. Lesskow nahm sich des beinahe unbekannten Standes an und führte ihn mit den Novellen «Am Ende der Welt» und «Der ungetaufte Pope» usw. in die Literatur ein. Seine Schilderung der Geistlichen wurde «zur leuchtenden Malerei oder eher zur Ikonenmalerei. Er begann für Rußland die Ikonenwand seiner Heiligen und Gerechten zu schaffen».

Lesskow schilderte in seinem Roman «Die Klerisei» drei geistliche Gestalten, den Propst, den Pfarrer und den Diakon, die in ihrem Wesen ganz verschieden sind. Der Diakon Achilla ist ein Naturbursche von einer Riesengröße und einer Rieseneinfalt, der auf seine körperliche Kraft geradezu stolz ist. Der Mann mit dem goldenen Herzen hat zwar Logik studiert, aber nichts von ihr begriffen. Die Hauptgestalt ist der Propst, der nicht frei ist von Eigensinn und schwer verzeiht, wenn ihm Unrecht getan wurde. Der Dichter legte ihm tiefe Einsichten in den Mund: «Heute predigte ich von der Notwendigkeit einer beständigen inneren Wandlung, daß man die Kraft gewinne, in allen Kämpfen gleich einem starken und geschmeidigen Metall geschmiedet zu werden, und nicht dem Ton gleich werde, der sich plattdrücken läßt.» Ferner notiert sich der Propst den hintergründigen Gedanken: «Sobald aber der Glaube als wirklicher Glaube auftritt, ist er gefährlich und muß eingeschränkt und unter Kontrolle gestellt werden», wodurch er jedoch unwirksam wird. Scharfsichtig erkannte er: «Ohne Ideale, ohne Glauben, ohne Achtung vor den Taten der großen Vorfahren... Das... das muß Rußland zugrunde richten.» Entschlossen widersetzt er sich den untergrabenden Bestrebungen und wundert sich, «woher bei uns dieser erbitterte Haß und diese

Feindschaft gegen den Glauben herkommen. Kommt das vom Freiheitsdrang? Aber wen hindert denn der Glaube, mit allem Eifer nach voller Freiheit in allen Dingen zu streben? Warum haben die wirklichen Denker nicht so gesprochen?»
In seinem Tagebuch beurteilt sich der Propst selbst ergreifend ehrlich: «Ich fühle nur das eine, daß etwas da ist, das ich beweinen muß, wenn ich an die kühnen Pläne meiner Jugend denke und sie mit dem weiteren Verlauf meines Lebens vergleiche!», womit er die seelische Tragödie vieler Menschen beim Namen nannte. Wie zartsinnig ist das Verhältnis zu seiner Gattin geschildert, die so liebevoll für ihn sorgt, aber doch nicht die Fähigkeit hat, seinen Gedanken zu folgen, so daß in ihm das Gefühl der Einsamkeit entsteht: «Jeder, der etwas weiter sieht, ist einsam mitten unter den Seinigen.»
Alle drei Gestalten wachsen dem Leser ans Herz; sie leben aus dem Glauben, legen ihre Seele in ihren Beruf hinein und sind altrussische Christen.

Bezeichnend für diese Popen ist ihr Verhältnis zu Gott. Sie reden darüber nicht in konventioneller Sprache, die ohnehin kein Leben zu erwecken vermag. Sie sprechen ohne Scheu aus ihrem Gemüt, und deswegen spürt man die Wärme aus ihren Worten. Pater Kiriak sagt: «Da mögen uns die Herren Byzantiner noch so viel vorschwätzen und noch so viel beweisen, wir seien ihnen dafür verpflichtet, daß wir durch sie Gott kennen gelernt hätten – sie haben Ihn uns nicht geoffenbart. Wir haben Ihn nicht in ihrem prunkenden Byzantinismus noch im Weihrauchdunst entdeckt, sondern Er ist bei uns selbst heimisch und geht einfach überall durch unser Land, dringt ohne Weihrauch im Wehen eines feinen Hauches unter die Badebank und kuschelt sich als Taube unters warme Brusttuch.» Der dogmatisch geschulte Theologe wird etliche Einwendungen gegen diese Formulierungen haben und wird wahrscheinlich mißbilligend seine Stirn runzeln, Lesskow aber ließ sich nicht beirren. Doppelt eindringlich fuhr er weiter: «Dort ist Er, dort allein. Nur mit dem Herzen rufst du Ihn hervor, nicht mit dem Verstand. Der Verstand erbaut ihn nicht, sondern zerstört ihn. Er gebiert die Zweifel, doch der Glaube gibt Ruhe, gibt Freude.» Lesskow erkannte den Konflikt zwischen Herz und Verstand in Beziehung auf den Glauben; er hat sich, wie Pascal, eindeutig für das Herz entschieden und hat dadurch die wundersame Vertraulichkeit gefunden, mit der allein man über dieses Thema reden sollte. Nur der gleich einer Taube unter dem Brusttuch sich kuschelnde Glaube schlägt alle Zweifel aus dem Feld.

Auch die Beziehung zu Christus ist von einer heiligen Einfalt erfüllt. Christus wird wie ein vertrautes Familienmitglied geliebt. Ob die Menschen ihn begreifen oder nicht, darüber kann man diskutieren, aber diese Diskussion ist nicht wichtig. Die Geistlichen leben ganz schlicht mit Christus, das ist unbestreitbar; «er liebt die Einfachheit gar sehr». Sie fühlen Christus, und ihr Verstehen ist von der lebendigen Kraft des religiösen Gefühls getragen. Es kommt auf das Verstehen mit dem Herzen an. Der Dichter hielt es für gut, den Menschen einfach das Leben Christi zu erzählen und sie möglichst wenig mit Zeremonien zu belästigen. Er war erfüllt von der Gewißheit: «Darum kam Er mit bloßen Füßen und wanderte als Heimatloser durch das Land.» Dies tut er heute noch, und deswegen ist Rußland, trotz des gottlosen Kommunismus, nicht verloren.

Einmal beschrieb Lesskow ein von einem Popen gesprochenes Gebet: «O Güte, o Einfalt, o Liebe! O meine Freude! Jesus! Siehe, ich eile zu Dir, wie Nikodemus, nächtens. Komm mir zu Hilfe, öffne die Tür... laß mich Gott hören, den Wandelnden, den Sprechenden. Da... schon halte ich Dein Gewand in meinen Händen... zerschlage meine Lenden... aber ich lasse dich nicht, Du segnetest denn alle wie mich.» Der Beter betet nicht nur für sich und die eigenen Leute, sondern auch für die Andersgläubigen, kurz für alle, alle setzt er sich ein. Das Gebet ist jedoch der Gradmesser der Religiosität, da sich in ihm der Mensch mit Gott verbindet.

Während sonst etliche glauben, das Kloster sei eine Stätte des Müßigganges, behielt Lesskow die Kinderaugen, die er besessen hatte, als er an der Hand seiner Großmutter von Kloster zu Kloster ging. Deswegen brachte er auch ein ungewöhnliches Verständnis auf für diese Stätten des Gebetes. «Hier brennen ewig die Lämpchen derer, die für die Welt tot sind, aber unablässig für die Menschheit beten: hier herrscht ewiges Fasten, Schweigen und Beten.» Für Lesskow waren die Mönche Geisteshelden, die nur durch ihre Dürftigkeit Macht besitzen; er hatte eine Ahnung, was für Geheimnisse die Klostermauern in sich bergen.

Wenn Lesskow die Geistlichkeit schilderte, dachte er primär an die orthodoxe Kirche. Im Westen wird sie vielfach zu wenig beachtet, und man vergißt darüber, daß es gar nicht zu einer echten Versöhnung der Gläubigen kommen kann ohne sie. Die Ostkirche ist unbedingt die Dritte im Bunde. Lesskow war eng mit ihr verbunden, ohne ihre Mängel zu übersehen, zu denen besonders ihre starke Verquickung mit dem Staat gehörte, die ihr zum Verhängnis geworden ist. Es ist angebracht, Augustins Unterscheidung von sichtbarer und unsichtbarer Kirche nicht zu übersehen, denn sonst wird man die inneren Schwierigkeiten nicht meistern können. Lesskows Verhältnis zur Kirche hat verschiedene Phasen durchgemacht, während einiger Zeit kam es sogar zum Bruch. Das darf uns nicht verwundern, denn die Ostkirche ist bei aller Christlichkeit in einem gewissen Maße unbeweglich und nimmt zu wenig Notiz vom Leben außerhalb ihrer Mauern. Sie lebt zu einseitig ihrer Liturgie. Da Lesskow zu den lebendigsten Menschen Rußlands zählte, mußte es zu einem Zusammenstoß kommen, weil die seltsame Mischung von duftendem Weihrauch und bürokratischer Verwaltung sich auf die Dauer schwerlich mit einer fragenden Dichtung verträgt. Er empfand diesen Gegensatz tief und schrieb die anklagenden Worte: «Christus erstickt in seiner eigenen Kirche», ein erschreckender, aber nicht ganz unberechtigter Vorwurf.

Wie kritisch Lesskow bei aller Liebe zur orthodoxen Kirche stand, zeigt sich auch in seinem guten Verhältnis zum exkommunizierten Tolstoj. Dieser war nicht nur ein ganz großer Dichter, sondern auch eine Verkörperung des christlichen Gewissens. Von ihm ist eine nachhaltige Wirkung ausgegangen. Im übrigen schätzten sich die Dichter gegenseitig. Tolstoj sagte einmal ganz offen: «Ich begreife einfach nicht, warum Lesskow nicht gelesen wird. Er ist ein wahrheitsgetreuer Schriftsteller.» Der Dichter hat den Dichter erkannt. Lesskow fühlte sich in seiner einsamen Stellung zwischen den Fronten zu Tolstoj hingezogen, dessen Bild in seinem Zimmer hing. Er hatte viel Verständnis für Tolstoj, dies spürt man schon aus seinem Aufsatz anläßlich Tolstojs «Kreuzersonate», war ihm aber, bei aller Sympathie, doch nicht blindlings ergeben. Er konnte es auch nicht sein, denn in der Kirchenkritik war Tolstoj von einem hölzernen Rationalismus beherrscht, der in schroffem Widerspruch zu seinen poetischen Schöpfungen stand. Tolstojs puritanischer Fanatismus konnte Lesskow auf die Dauer nicht befriedigen. Vor allem gehörte er keineswegs zu den unfruchtbaren Tolstoj-Anhängern, denn dazu war er eine viel zu eigenständige Natur.

Lesskow beschäftigte sich in seiner Dichtung fast ausschließlich mit dem christlichen Leben. Das war sein großes Thema. Das christliche Leben jedoch ist bei ihm von großem Ausmaß, sogar das Tier gehört, wie bei Franziskus, dazu. Einer kleinen Erzählung stellte er das Motto voran: «Auch die Tiere vernehmen das heilige Wort.» Nach ihm ist auch der Bär, der ebenfalls in der Arche Noah war, ein Geschöpf Gottes. Die letzte Einsicht ging dahin: «Bei uns ist nun geschehen, daß auch das Tier Christi Ruhm in der Heiligen Stille verkündet.» Die Erde ist Gottes und alle, die darauf leben, auch die Kreatur, ist von ihm gesegnet. Daraus läßt sich Lesskows Freude an dieser Welt verstehen.

Zu dieser christlichen Welt gehörten natürlich auch die Altgläubigen, gegen die man auch in Rußland nur Vorurteile hatte. Man kannte sie gar nicht richtig und bezichtigte sie lächerlicherweise sogar revolutionärer Umtriebe. Lesskow hielt es nicht für richtig, daß man immer nur von der Irrlehre der Schismatiker sprach und nicht darauf achtete, wie die Altgläubigen trotz aller Kränkungen und Unterdrückungen nicht aufhörten, ihr russisches Land zu lieben. Er kannte die Popen und kannte auch die Altgäubigen, die er absolut unvoreingenommen in seinen Erzählungen schilderte. Er hat auch hierin dichterisches Neuland betreten, und ihm ist viel später Andrej Bjely mit seiner «Silbernen Taube» gefolgt. Die Raskolniki hatten sich von der Staatskirche nach der Reform von Nikon getrennt, und hernach bedachte man sie mit dem häßlichen Namen «Sektierer», die ohne kirchliche Behörden lebten. Gewiß machten sie sich einer Sturheit schuldig, denkt man an ihre Ausführungen über das Schwören mit zwei Fingern. Aber man muß auch ihre Glaubenstreue sehen, die sie durch ihre Verbindung mit den Taten der Vorfahren an den Tag legten. Es gab unter ihnen großartige Glaubenshelden, man denke nur an die Selbstbiographie des Protopopen Awwakum, dessen Leidensbereitschaft höchste Anerkennung verdient. Der rechtgläubige Altar leidet unter der Spaltung, denn er braucht die lebendigen Kräfte der Altgläubigen. In der duftigen, sanften Erzählung «Der versiegelte Engel», die Dostojewskij im «Tagebuch eines Schriftstellers» eine «glänzend erzählte Geschichte nannte, die jedes Lob verdient», schilderte Lesskow das Leben der Altgläubigen mit sichtlicher Liebe und trug damit viel zu einem neuen Verständnis dieser geschmähten Christen bei. Er entwarf ein sympathisches Bild von ihnen, weshalb man zuletzt sagen muß:

«Wenn man euch zuhört, wird es einem wohl.» Tatsächlich ist die Geschichte der Altgläubigen die Geschichte eines beständigen Kampfes um Glaubensfreiheit. Lesskow war ihr erster Anwalt in der Literatur, wahrhaftig, kein geringes Verdienst.

In der Erzählung «Der versiegelte Engel» schrieb Lesskow auch über die Ikonenmalerei. Er hat als erster, vor Trubekkoj, auf die Ikonen aufmerksam gemacht und gegen die neuartigen Heiligenbilder Stellung genommen, die nichts anderes bedeuten, als daß diese Herrschaften von Gott fortlaufen. Von Eigenem darf der Maler einer Ikone nichts in das Bild hineinlegen. Die Ikone soll ein heiliges Antlitz darstellen und nicht etwa nur ein schönes Gesicht. Weder Bewegung noch Gemütswallung darf in den Zügen zum Ausdruck kommen. Die einzig geziemende Haltung ist feierliche Ruhe. Vor der Ikone muß das Lämpchen brennen, ansonst sie leicht zu einer ästhetischen Liebhaberei herabsinkt. Ikonenmalerei ist wirkliche Gotteskunst; die himmlische Darstellung befreit den Beschauer vom irdischen Leid. Die Ikonenmaler beteten und fasteten vor ihrer Arbeit, denn sie malten für die Ewigkeit und nicht für die Zeit. Auch hierin öffnete Lesskow eine Tür in einen unbekannten Raum und zwar zu einer Zeit, da es noch nicht Mode war, in Warenhäusern Ikonen feilzubieten. Des Dichters Leistung ist noch größer, wenn sie im Kontext zu den zur gleichen Zeit in Frankreich arbeitenden Impressionisten gestellt wird. Die französischen Künstler zauberten mit einer unerhörten Begabung eine rein innerweltliche Schönheit auf ihre Bilder und dies ohne jede Beziehung zur Transzendenz, während die Ikonen von einer überirdischen Farbenglut Zeugnis ablegten, die in ihrer Jenseitigkeit allen Leidenschaften entrückt ist.

Lesskov behandelte noch einen dritten Problemkreis: die Gerechten. Er gab eine Sammlung von Erzählungen unter diesem Titel heraus, der im ersten Moment überrascht, weil das Wort belastet ist. Unwillkürlich denkt man an die vielen von sich eingenommenen Selbstgerechten, die vergessen haben, daß der Gerechte siebenmal am Tage fällt. Lesskow schob den Mißbrauch des Wortes einfach auf die Seite und gab dem Gerechten wieder seinen ursprünglichen Sinn zurück. «Der Gerechte» ist ein großes Thema, das namentlich im Alten Testament eine Rolle spielt. Abraham rechtete mit Gott wegen der Gerechten, und der Allmächtige wäre bereit, um zehn Gerechter willen Sodom zu verschonen. In den Psalmen und auch in den Sprüchen Salomos ist viel von Gerechten die Rede, und die Bibel sagt, der Gerechte müsse viel leiden. Die Gestalt des Gerechten findet sich auch im Chassidismus, wo er in aller Stille einherschreitet und des Menschen Herz erfreut.

Im Grunde dachte Lesskow bei dem Thema des Gerechten an das christliche Menschenbild. Diese zentrale Frage bewegt auch all jene Menschen, die wissen, worum es heute geht. Das christliche Menschenbild, das im Neuen Testament besonders hell leuchtet, verdunkelte sich im Laufe der Zeit immer mehr, es wurde verzerrt und zuletzt in der Gestalt des kirchlichen Bourgeois bis zur Unkenntlichkeit verunstaltet. Lesskow bemühte sich, es erneut seinen Zeitgenossen vor die Augen zu stellen, überzeugt davon, daß es allein der Gottebenbildlichkeit entspricht. Damit hat er sich wirklich ein großes Thema gestellt, und es bedarf schon einer Anstrengung, es in seinem ganzen Umfang voll zu erfassen. In seinen Werken findet sich eine tiefsinnige Darstellung des christlichen Menschen; er ist nicht nur eine bloße Idee, wie in Unamunos schöner Erzählung «San Manuel der Gute», nein, er hat Gestalt angenommen, so daß man ihn tatsächlich sieht. Der christliche Mensch existierte zu allen Zeiten, damals wie heute flüstert ihm ein unsichtbares Wesen dauernd ein Wort ins Ohr. Er kann und darf nicht auf eine bestimmte Gestalt reduziert werden, denn ihm ist bei aller Erniedrigung eine innere Hoheit eigen. Auch der christliche Mensch ist manchmal ein schwer zu entzifferndes Rätsel und ist nur vor Gott wie ein Kristall durchsichtig. Er ist ein Wesen von höchster Mannigfaltigkeit, und es gibt keine Formel für ihn. Stets aber lebt er auf die Ewigkeit bezogen, hat Christus vor Augen und ist bemüht, seinen Lebensanweisungen entsprechend sein Dasein zu gestalten. Der Christ ist der Mensch unterwegs, der vor allen Dingen einen Gefährten braucht, und wenn er einmal von niemandem begleitet wird, weiß er, daß Gott ihn führt, mit Lesskows Worten ausgedrückt: «Die Erde gehört Gott, und alle, die darauf leben, sind gesegnet.» Die christliche Existenz wird nicht bloß von einer theoretischen Überzeugung, sondern vom lebendigen Bewußtsein getragen: «Gottes Stimme spricht auch aus den Menschen.» Nach Lesskow gehen alle einem Fest entgegen und durch die Taufe ist dem Christen schon die Eintrittskarte für das Fest gegeben. Dann fährt der Dichter fort: «Jetzt sehen wir aber, daß neben uns ein Mensch ohne Billett dorthin geht. Wir denken: Sieh den Narren an, er macht den Weg umsonst, man wird ihn nicht einlassen; wenn er kommt, werden ihn die Pförtner hinausjagen. Wie wir jedoch ankommen, sehen wir, daß ihn die Pförtner zwar davonjagen, weil er keine Eintrittskarte hat, doch der Hausherr sieht es und läßt ihn, nehme ich an, eintreten. Sagt: Macht nichts, daß er kein Billett hat, ich kenne ihn auch so; bitt' schön, tritt herein! Und er führt ihn selbst und tut ihm größere Ehre an als denen, die mit Eintrittskarten gekommen sind.»

Mit dem Gerechten hatte Lesskow eine positive Gestalt gewonnen, was für einen Dichter überaus wichtig ist, weil er damit seiner wahren Aufgabe nachkommen kann: ein Lehrer für die Menschen zu sein. Der Verfall der gegenwärtigen Literatur hängt unter anderem damit zusammen, daß die Schriftsteller keine Leitbilder mehr zu schildern fähig sind und damit auch keine Impulse mehr vermitteln. Statt dessen sind sie den negativen, dekadenten Figuren verfallen, die einen bitteren Nachgeschmack hinterlassen. Lesskows Gerechte leben aus dem Bewußtsein für die unsichtbare Wahrheit und besitzen eine Bereitschaft zum selbstlosen Handeln. Sie leben in der Stille, ohne Geräusch und Lärm und können oft mit ihrem Herzen nicht fertig werden. Sie bemühen sich, «das Unhörbare zu hören und das Unsichtbare zu schauen». Es sind Menschen, vom Verlangen erfüllt, «niemanden unglücklich zu machen», und darauf bedacht, möglichst viele gute Gefühle ins Leben mitzunehmen. Lesskow glaubte, daß derartige Männer und Frauen, mögen sie noch so abseits von den großen Triebkräften der Geschichte stehen, stärker als die anderen Geschichte machen. «Du sollst die einfachen Leute niemals verraten, sondern sie in Schutz nehmen, sie sind alle Dulder.»

Lesskows Gerechte sind in aller Einfachheit innerlich schöne Menschen. Man schließt sie begeistert in sein Herz und vergißt sie nicht so schnell, weil sie bleibende Werte übermitteln. In den Erzählungen «Der Wachtposten», «Die Kadettenanstalt» treten diese überaus liebenswerten Gerechten auf. Im Roman «Ein absterbendes Geschlecht» ist die weibliche Hauptfigur ein gerechter Mensch. Diese Frau ist von einem unermeßlichen Hochsinn und einer seelischen Schönheit erfüllt; in ihr ist der Sinn des Lebens mit überraschender Folgerichtigkeit entwickelt. Es ist eine wahre Freude, ihr Tun und Lassen zu verfolgen. Geradezu majestätisch schlicht hielt sie es immer für ihre Pflicht, das Herz zu befragen. Die Gerechten sind keine gespaltenen Menschen, die im Leeren stehen, und sind mit ihrem positiven Glauben die Gegenspieler der Nihilisten, die Rußland dem Bolschewismus auslieferten. Sie sind auch keine schwierigen Naturen, die sich selbst im Wege stehen. In aller Schlichtheit sind es wahre Menschen, und wenn sie eine Sünde begehen, so wissen sie, daß es eine Sünde war, und beschönigen sie nicht, sondern bitten Gott um Vergebung. Ein Volk lebt in seinen Gerechten, denn sie sind die Substanz und bewahren es vor der Auflösung. Wir werden die auf uns übergehende Kraft bald spüren, wenn wir uns einmal in Lesskows Gerechte vertiefen.

Sein christliches Menschenbild ist nicht vom moralistischen Urteil bestimmt. Die moralische Auffassung hat viel zur Ablehnung des echten Vorbildes beigetragen, weil sie nur immer mit erhobenem Finger droht und den fehlbaren Menschen unweigerlich verurteilt. Es war eine verhängnisvolle Fehlentwicklung, daß die moralistische Anschauung sich so stark des Christentums bemächtigen konnte, während doch aus dem Evangelium eine übermoralische Sicht leuchtet. Jesu Verhalten gegen die Ehebrecherin und seine Aussage, nach der die Dirnen und Zöllner eher ins Gottesreich eingehen als die Pharisäer, ist hierfür ein eindeutiger Beweis. Es ist schon den Zeitgenossen aufgefallen, wie natürlich Lesskow die sinnlichen Wünsche der Menschen geschildert hat. Nichts von ohnehin unangebrachter Entrüstung! Er lachte, wenn einer nach starkem Weingenuß tief schlafenden Frau ihr Gevatter und nicht ihr Mann beiwohnte, und hieß sie nach dem Erwachen nur schnell zur Beichte gehen. Dabei ist Lesskow alles andere als ein lasziver Schriftsteller, aber er kannte den überlegenen Humor und wußte auch: «Der Geist ist willig, aber das Fleisch ist schwach.»

Das christliche Menschenbild ist von der Demut gezeichnet, nicht von der Moral. Die Demut ist im Alten Rußland ganz ernst genommen worden, für Lesskow war sie die rettende Macht. Es läßt sich kaum demütig genug über die Demut sprechen. Was sollte man auch über einen demütigen Menschen sagen? «Beschimpfte man ihn, so segnete er, schlug man ihn, so neigte er sich zu Boden. Unüberwindlich war dieser Mensch in seiner Demut! Nein, nein! Eine solche Demut ertrüge selbst der Satan nicht! Er bräche seine Nägel an ihm ab, bis er schließlich seine Ohnmacht erkennen und sich vor Dem schämen würde, Der solche Demut und Liebe erschaffen hat!»

Die zweite Eigenschaft von Lesskows christlichem Menschen ist die Nächstenliebe, die er ebenso stark in den Vordergrund schiebt. Lesskow war überzeugt, «daß jeder, auch der geringste unter uns, seinem Nächsten helfen kann, wenn er ihm nur ernstlich helfen will; unser Unglück heutzutage beruht nur darauf, daß niemand etwas für seinen Nebenmenschen tun will, wenn er nicht daraus einen Vorteil für sich zieht.» Er hat über die Nächstenliebe prachtvolle Erzählungen geschrieben, die man beschämt und beglückt zugleich liest. Mit ihnen ist er dem überhandnehmenden Egoismus entgegengetreten, der in der modernen Zeit beinahe selbstverständlich geworden ist.

Wohl am schönsten zeichnet Lesskow den christlichen Menschen in seinen Legenden. Erzählungen legendären Inhaltes sind eine alte Literaturgattung. Namentlich im Mittelalter waren sie von einem hellen Glanz beschienen, während sie in der Neuzeit verblaßten, weil dem aufgeklärten Zeitbewußtsein das Organ für die gleichnishafte Betrachtung des Lebens abhandengekommen ist. Doch sind sie auch im 19. und 20. Jahrhundert nicht ganz verloren gegangen, weil der Mensch nie auf die in ihnen enthaltene Transzendenz verzichten kann. Lesskow nahm die Legenden-Tradition wieder auf, allerdings nicht im ironischen Ton wie Gottfried Keller, sondern demütig und fromm.

Damit haben bei Lesskow die Legenden eine Wiedergeburt erfahren. Im Unterschied zu Tolstoj nannte er sie nicht «Volkserzählungen», sondern bei ihrem Namen und gab ihnen auch die urtümliche Farbigkeit zurück. Er verlieh dieser unzeitgemäßen Literaturgattung einen neuen Glanz, indem er in ihnen den Heilsweg der tätigen Liebe darstellte. Er schilderte nicht fehlerlose Menschen, was unglaubwürdig wirken würde, sondern Gestalten, die durch den Schlamm der Welt hindurchgegangen, aber nicht in ihm steckengeblieben sind. Nach dem «Gaukler Pamphalon», der kaum Zeit findet, an seine Seele zu denken, sind Dirnen Sünderinnen, aber sie pflegen mit den armen Leuten großes Mitleid zu haben. Die Weltanschauung dieser merkwürdigen Menschen besteht darin: «Du bist der Schöpfer, ich Dein Geschöpf – es ist nicht meine Sache, Dich zu begreifen... Wirklich, ich fürchte Ihn nicht: ich liebe Ihn.» Eine Legende wie «Der Gast bei den Bauern» ist unübertrefflich und von christlicher Schönheit. Das Wunderbare in den Legenden sollte den modernen Leser nicht stören, es sei denn, er stolpert über seinen eigenen Schatten. Man darf Lesskow glauben: «Diese Erzählung ist keine Fabel, in müßiger Laune ersonnen vom Verfasser. Dies ist eine wahrhafte Geschichte, die sich in ferner Zeit wahrlich so zugetragen, und die in vergangenen Jahren von der Hand eines Gottesdieners und Menschenfreundes aufgezeichnet ward. Sie wurde alten Schriften entnommen und wird nun in neuer Fassung den Freunden des Friedens und der Menschenliebe dargeboten, die beleidigt sind vom unerträglichen Atem des Bruderhasses und der Rachsucht.»

In «Legendäre Charaktere» ist Lesskow dem Vorurteil entgegengetreten, in den alten Legenden seien die Frauen immer nur als Verführerinnen dargestellt worden, indem sie die Männer an ihrer erhabenen Lebensaufgabe gehindert hätten. Lesskow hat nach einer eingehenden Untersuchung diese irrige und unhaltbare Auffassung nachgewiesen, fand er doch in der Legendenwelt ergreifende Frauengestalten. Es ist ihm hoch anzurechnen, daß er das Thema der Legenden aufgenommen hat, weil die Gebildeten und auch das einfache Volk die Sprache der Legende verstehen und es bedeutsam ist, eine Literaturgattung zu pflegen, die die verschiedenen Volksgruppen miteinander verbindet.

Mit all seinen Erzählungen über die Geistlichen, die Gerechten und die Legenden vermittelt uns Lesskow eine Schilderung des alten, uns fremdartig anmutenden und doch so anheimelnden Rußland. Auch das alte Rußland mit seiner Leibeigenschaft darf man nicht in bengalischer Beleuchtung sehen, denn in ihm gab es grenzenlose Willkür und Nachlässigkeit, und es litt unter dem Joch der Tatarenherrschaft und unter dem absolutistischen Zarismus. Lesskow klagte einmal: «Bei uns in Rußland haben die Leute weder Maß noch Ziel und kennen im Guten wie im Bösen kein Einhalten.» Trotzdem muß man von Sowjetrußland weg und hin zum rechtgläubigen, ja, zum heiligen Rußland gehen, um das richtige Bild zu erlangen, das Lesskow zum Ausruf veranlaßte: «O du mein weichherziges Rußland, wie bist du schön!» Er beschwor geradezu das Alte Rußland, in dem es noch Pilger gab und sich die Menschen gegenseitig mit «Väterchen» und «Mütterchen» ansprachen. Er stellte die alte Frage von Gogol aufs neue: «Rußland, wohin strebst du?» Man müßte sich auf das Gesicht Rußlands besinnen und stets fragen: Was ist in diesem Antlitz zu lesen? Gewiß das Leiden, das eine ganz besondere Gottergebenheit zur Folge hat. Es gibt kein Leiden, das nicht von Gott kommt. Wo aber Leiden ist, da ist auch immer Bruderschaft. Die Schmerzensgloriole ergreift uns so stark am Alten Rußland. «Wenn man Lesskow liest, begreift man erst wieder, was es heißt, fromm zu sein und zu glauben; nicht aus irgendeiner bloßen Empfindung oder Überlegung heraus zu glauben, sondern einfach, weil Gott da ist», schrieb Johannes Alt. Wenn auch gegenwärtig das Antlitz Rußlands fast undeutbar geworden ist, wäre es doch verfehlt zu meinen, dieses Alte Rußland sei endgültig in den Fluten des gottlosen Bolschewismus ertrunken. Es lebt unterirdisch weiter und läßt sich aus dem Herzen nicht ausrotten, wie dies ein russischer Schriftsteller der Gegenwart bezeugt hat: «Fünfzig Jahre Kampf gegen die Religion haben nichts bewirkt, aber auch gar nichts. Wir begreifen jetzt: wir müssen uns zum Evangelium bekennen, dann werden wir die Verhältnisse ändern. Daß wir wieder an Gott glauben, das ist ein Wunder, das die uns geschenkt, die umgekommen sind.»

Lesskow hat nicht nur dichterisch den christlichen Menschen geschildert. Er selbst versuchte ihn zu leben. Er war ein gläubiger Mensch. Bei aller Reizbarkeit seines Charakters strengte er sich an, dem Evangelium nachzukommen. Immer wieder stellte er sich selbst die Frage: «Wie kommt es, daß das Gute auf der Welt nicht gedeihen und nicht von der Hand gehen will?» Die christliche Seele Lesskows spricht auch aus seinem echt christlichen Testament, diesem wirklichen Vermächtnis, in dem er auch alle Lobreden an seinem Grabe verboten hat. Von seinen Bestimmungen soll hier nur der letzte Abschnitt erwähnt werden: «Ich bitte alle um Verzeihung, die ich beleidigt, gekränkt und unfreundlich behandelt habe, und verzeihe selbst von ganzer Seele allen, die gegen mich unfreundlich waren, indem sie mich nicht liebten oder nicht überzeugt genug waren, daß meine Hinweise auf Schädliches und Übles nur im Dienste Gottes geschahen, an den ich glaube und dem im Geist und in der Wahrheit zu dienen ich mich stets bemüht habe, indem ich die Furcht vor den Menschen in mir bekämpfte und die Liebe zu ihnen im Sinne meines Herrn Jesus Christus mit Liebe immer stärker machte.»

Ein Zentrum ohne Peripherie: Margarete Susman

Im Fragment «Erinnerungen aus meinem Leben» schrieb Margarete Susman: «Im ganzen erscheint mir mein Leben heute als ein schwerer, fast zu Ende geträumter Traum, den ich selbst zu deuten nicht fähig bin.» Dieses Lebensgefühl beherrschte die betagte Frau; sie gab ihm auch mit anderen Worten in ihrer Selbstbiographie Ausdruck: «So reich und so schön das Leben war, den rechten Schlüssel dazu habe ich nie gefunden, und ich glaube, daß dieser Schlüssel überhaupt unendlich schwer zu finden ist.» Das Bewußtsein von etwas Fehlendem beherrschte sie dauernd, was sie dem Umstand zuschrieb, in jungen Jahren keinen Erzieher gehabt zu haben, der ihre Eigenart erkannt und sie durch das Chaos ihres Lebens und Denkens geleitet, es überwacht und geordnet hätte. Dies ist der große Mangel der ganzen heutigen Generation. Die jungen Leute erkennen ihn zwar kaum, obschon sie darunter leiden, und die verwirrte Pädagogik weiß ihnen keineswegs zu helfen. Wenn schon Margarete Susman selbst die Schwierigkeit, den dunklen Traum ihres Lebens zu deuten, empfunden hat, wie viel schwerer dürfte dies dann für einen außenstehenden Menschen sein, selbst wenn er mit ihr befreundet war. Es bleibt beim Eindruck von einem vorüberziehenden Fluß: man sieht wohl die Wellen, der Grund aber bleibt dem menschlichen Auge verborgen.

Wohl läßt sich sagen, was uns Margarete Susman bedeutet hat, und hierzu ist ein Wort von Georg Simmel besonders geeignet, mit dem sie jahrelang in geistiger Gemeinschaft verbunden war. In ihren allerletzten Jahren hat sie versucht, sein

Lebenswerk mit ihrer Arbeit «Die geistige Gestalt Georg Simmels» der unverdienten Vergessenheit zu entreißen. Georg Simmel hat einmal mit einer Anrede, wie sie alte Freunde von damals gebrauchten, Margarete Susman dahin charakterisiert: «Susa ist ein Zentrum ohne Peripherie.» Das Wort klingt im ersten Moment überraschend; es scheint eine der geistvollen Formulierungen des Berliner Philosophen zu sein, der davon überzeugt war: «Das Letzte, das wir erklären können, ist immer nur das Vorletzte.» Erwägt man jedoch die kluge Äußerung Simmels länger bei sich, zeugt sie von einem inneren Erfassen ihres Wesens, wie es nur aus einer nahen, jahrelangen Beziehung hervorgehen kann.

Nach Simmels Wort war Susa ein Zentrum, anders formuliert heißt das ganz schlicht: Sie besaß einen Mittelpunkt. Dies scheint heute ein abseits liegender Gedanke zu sein, und doch ist er entscheidend. Sie war ein Mensch, der gar nichts Ironisches und Spöttisches an sich hatte, alles Nihilistische lag ihr meilenweit fern. Obwohl sie mit dem modernen Denken durch und durch vertraut war, besaß sie einen Kern, eine Substanz und einen Glauben, der um die Mitte alles Daseins wußte. Aus ihm heraus dachte, fühlte und lebte sie. Keine ihrer Lebensgebärden kam aus einer Abstraktion, diente der bloß geistreichen Unterhaltung, alles floß aus dem Zentrum heraus und kehrte immer wieder zu ihm zurück. Die Fähigkeit, das Leben von innen nach außen zu verstehen, wurde in der damaligen bedrohten Zeit für die mit Margarete Susman verbundenen Menschen zu einem Erlebnis, dank dem sie erkannten: Nur wer an eine Mitte alles Daseins glaubt, kann es auch bestehen.

Margarete Susman begann als Malerin, da ihr Vater ihr das Studium an der Universität verwehrte. Wenn sie auch früh den Pinsel wieder weglegte, behielt sie doch zeitlebens ein lebhaftes Interesse für die bildende Kunst. Noch in den allerletzten Jahren besuchte sie mit großer Freude eine Chagall-

Ausstellung. Jedenfalls verrät der Anfang ihrer Laufbahn das künstlerische Element in ihrer Persönlichkeit. Es hat sich hernach vorwiegend ins Lyrische hinübergewandelt. Schon mit sechs Jahren schrieb Margarete Susman ein Gedicht. Im Jahre 1901 publizierte sie zum erstenmal Gedichte, «Mein Land», ein Band, der äußerlich dem Jugendstil entsprach, niemals aber dem Inhalt nach. Heute sind diese Gedichte eine antiquarische Seltenheit. Einige Jahre später veröffentlichte sie ihre erste Prosaarbeit, «Das Wesen der modernen deutschen Lyrik» (1910), die ihr den Besuch Stephan Georges eintrug. Unter dem Eindruck der Begegnung mit Stephan George vollzog sich in ihrer Dichtung eine Wandlung, doch lehnte sie es mit Recht entschieden ab, je seine Schülerin gewesen zu sein. Die tiefere Ursache der Änderung ihrer Poesie lag in ihrem eigenen Wesen begründet, denn oft überfiel sie mitten in einer Gesellschaft plötzlich ein Gefühl der Einsamkeit und der Trauer. Diese Schwermut hinderte sie daran, dem Dionysischen ihres Wesens nachzugeben, und aus ihr sind ihre Gedichte herausgeflossen. Margarete Susman huldigte in ihrer Lyrik nicht jener hohlen Wortspielerei, wie sie heute an der Tagesordnung ist, bei der man den Eindruck hat, so könnte man stundenlang Verse fabrizieren. Ihre Lyrik entstand weder zur Entlastung ihrer Seele noch aus dem Gefühl, das auszusprechen, was andere nur unbestimmt spüren. Margarete Susman wollte mit ihren Gedichten ihre innere Form finden.

Wie alle echte Kunst, sind ihre Gedichte eine Einheit von Inhalt und Form, bezeugen eine Vielfalt der Motive, verraten eine überlegene Beherrschung der gebundenen Rede und eine geradezu faszinierende Intensität des Geistes. Die Wesenseigentümlichkeit des lyrischen Gedichtes wird in diesen Versen durch den Tiefgang des Gedankens charakterisiert. Margarete Susmans Gedichte erheben sich durch schwere Zweifel und Anfechtungen zum religiösen Gesang, der nach

neuen Dimensionen ausschaut und sich nicht im traditionellen Rahmen bewegt. In ihrer durch Rhythmus und Klänge geprägten Lyrik erweist sie sich als eine Dichterin, deren Schöpfungen von unmittelbar menschlicher Strahlung sind. An einigen wenigen Stellen bricht ihre Lyrik auch zur Freude durch, die die Dichterin als Geschenk und nie als eine Selbstverständlichkeit empfand.
Das Gedicht «Das Letzte» aus ihrem Lyrikband «Aus sich wandelnder Zeit» (1958) gibt eine Vorstellung ihrer Kunst:

So tief und grenzenlos ins Ungewisse
Sind wir hineingestellt –
O laß mir deine Hand, daß ich es wisse:
Es ist noch Leben in der Welt!

Die Welt zersprang, die Seele ist zerspalten;
Getrennt ist, was du sprichst und was verschweigst –
Und alles Leben ist allein erhalten
Im Bogen, drin du stumm dich zu mir neigst.

Das Zentrum tritt vor allem in ihrem reichen schriftstellerischen Werk an den Tag, das sie nicht schnell niederschrieb. Sie arbeitete überaus mühsam, war mit dem Erreichten nie zufrieden, obwohl sie ihre ganze Person in ihr Werk hineinlegte. Keines ihrer Bücher ist um jener unfruchtbaren Kuriosität willen entstanden, die ein Problem behandelt, das nur einen kleinen Kreis von Eingeweihten interessiert und das mit dem, was heute in der Welt vor sich geht, gar nichts zu tun hat. Jede Publikation Margarete Susmans ist vom Zentrum aus gedacht, ist darauf bezogen und von dorther beleuchtet. Gerade deshalb ist in all diese Bücher ein Wesentliches eingegangen: sie akzentuieren ein Verständnis für die Daseinstiefe, wie man es in unserer Zeit immer weniger findet. Sie zählen denn auch zu der bedeutsamen Literatur auf

den Bücherregalen, zu der man immer wieder greift. Es ist nicht möglich, jedes Werk von Margarete Susman zu umreißen, einige Merkmale aber möchte ich unbedingt erwähnen. Sie selbst ist später von ihrem Frühwerk «Vom Sinn der Liebe» (1923) abgerückt, wohl aus der Einsicht, daß dem tiefsten Wesen der Liebe keine noch so geistvolle Reflexion gerecht zu werden vermag, weil sich deren Substanz nur dem Erleben erschließt. Wenn die Liebe nach dem Hohenlied Salomos stark ist wie der Tod, vermag sie ihn gleichwohl nicht zu überwinden, und trotzdem ist sie das einzige Erlebnis, das mit ihm den Vergleich aushält. Das schönste über Margarete Susmans Buch schrieb Gustav Landauer, indem er die «Hingebung an die Dinge des Ewigen, dies Gefühl im Denken, diese Kraft der Lyrik im Abstrakten, diese glühend und inständig im gelebten Bild ergriffene und festgehaltene kosmische Ordnung» hervorhob. Man spürt dem Buche «Vom Sinn der Liebe» an, daß Margarete Susman trotz ihres scharfen Intellektes ihrem warmfühlenden Frauendenken treu blieb. Sie hatte gar nichts von einer intellektuellen Frau an sich und glaubte auch nie, jedes Tun in ihrem Haushalt weit von sich weisen zu müssen. Mit welch herzlicher Liebe war sie ihr ganzes Leben lang ihrem einzigen Sohn zugetan! Wenn sie zu Gast war, erkundigte sie sich freimütig nach der Zubereitung der Speisen, und wenn man ihr von einem jungen Mädchen erzählte, fragte sie sogleich: «Ist sie auch schön?» Sie kokettierte nie, sondern die Beziehung war stets von einer warmen, teilnehmenden Freundschaft geprägt.
Eine erstaunliche Leistung vollbrachte sie mit dem Buch «Frauen der Romantik» (1929). Es ist kein wissenschaftliches Werk – die Gestalten sind dichterisch geschaut. Hätte Margarete Susman kein einziges Gedicht geschrieben, wäre sie um dieses Buches willen unter die Dichter zu zählen. Die Frauen der Romantiker waren die ersten Frauen auf deutschem Sprachgebiet, die nach den Heiligen und Mystikerin-

nen des Mittelalters sich ihres Frauseins bewußt geworden waren. Von den Gattinnen der Reformatoren läßt sich dies schwerlich sagen, führten sie doch mehr oder weniger ein Schattendasein. Die Romantikerinnen dagegen waren von einem komplizierten, delikaten Seelengefüge, manchmal damals schon von der «Verwirrung der Gefühle» heimgesucht und dabei doch erfüllt von einer geheimen Sehnsucht nach einem tieferen Leben. Sie waren tatsächlich die Vorläuferinnen des modernen Frauenlebens. Margarete Susman ging dem Schicksal von Caroline, Dorothea, Bettina usw. mit feinem Spürsinn und verstehender Liebe nach, indem sie sich tief in die verschiedenartigsten Gestalten versenkte, um ihre vielschichtigen Persönlichkeiten aus dem seelisch-geistigen Kern heraus zu verstehen. Die psychologisch höchst kultivierten Charakterstudien sind tief in den Gegenstand eingedrungen, und dabei hat sich Margarete Susman nie besserwissend über ihre Heldinnen gestellt, sondern sich schwesterlich mit ihnen verbunden gefühlt. Einzig bei Rahel von Varnhagen sagte sie in einem Gespräch: «Diese Gestalt möchte ich gerne noch einmal beschreiben, denn bei ihr wäre in religiöser Beziehung mehr herauszuholen, als ich es bei der damaligen Niederschrift vermochte.» Margarete Susman war keine romantische Frau, aber sie besaß ein feines Gespür für das romantische Lebensgefühl. Ihre Deutung braucht den Vergleich mit Ricarda Huchs Werk «Die Romantik» nicht zu scheuen, mit dem man es auch oft in Verbindung brachte, obwohl sich die beiden Frauen nie begegnet sind.

Eine noch gesteigerte Meisterschaft legte die Verfasserin im Buch «Deutung einer großen Liebe» an den Tag, das die Beziehung zwischen Goethe und Frau von Stein erhellt, und zwar im wörtlichen Sinn erhellt. Frau von Stein wurde in der Goetheforschung vielfach, oft aus unsachlicher Animosität, verkannt. Margarete Susman ist diesem nuanciertesten Verhältnis, dessen verwickelte Liebe von tragischen Schatten eingehüllt war, tief nachgegangen, ohne dabei nur im geringsten der modischen Entmythologisierungssucht oder einer bloß neugierigen Schnüffelei zu verfallen. Es ist ihr in dieser Arbeit eine glänzende Leistung gelungen, denn dieses Werk zählt zu den Kostbarkeiten der unübersehbaren Goetheliteratur. Nur eine Frau, die noch in der Goetheverehrung des letzten Jahrhunderts aufgewachsen war und gleichzeitig Frau von Stein als Frau begriff, war fähig, die beiden Seelen so tief und so verständnisvoll zu grüßen. Margarete Susman blieb nie an der Außenseite einer Figur stehen, allezeit schob sie die Oberfläche beiseite, baute die Gestalt ganz aus ihren Voraussetzungen auf und konfrontierte sie stets mit unserer Zeit, wohl wissend, daß der heutige Mensch einer anderen Wirklichkeit gegenübersteht. Diese Erhellung von innen ist die Ursache davon, daß die Frauenseelen in beiden Büchern in lebendiger Leuchtkraft sichtbar werden. Margarete Susman gab ihnen, wie weiland Odysseus den Schatten der Unterwelt, Blut zu trinken, so daß sie zu neuem Leben erwachten, ihre ursprüngliche Rede wieder fanden und uns ihr eigenstes Wort sagten. Keine einzige Gestalt ist in grobem Freskostil entworfen, sondern sie sind bis in die letzte Nuance hinein modelliert, bewegen sich in einem künstlerischen Reigen an uns vorüber und leiten uns an, die Frau endlich auch wirklich fraulich zu interpretieren.

Margarete Susman fühlte sich nie dazu berufen, zu richten und schon gar nicht zu verdammen. Jede verurteilte Figur der Geschichte ist immer eine nicht vollständig begriffene Gestalt. Sie gab weder Goethe noch Frau von Stein Recht, und ebensowenig nahm sie eine neutrale Haltung ein. Dies alles würde einer dichterischen Erfassung widersprechen. Die Deutung lag ihr am Herzen, und da gibt es nichts zu urteilen und nichts zu verurteilen. Verstehen war Margarete Susmans methodisches Anliegen, das sie meisterhaft anzuwenden verstand. Mit der Gabe des Verstehens vermochte sie sich in eine

Person einzufühlen, und zwar auf eine derart künstlerische Art, wie es wahrscheinlich nur eine Frau vermag. Diese Einfühlungsfähigkeit hat sie mehrfach unter Beweis gestellt, am erstaunlichsten in ihrem Aufsatz über den pathologischen Otto Weininger, dessen krankhafte Ausführungen über die Frau doch jede Frau empören muß. Auch Margarete Susman fühlte sich selbstverständlich von diesen undiskutierbaren Behauptungen verletzt und trotzdem wurde sie dem armen Verfasser von «Geschlecht und Charakter» wie kaum jemand anderer gerecht. Zu diesem Verstehen war sie nur befähigt, weil es ihrer innersten Anlage entsprach, und dies nicht nur in literarischen Belangen, sondern auch in ihrem persönlichen Leben. Während ihrer Frankfurter Zeit besuchte sie regelmäßig Franz Rosenzweig, der an einer schwersten Lähmungskrankheit darnieder lag, die ihn auch der Sprache beraubte. Margarete Susman saß an seinem Krankenbett und redete mit dem schwer leidenden Mann ohne Worte. «Verständigten Sie sich mit Gedärden?» fragte ich, und sie antwortete «Gebärden kamen bei dem gelähmten Mann nicht in Frage, es war ein lautloses Gespräch, wie das zuging, kann ich Ihnen nicht erklären, es war ein Verstehen jenseits aller Begriffe und Bilder.» Tatsächlich war es das Mysterium Margarete Susmans, das ein Anrecht hat, von allen Analysen verschont zu bleiben.

Mit welch feinem Spürsinn die Dichterin Probleme zu erhellen vermochte, kommt uns in ihrem Buch «Gestalten und Kreise» am deutlichsten zum Bewußtsein. In diesem Band wird ein reich befrachteter Erntewagen bei herbstlichem Sonnenschein in die Scheune eingeführt, ein wahrhaft feierlicher Moment, den man nicht unbewegten Herzens verfolgen kann. Die gesammelten Aufsätze kreisen um Probleme der Dichtung, wobei die literarischen Probleme in einem unerwarteten Licht aufflammen, weil Margarete Susman es verstand, die Dichtung mit den ihr entsprechenden Kategorien neu zu befragen. Hamlet und Goethe, Tolstoj und Dostojewskij, George und Wolfskehl und noch andere werden heraufbeschworen und erfahren tiefsinnige Interpretationen mit einem seltenen Sinn für das Tragische. Die Dichter werden nie losgelöst für sich betrachtet, sondern, in ihre Zeit hineingestellt, zeichnet Margarete Susman zugleich die Verbindungslinien mit der heutigen Situation, und damit verdichtet sich bestürzend die Vergangenheit zur lebendigen Gegenwart. Nur wenn das längst Geschehene mit dem Heutigen in eine reale Beziehung gesetzt wird, verblaßt aller verstaubte Historismus und kommt es zu einem lebendigen Gespräch zwischen den Generationen. Diese nichtakademische Historikerin, deren Bücher keineswegs überholt sind, beherrschte die Kunst der Totenbeschwörung in einem außerordentlichen Maße. Welch neuartiges Bild zeichnete sie von Strindberg, dessen Wahnsinn doch äußerste Klarheit schafft, und wie überraschend andersartig mutet Freuds Werk an, das erstmals von einem metaphysischen Gesichtspunkt aus gedeutet wird. Ein Juwel ist die Studie über Gurewitsch, den kaum jemand kannte und den entdeckt zu haben Margarete Susmans Verdienst ist. Während sonst ein Band gesammelter Aufsätze gerne wie ein Konglomerat von nicht zusammenpassenden Teilen wirkt, wird dies bei «Gestalten und Kreise» niemand sagen können. Alle diese Studien gehören innerlich zusammen, da sie Persönlichkeiten umkreisen, «die am Rande einer Epoche stehen und im Zerfall der alten Glaubensformen, die überall noch mächtig sind, ein neues Gültiges zu gestalten suchen». Die Dichterin erkannte in diesen Arbeiten, daß dem neuzeitlichen Menschen die tragenden Grundlagen des Lebens eingebrochen sind, was einem Unglück gleichkommt. Sie hatte das schärfste Empfinden für den ungeheuren Umbruch unserer Zeit, für die schauerlichen Dämonien, die die Oberhand gewonnen haben und gleichzeitig für jene unvergänglichen Mächte des Ewigen, die sie allein zu besiegen vermögen. Margarete Susman bemühte sich unablässig, den Zugang zu einer neuen Welt zu gestalten. In all ihren Arbeiten wird der Mensch nie bloß psychologisch, sondern stets auch mit den Mächten verbunden gesehen, eine Sicht, die von der Erkenntnis getragen ist; es gibt für uns späte Menschen nur ein Hindurch und kein Zurück.

Bei der Begegnung mit den geistigen Gestalten der Vergangenheit war die Dichterin immer vom Willen geleitet, die innerste Essenz dieser Menschen herauszuarbeiten. Sie bemühte sich zu bejahen und nicht zu verneinen. Wahrscheinlich ist sie hierin zu weit gegangen, indem sie beispielsweise Hegel und Kierkegaard gleicherweise verstehen wollte, während man doch zwischen den beiden Gestalten wählen muß. Stimmt man beiden Menschen im gleichen Atemzug zu, tut man Kierkegaard Unrecht, dessen Einwände gegen Hegel durchaus richtig sind und uns nötigen, von seiner Staatsvergötzung abzusehen. Der unbegrenzte Bejahungswille Margarete Susmans brachte es mit sich, daß sie kaum nein zu sagen vermochte, was aus ihrer gütigen Weiblichkeit zu erklären ist. Dieser Umstand hat sie daran gehindert, trotz reichlicher Vorarbeiten das geplante Werk über Calderón zu schreiben, was ein unersetzlicher Verlust ist. Sie glaubte, jeder Anfrage für einen Vortrag entsprechen zu müssen, was ihr stets viel Zeit und Arbeitskraft kostete. Dabei wußte Margarete Susman mit ihrem selten klugen Verstand doch genau, daß man nicht allen entsprechen kann, will man nicht in einem verderblichen Relativismus untergehen.

Aus höchster Verantwortung hervorgegangene Kritik muß sein, ohne sie kommen wir geistig nicht weiter. Bei Margarete Susman aber war es nie eine lieblose, negative Kritik. Wenn sie bei einer Gestalt um der Wahrheit willen Auswüchse ablehnen mußte, geschah es stets mit einer Vornehmheit, die ein Verzeihen in sich schloß. Nie war die Abweisung mit der geringsten Verkleinerungstendenz vebunden; die Gestalt behielt trotz dem Nein ihre unverminderte Größe und Bedeutung, wahrhaftig, eine seltene Darstellungskunst.

Margarete Susman war Dichterin, aber sie darf nicht bei den üblichen Frauenschriftstellerinnen eingereiht werden. Dazu sind ihre Arbeiten viel zu denkerisch ausgerichtet, was aus ihren Beiträgen zum Alten Testament hervorgeht.

An erster Stelle ist hier «Das Buch Hiob und das jüdische Schicksal» (1946) zu nennen, das allgemeine Beachtung fand. Diese Schrift ist durch die Gründung des Staates Israel wohl tangiert, nicht aber überholt, denn darin wird das jüdische Problem als das jüdische Leid begriffen, und das währt wohl bis zum Ende der Welt. In diesem Buch ist ihr ganzes Leben enthalten, weil sie «in Hiob die einzige Antwort in der Gewalt der Schöpfung mit ihren Gestirnen und ihren Ungeheuern, im Heraufziehen von Tag und Nacht und dann in dem verborgenen Quell der Wahrheit gefunden hatte. Ich habe in ihm damit die Frage nach dem verborgenen Gott gestellt, der auf die Fragen der Kreatur keine Antwort gibt». Margarete Susman stieg in ihrem Buch Hiob in jene seelische Tiefe hinab, in der nach dem biblischen Bericht sich der Mann aus dem Lande Uz auf dem Misthaufen mit einer Scherbe kratzte. Die Autorin ließ dem rebellischen Dokument des Alten Testamentes eine Deutung, ja eine Fortsetzung von Hiobs Rechten mit Gott zuteil werden. Sie sagte bedeutsame Worte über den Satan im Buche Hiob, erfaßte die Freunde als von außen redende Menschen, die sich nie die einfache Frage vorlegten: «Warum du und warum nicht ich?», und sah schließlich in der Gestalt Hiobs eine Spiegelung des jüdischen Schicksals. Dieses innere Verständnis erreichte sie jedoch nur, weil sie sich an das Wort Sebastian Francks gehalten hat, eines Außenseiters des Reformationszeitalters: «Wer Hiob verstehen will, werde Hiob.» Margarete Susman ist symbolisch eine weibliche Hiobgestalt geworden. Sie begriff, die Fragen Hiobs sind nicht zu beantworten, und für sie war das erregende Zwiegespräch zuletzt tatsächlich das Hiobschicksal am eigenen Leibe.

Erstaunlich ist ihre Interpretationskunst in ihrer «Deutung biblischer Gestalten» (1955). Sie vermied es, den Geist der alttestamentlichen Persönlichkeiten aufzulösen oder sich von ihren Aussagen zu distanzieren, sondern fragte stets nach ihren Lebens- und Sinnzusammenhängen. Dadurch erfaßte sie die biblische Geschichte als eine Begebenheit, die im Zeitlichen zugleich Ewiges aussagt. Sie bedrängte diese Persönlichkeiten mit den lebhaftesten Fragen und versuchte, behutsam und doch so nahe als möglich an sie heranzukommen, indem sie ihr Tun gleichsam nochmals in sich vollzog: «Sie sind tief in unser Herz gesunken und leben dort verschwiegen fort. Biblische Wahrheit, die aus weitester Ferne unser innerstes Sein bewohnt und alle unsere Entscheidungen leitet.» Von der Offenbarung des Gesetzes wird in der Mosesdarstellung dermaßen eindrücklich geredet, als würden die beiden Gesetzestafeln noch einmal vor die Augen des Lesers gestellt. Die göttliche Liebe kommt im Gedanken der stellvertretenden Sühnung zum Vorschein, von der bei Ezechiel die Rede ist, und nicht weniger in Davids strahlender Freude, die sich so stark von Sauls Schwermut abhebt, über die die Verfasserin Abgründiges aussagt. Margarete Susman hat in der «Deutung biblischer Gestalten» ihr Innerstes gegeben; es ist die Krone ihrer Werke. Ein einzigartiger Glanz ist über diesem Buch ausgebreitet, man denkt bei der Lektüre unwillkürlich an die vergeistigten Gemälde und Radierungen Rembrandts, die aus einer ähnlichen Zwiesprache mit dem Alten Bund hervorgegangen sind.

Was den beiden Arbeiten «Das Buch Hiob» und «Deutung biblischer Gestalten» ihren bleibenden Wert verleiht, besteht in einer zweifachen Errungenschaft. Ihre Ausführungen sind gleich weit entfernt von der salbungsvollen Erbaulichkeit, die den heutigen Menschen endgültig nicht mehr anspricht, wie auch von der historisch-kritischen Bibelkommentierung. Margarete Susman lehnte die wissenschaftliche Bibelarbeit nicht ab, aber nach ihrer Auffassung hat sie die ihr auferlegte Aufgabe gelöst, indem philologische Fragen des Alten Testamentes kaum neue Ergebnisse bringen. Sie ließ den erbaulichen und den kritischen Weg beiseite und ging mit einem künstlerisch-religiösen Ingenium an das Alte Testament heran, wobei sie sich über den weiten Abstand, der den heutigen Menschen von dem alttestamentlichen trennt, ebenso klar war, wie über die Entwertung der biblischen Begriffe. Doch blieb die Autorin nicht bei dieser bedauernden Feststellung stehen, sondern versuchte mit innerer Leidenschaft, wieder einen neuen Zugang zur biblischen Welt zu graben, da sie um das lebendig uns zugewandte Antlitz dieser Gestalten wußte. Für sie waren die biblischen Gestalten «immer Wirklichkeit und Symbol zugleich, sie sagen immer im Zeitlichen zugleich Ewiges aus». Nur wer von der bloßen psychologischen Deutung absieht, überwindet die Abnützung der Urworte und befindet sich auf dem Weg zu dem Sinn der Heiligen Schrift.

Die lebendige Wesenserfassung war Margarete Susman nur möglich, weil ihr Charisma von einer unermüdlichen Arbeitsamkeit unterstützt wurde. Sie begann am frühen Morgen mit der Arbeit, manchmal schon nach vier Uhr, wenn die Stadt Zürich noch in tiefem Schlafe ruhte. Sie braute sich zunächst eine Tasse starken Kaffees, setzte sich dann an ihren selten geordneten Schreibtisch und fing an zu schreiben. Am späten Abend überlas sie die Blätter und stellte dabei traurig fest, daß es noch nicht das geworden war, was sie sich gedacht hatte. Am andern Morgen begann sie deswegen von neuem – und dies wiederholte sich während vieler Tage. Keine Fassung hielt ihrem hohen Anspruch stand, immer empfand sie etwas ungenügend daran, setzte den Spaten noch tiefer und rang mit ihrer gepflegten und bildhaften Sprache so lange, bis der auszudrückende Gedanke die ihm entsprechende Form gefunden hatte. Das ist nicht etwa eine unglückliche Veranlagung oder einer mangelhaften Methode zuzuschreiben, dieweil sich nur in diesem unendlichen Schaffensprozeß die echten Geburten des Geistes vollziehen. Da man mit keiner Gestalt je zu Ende kommt, sie nie restlos durchschaut, muß man sich ihr immer wieder stellen, erst dann ersteht sie mit jener geistigen Macht vor dem Leser, die ihn zu verwandeln vermag. Dermaßen ernsthaft und streng hat Margarete Susman gearbeitet, und darum spricht keine einzige Seite ihrer Bücher bloße Selbstverständlichkeiten aus, Dinge, die andere schon längst gesagt haben, und es finden sich auch keine schwachen Abschnitte, weil jeder Satz bis ins letzte durchkomponiert ist. Alles ist neu und anders gesehen, ist taufrisch empfunden, als würde man der Gestalt oder dem Problem zum ersten Male begegnen. Man kann ihre Deutungen deswegen immer wieder lesen und wird immer wieder von der Tiefe der Betrachtungsweise überrascht sein.

Wie anders soll man diese ungewöhnliche Erscheinung interpretieren, als daß Susa eben ein Zentrum war. Das aus der Mitte hervorgehende Denken erschöpfte sich nie in einer bloß pragmatischen, historischen Schilderung. Dafür war ihr sauberes Denken viel zu stark von neuen Fragen bedrängt. Ihre vorwiegend lauschende Geschichtsschreibung verdichtete sich zuletzt zu den Umrissen einer Religionsphilosophie, die allenthalben aus der Darstellung hervorblitzt. Margarete Susmans Werke sagen zum mindesten ebensoviel über die Weltanschauung der Verfasserin, wie über die behandelte Gestalt aus. Sie hatte jegliche eindimensionale Auffassung des Lebens hinter sich gelassen und den Ursprung allen Daseins neu befragt. In ihrem philosophischen Denken ist das Geschehen stets als Wirklichkeit und Symbol zugleich erfaßt, so daß die metaphysische Verankerung immer sichtbar wird. Es ist eine Religionsphilosophie existentieller Art, die von einem geheimnisschweren Wissen um den Tod getragen ist, mit ihren Worten ausgedrückt: «Von der Unendlichkeit der Zeit aus gesehen, liegt zwischen meinem Heute und meinem Tod kaum ein Nichts. Eigentlich sterbe ich in diesem Augenblick.»

Schönheit und Wahrheit sind in Margarete Susmans Werken vereinigt; vieles ist von einer leisen Schwermut umspielt. «Ich habe die Bälle keineswegs abgelehnt, ich tanzte sogar mit Leidenschaft, aber es gab keinen Ball, an dem mich nicht plötzlich eine Stunde unbegreiflicher Ensamkeit, ja, Traurigkeit überfiel.» Das Schwermütige nahm sogar zu, als sich «das schwarze Tuch» über ihr Leben herabgesenkt hatte. Sie verstand darunter die Trennung von ihrem Gatten, der sich einer anderen Frau zugewendet hatte. Margarete Susman sprach, vornehm wie sie war, nie darüber. Einmal aber gab sie mir ein Manuskript über Katharina von Medici zu lesen. Ich gab es ihr später zurück mit den Worten: «Ich finde es gut», worauf sie erwiderte: «Ich auch» und fügte dann mit leiser Stimme hinzu: «Mein ehemaliger Mann sandte es mir zur Beurteilung» und damit war das Gespräch zu Ende. Zum «schwarzen Tuch» muß man auch das Augenleiden zählen, das Margarete Susman im Alter durchzustehen hatte. Die Netzhaut war zerrissen, was damals die Ärzte noch nicht zu heilen vermochten. Die Krankheit führte beinahe zur völligen Erblindung, was für die lesende und schreibende Frau, die ohnehin von einem harten Emigrantenschicksal betroffen war, ein fast nicht zu ertragender Schicksalsschlag bedeutete. Margarete Susman jammerte nicht, aber sie kannte die Klage im biblischen Sinn. «Das schwarze Tuch» erweckte in ihr ein deutliches Gefühl der Erwartung. Wie herrlich muß es sein, wenn es einst hochgezogen wird, eine Empfindung, die auf ihr transzendentales Lebensgefühl hinweist.

Margarete Susman war ein Zentrum – das spürte man vor allem auch in den Gesprächen mit ihr. Viele bedeutende Menschen haben sie besucht, und in diesen Unterredungen kamen stets die letzten Fragen des Seins zur Sprache, das Geistige stand allezeit im Vordergrund. Man sagte von ihrer kleinen Mansardenwohnung am Zürichberg, sie sei «ein chassidisches Stübchen», eine artige Bezeichnung, die durchaus richtig ist. Ihr Wohnzimmer wirkte beinahe wie ein heiliger Raum, dies empfanden auch Martin Buber, Wolfskehl, Scholem, Celan usw. Auch Bloch besuchte sie, vor dem jedoch schon früh Gustav Landauer warnte, der ihn «einen bezaubernden Konkurrenten Rudolf Steiners» nannte! Ganz einfache Menschen brachten dort ihre schweren Lebensprobleme vor und empfingen eine lichtvolle Wegweisung, die aus der Mitte kam. Sie bot nicht die Seelsorge eines vollamtlichen Christen oder eine psychiatrische Sprechstunde an, sondern der Mensch erfuhr eine geistliche Hilfeleistung, wie sie einst die Zaddikim den Beladenen zuteil werden ließen. Margarete Susmans Antwort glättete verwirrte Lebenssituationen und wurde zum Leitmotiv für die Bedrängten. Für diese Beratung kann man ihr nicht dankbar genug sein, und darum sei an dieser Stelle feierlich ausgesprochen: So tiefsinnig und außerordentlich, so zum Nachdenken nötigend und erschütternd ihre Bücher sind, viel schöner und edler aber war ihre Seele, war ihr Herz, ihre mitfühlende Teilnahme und ihre unendliche Güte.

Der Vergleich mit den Chassidim war angebracht, weil Margarete Susman, wie sie einst selbst sagte, «dem Volk angehört, aus dem Christus stammt». Damit ist noch ein Problemkreis berührt, den man nicht übergehen darf und kann, will man ihre Persönlichkeit würdigen. Sie gehörte zu den positiven jüdischen Denkern der Gegenwart, weil sie um jene israelitische Kraft Bescheid wußte, die aus unerträglichem Leid aufsteigend, zur unbegreiflichen Freude vorstieß. Das jüdische Problem hielt sie in Atem. Eingehend setzte sie sich mit Moses Mendelssohn, Franz Rosenzweig und Franz Kafka auseinander, wobei sie den Ruhm für sich in Anspruch nehmen darf, als erste Schriftstellerin über den damals noch ganz unbekannten Prager Dichter geschrieben zu haben. Die Formulierung «ich gehöre dem Volke an, aus dem Christus stammt» erinnerte Margarete Susman an ein schmerzliches Kindheitserlebnis, da sie sich «aus der strahlenden Welt des Christbaumes ausgestoßen fühlte und ihr noch niemand den glänzenden Kern gezeigt hatte, den die dunkle Schale des Wortes ‹Jude› birgt». In ihrem inneren Reifungsprozeß hatte sie dann jene Verbindungslinie gefunden, die vom Judentum zum Christentum führt, weil sie jetzt im Judentum das Christentum und im Christentum das Judentum empfand. Sie hat ihrem Volke, das in religiöser Hinsicht Einzigartiges und Unvergängliches hervorgebracht hat, stets die Treue gehalten und sich in keiner Stunde von ihm getrennt. Diese Treue ist um so erfreulicher, als Margarete Susman durch eine tiefe Liebe mit dem Evangelium verbunden war. Es war nur ein schmaler Gratweg, den sie in dieser Hinsicht ging, aber er war auf die Einsicht gegründet, daß jüdische Männer der Welt die Evangelien geschenkt haben, und wer das Gesetz und die Liebe trennt, der reißt den Urzusammenhang des Menschseins auseinander und rückt in Gegensatz, was im Innersten doch aufeinander angewiesen ist. Der christliche Blitz schlägt immer wieder in das urjüdische Denken Margarete Susmans ein, das alle jene Menschen spüren, die die religiöse Verantwortung für das Zusammenleben von Juden und Christen bewußt bejahen.

In der Hoffnung auf den die Welt erlösenden Messias, der nach jüdischer Auffassung kommt und nach christlicher Aussage wiederkommen wird, sind Juden und Christen geeint und zugleich getrennt. Dies ist alles andere als eine christliche Vereinnahmung Margarete Susmans, eine solche wäre ihrer in jeder Beziehung unwürdig. Seit Auschwitz haben alle christlichen Missionsversuche gegenüber dem Judentum zu unterbleiben, zumal die Kirchen nach der Kristallnacht nicht brüderlich an die Seite der brennenden Synagogen getreten sind.

Simmel sagte, Margarete Susman sei ein Zentrum ohne Peripherie. Ist mit der Bezeichnung «ohne Peripherie» gemeint, ohne Abschluß, so daß das Zentrum seine Strahlen ins Unendliche sendet? Es kann sein; diese Deutung ist durchaus möglich, doch ist es auch naheliegend, daß Simmel mit der Peripherielosigkeit die äußeren Dinge im Auge hatte, die bei Margarete Susman immer zurücktraten. Nicht im tadelnden Sinn, im Gegenteil, sie blieb sich doch bei aller erstaunlichen Verstandesschärfe immer ihres weiblichen Wesens bewußt. Dank diesem Gefühl schrieb sie auch den erhellenden Aufsatz über «Die Wandlungen der Frau». Mit dem Wort «ohne Peripherie» kann unmöglich ihre tiefe Gefühlskraft verbunden mit der ungewöhnlichen Denkfähigkeit gemeint sein. Der Urheber dieses Wortes dachte wohl an jene frühere Schüchternheit, an die eigenartige Weltfremdheit, um derentwillen Margarete Susman nie ihre äußeren Interessen wahrgenommen und nie auf ihren eigenen Vorteil geschaut hat. Der Gedanke, man könnte Geistiges zu materiellen Zwecken verwenden, blieb ihr zeitlebens fremd. «Ich nehme das Geld nicht ernst, und darum nahm es auch mich nicht ernst», sagte sie einmal und wies damit auf ihre Armut hin, die sie mit einer wirklichen Grandezza trug. Wie viele Artikel hat sie geschrieben, die man dringend von ihr wünschte, ohne daß man daran dachte, sich dafür erkenntlich zu zeigen! Dabei mußte die in bitterer Not lebende Emigrantin doch auch das tägliche Brot auf ihrem Tische haben. Es hat ihr zeitweise im buchstäblichen Sinn gefehlt, weil die Schweiz ihr wohl die Niederlassung gewährte, ihr aber jede Arbeitsbewilligung verweigerte – ein unbegreifliches, beschämendes Verhalten. Kein Wunder, daß sich bei ihr Hunger-Ödeme einstellten. Ihre Bereitschaft wurde sowohl von ihrem Verleger, der ihr statt einer Abrechnung eine Torte schickte, als auch von der religiös-sozialen Bewegung mißbraucht, die immer um Vorträge baten und nachher achselzuckend zu ihr sagten: «Wir können leider kein Honorar bezahlen!» Sie selbst hat mir dieses bittere Verhalten erzählt. Ich habe oft bei sozial eingestellten Menschen solche unsozialen Wesenszüge beobachtet, wahrhaftig, eine schmerzliche Feststellung. Frau Susman hätte dringend einiger Menschen bedurft, die schützend vor ihr gestanden wären.

Diese Erfahrungen gehören zu der fehlenden Peripherie. Es ist schön, daß Zentrum und Peripherie bei Margarete Susman in diesem und nicht im umgekehrten Verhältnis zueinander standen, denn das spricht viel mehr für sie denn alle Lobesworte. Viele Zeitgenossen leiden an einer überbetonten Peripherie und spüren nicht, daß das Zentrum in ihnen darüber unmerklich verloren geht. Das Zentrum aber ist das Entscheidende und Maßgebende – das hat Margarete Susman in all ihren Büchern und Gesprächen eindringlich betont. Wir bekennen gerne, von ihr mehr gelernt zu haben als von vielen Hochschullehrern. Sie war vorbildlich.

Mit all diesen skizzenhaften Ausführungen sind noch lange nicht alle Kreise ihres Lebens nachgezeichnet, vor allem nicht ihre Verbundenheit mit dem sozialen Problem, das sie in der richtigen Perspektive gesehen und für das sie ein ungewöhnliches Verständnis aufgebracht hat. In der bürgerlichen Lebensanschauung der Vorkriegszeiten aufgewachsen, ging in ihr durch das Erleben des Ersten Weltkrieges eine tiefgreifende Veränderung vor, die, nebenbei bemerkt, auch zum Bruch mit Simmel führte. Sie erlebte den Beginn des Ersten Weltkrieges als deutsche Patriotin und wandelte sich im Verlauf der Zeit zur Sozialistin, eine Entwicklung, die Simmel nicht begriff. Die traditionelle, nationalistische Vorstellungswelt zerbrach ihr; sie nahm die Schrecken der sozialen Not wahr, in die die Massen mehr und mehr versanken.

Fortan gehörte sie zu jenen, die nach einem Wort ihres Freundes Gustav Landauer «es nicht mehr aushalten konnten». Damals trat sie für den religiösen Sozialismus ein, und dies nicht nur theoretisch wie in ihrem Aufsatz über ein so schwer zu begreifendes Phänomen, wie der Anarchismus es ist, sondern auch praktisch, ungeachtet der gesellschaftlichen Nachteile, die ihr daraus erwuchsen. Sie gehörte keiner Partei an und hätte diesen Schritt als geistiger Mensch auch nicht vollziehen können. Ihr ausgesprochener Schönheitssinn vermochte nie ihr Verantwortungsbewußtsein gegenüber den sozialen Problemen unserer Zeit und allen politischen Vorkommnissen einzuschläfern. Ihr Gewissen war wach, unabhängig und unbestechlich, was gerade unsere jüngere Generation übernehmen sollte. Bei aller Sympathie für das russische Experiment war sie zuletzt von Stalin tief enttäuscht, weil sie nicht nur seine Äußerung «wir wurden betrogen im Priesterseminar» nach der Lektüre von Darwins «Entwicklung der Arten» primitiv empfand, sondern sie empörte sich auch über seine «unverschämte Lüge», jüdische Ärzte hätten Gorki vergiftet.

Als neunzigjährige Frau erhielt Margarete Susman vom «Leo Baeck-Institut» den Auftrag, ihre Autobiographie zu verfassen. Sie schrieb sie, ohne ein einziges Wort wiederlesen zu können, und schließlich erschien sie unter dem Titel: «Ich habe viele Leben gelebt». Margarete Susman hat diese Selbstbiographie als ein schwieriges Unternehmen empfunden, lag doch der Anfang ihres Lebens noch ganz im 19. Jahrhundert. Das junge Mädchen bewegte sich in romantischen Vorstellungen von einem Sonntag der Liebe ohne Werktag, während das Ende ihres Daseins unserer vollständig desillusionierten Welt angehörte. Trotzdem betonte sie: «Ich bin alte Schule.» Diese beiden auseinanderflatternden Enden brachte sie lange nicht zusammen. Mit zäher Willenskraft hat sie immer wieder neu mit dem Stoff ihres eigenen Lebens gerungen, bis sie ihn zuletzt doch mit dem Titel «Ich habe viele Leben gelebt» in eine geschlossene Form zusammenzufassen vermochte.

An dieser Stelle sei es erlaubt, eine kleine, beinahe komische Begebenheit zu erwähnen. Margarete Susman gab mir das maschinengeschriebene Manuskript zur kritischen Lektüre. Ich las es mit großem Interesse und sagte hierauf zu ihr: «Ich bin mit Ihrer Darstellung restlos einverstanden, einzig den Vergleich mit Ingeborg Bachmann sollten Sie streichen.» Ich begründete eingehend meine Ansicht und versuchte ihr klarzumachen, daß eine reife Frau, wie sie es sei, sich nicht mit einem jungen, zerfahrenen Wesen unserer Zeit vergleichen und sich schon gar nicht ihr unterstellen dürfe. Margarete Susman nickte und sagte: «Ich sehe es ein und werde den Passus weglassen.» Einige Monate später las ich das Buch und entdeckte, daß die Bewertung Ingeborg Bachmanns nicht nur nicht gestrichen, sondern noch breiter ausgeführt war. Ich konnte nicht umhin, bei der nächsten Begegnung zu fragen, warum sie es getan habe. «Wegen Ihnen», sagte sie, «ich mußte Sie doch überzeugen, daß die Höherbewertung der Bachmann zu Recht besteht.» Ich antwortete: «Sie haben mich nicht überzeugt, ich bleibe bei meiner Auffassung: Sie sind eine äußerst wertvolle Frau, und die Bachmann ist ein unglückliches Menschenkind.»

Vornehm und ehrlich hat Margarete Susman ihr Dasein beschrieben und hat das junge, noch überaus streng erzogene Mädchen geschildert, das die Schönheit in jeder Form intensiv liebte, wie es ihrem dichterischen Wesen entsprach. Erst später stieß sie auf das erschreckende, aber tiefsinnige Talmudwort: «Wer den Regenbogen nur um seiner Schönheit willen und nicht um der Offenbarung des göttlichen Gesetzes willen bewundert, der ist des Todes schuldig», das ihre schönheitstrunkene, ästhetische Weltempfindung mit einem Faustschlag zertrümmerte. Sie hat in ihrer Autobiographie ferner höchst aufschlußreich über ihre Freundschaften mit bedeutenden Juden und Christen berichtet und hat damit das ganze Buch auf eine ungewöhnliche Höhe gehoben. Das alles ist von höchstem Interesse, bedeutend und entscheidend an dieser Autobiographie sind nicht die äußeren Ereignisse, sondern ihre denkerische Verarbeitung der Schicksalsfragen. Sie hat ihren Ausführungen die vom Klang der Klage erfüllten Worte Hölderlins vorangestellt: «Ein Zeichen sind wir, deutungslos, schmerzlos sind wir und haben fast die Sprache in der Fremde verloren.»

Unvergeßlich bleibt, mit welcher Anmut Margarete Susman an ihrem neunzigsten Geburtstag die mannigfachen Gratulationen entgegennahm. Ihre Freunde legten ihr an diesem Tag die Festschrift «Auf gespaltenem Pfad» in die Hände. Martin Buber schrieb ihr: «Ein Leben, im Geist und doch ohne Minderung der Unmittelbarkeit gelebt, – das ist es, meine ich, dessen wir, die wir Sie kennen, Sie an diesem Ihrem Tag vor allem rühmen dürfen.» Nach ihrem Tod versuchte Hermann Levin Goldschmidt die Erinnerung an die Dichterin wachzuhalten, aber unsere Zeit ist geradezu virtuos im Vergessen großer Zeitgenossen. Die von Werner Weber herausgegebenen «Helvetischen Steckbriefe» enthalten einen Beitrag über Margarete Susman aus der Feder von Willi Goetschel.

«Susa ist ein Zentrum ohne Peripherie» sagte Simmel. Das Wort traf das Wesen dieser Frau. Was aber sagte Gertrud Simmel, seine Gattin, die unter dem Pseudonym Marie Luise Enckendorff «Über das Religiöse» schrieb, über Margarete Susman? Sie war mit ihr ebenfalls befreundet und faßte einmal ihren Eindruck in die Worte zusammen: «Wo du bist, wird alles wesentlich.» Aus dem Munde einer Frau über eine andere Frau bedeutet eine solche Aussage gewiß hohes Lob. Margarete Susman besaß die Fähigkeit, die Dinge auf die Wurzel zurückzuführen: stets drang sie zum Kern einer Sache vor.

Zum Abschluß möchte ich in einem geeigneten Bild das Gesagte kurz veranschaulichen. Zu diesem Zweck schlage ich das alte Richterbuch auf, das das brausende Deborah-Lied enthält. Deborah war Richterin, die ihr Volk zur Erhebung gegen die Unterdrücker aufrief und selbst in die Schlacht zog. Deborah wird in diesem frühesten Bestandteil des Alten Testamentes nicht nur als unerschrockene Kriegerin verherrlicht. Der Verfasser hat für die heldische Frau ein anderes Wort bereit, eine Auszeichnung, die wir im wahren Sinne des Wortes auch auf Margarete Susman anwenden dürfen: «Eine Mutter in Israel.»

Der helfende Dichter: José Orabuena

Der polnisch-englische Dichter Josef Conrad schilderte in seiner Erzählung «Die Schattenlinie» ein Menschenschicksal von starker Symbolkraft. Einem jungen Schiffsoffizier, der die gefährliche Kameradschaft mit dem Meere liebt, wird zum ersten Male das Kommando über ein großes Segelschiff übertragen. Voll seelischen Aufschwunges, wie nur der junge Mensch ihn hat, stürzt er sich in seine Aufgabe. Getragen von einer frischen Brise, fährt das Segelschiff auf hoher See dahin, und der junge Kapitän steht, bereit, sich bis zum letzten einzusetzen, auf seinem Posten. Aber die Freude ist von kurzer Dauer. Bald nach der Ausfahrt läßt der Wind nach, und das Schiff bleibt inmitten einer grandiosen Meereseinsamkeit auf der Stelle liegen. Vergeblich sind alle Anstrengungen, gegen die Windstille aufzukommen. Die Mannschaft des Schiffes wird von der Gluthitze der Sonne fast versengt und geistert, vom Tropenfieber gepackt, gleich Schatten umher. Der junge Seemann befindet sich lange, lange Zeit in einer schweigenden, versunkenen Welt voller Sterne. Stumm blickt er in die Sonne und auf das Meer, während in seiner Brust ein Sturm von Zweifeln, Ratlosigkeit und Selbstvorwürfen tobt. Das Schiff steht und steht. Es steht beinahe durch die ganze, an zauberhaftem Glanz des Irrationalen reichen Erzählung hindurch. Erst auf den letzten Seiten des vom skeptischen Enthusiasmus erfüllten Buches kommt eine neue Brise und bringt das Schiff wieder in Bewegung. Es fährt mit seiner feuergetauften Besatzung in den nächsten Hafen ein, wo der junge Kapitän als ein Mann, der gelernt hat, dem Mißge-

schick und den Irrtümern die Stirn zu bieten, das Land betritt.
Josef Conrad gestaltete in der symbolischen Erzählung mit visionärer Schaukraft das Schicksal unserer Zeit. Mit der «Schattenlinie» ist die geistesgeschichtliche Situation der neuzeitlichen Dichtung in einem großartigen Bilde eingefangen. Der Aufbruch der modernen Dichtung ist mit der wagemutigen Ausfahrt eines Schiffes zu vergleichen, das nur zu bald in eine verhängnisvolle Flaute geriet. Von einem frischen Wind getragen, fuhr die europäische Dichtung im neunzehnten Jahrhundert mit geblähten Segeln auf das stürmische Meer der abendländischen Kunst hinaus.
Denken wir einen Augenblick an die deutsche Dichtung. Was gab uns Gotthelfs «Schwarze Spinne» zu denken, wie schön kam uns «Das Meretlein» in Gottfried Kellers «Grünem Heinrich» vor, wie ergriffen waren wir vom schweren Schicksal der liebenswerten Effi Briest, und wie liebten wir Stifters «Nachsommer»! Dies alles ist unverkennbare Dichtung. Hugo von Hofmannsthals bekannter «Brief» setzte diese poetische Tradition fort. Bei Rilkes «Stundenbuch» schwankten wir, ob es wirklich religiös oder am Ende nur ästhetisch gemeint sei, und Stephan George schien uns, bei aller zur Schau getragenen hochmütigen Miene, doch über eine hohe Sprachkunst zu verfügen. Mochten diese Männer noch so verschieden sein, waren sie doch alle unzweideutig der echten Dichtung zugetan und haben unsere jugendlichen Herzen höher schlagen lassen. Zweifel stiegen in uns auf, ob Hermann Hesse mit seinem neuen Gott Abraxas und seinem «Steppenwolf» nicht einfach das Chaos vergrößern wolle, und ob Thomas Manns Ironie als Stilmittel dem biblischen Thema seines Josef-Romans überhaupt gerecht werden könne.
Die gleiche Freude an wirklicher Dichtung erlebten wir in Frankreich, wenn Namen wie Alfred de Vigny und Gustave

Flaubert genannt wurden. Wie haben uns die Verse von Charles Péguy und Charles Baudelaire beglückt und mit welcher Hingabe lasen wir François Jammes! Georges Bernanos' «Tagebuch eines Landpfarrers» blieb unerschöpflich und nicht zu vergessen Julien Greens dunkle Romane und helle Tagebücher. Diese wenigen Namen sind hier nur stellvertretend für viele erwähnt.

Die russische Dichtung des vergangenen Jahrhunderts hat dem Leser das Blut in die Wangen getrieben. Ganze Nächte lang habe ich fieberhaft diese Bücher verschlungen, die den Namen «metaphysische Literatur» verdienen. Ich las sie nicht zur Unterhaltung, sondern sie wurde mir zum Erlebnis. Mit ihren «Fragen vom anderen Ufer» überschreitet sie die bloß literarische Grenze; sie ist ihrem Wesen nach mehr als Literatur, indem sie immer wieder auf die ewigen Fragen hinweist. Ein einziges Beispiel nur sei erwähnt: der intellektualistisch eingestellte Rodion Raskolnikoff fragte zynisch die arme Dirne Sonja:

«So betest du denn wohl sehr zu Gott, Sonja?»

Sonja schwieg, er stand neben ihr und wartete auf die Antwort.

«Was wäre ich denn ohne Gott?» flüsterte sie dann schnell, energisch, nachdem sie ihn flüchtig mit plötzlich aufblitzendem Blick gestreift hatte, und ihre Hand griff nach seiner Hand zu einem starken kurzen Druck.

«Da haben wir's!» dachte er bei sich.

«Und was tut Gott dafür für dich?» fragte er, um sie weiter auszuforschen.

Sonja schwieg lange, als könnte sie nicht antworten.

«Schweigen Sie! Fragen Sie nicht! Sie sind es nicht wert...», stieß sie plötzlich hervor und sah ihn streng und zornig an.

«Das ist es! Das ist es!» wiederholte er für sich beharrlich.

«Alles tut er!» flüsterte sie schnell und schlug wieder die Augen nieder.

Das ist in einer kurzen Szene die Antwort der russischen Dichtung auf das oft unflätige Getue der russischen Intelligenz.

Ich könnte weiterfahren und die englische oder die skandinavische Literatur aufzählen, immer aber müsste ich das gleiche Lied anstimmen: Das war noch Dichtung, in der wirklich die Götter die Menschen auf Erden besuchten. Es war echte Kunst, die jenen Fixsternen am Himmel glich, an denen man sich orientiert. «Dichtung ist der Treffpunkt zweier Seelen», schrieb Charles Du Bos; Dichtung bedeutet ein Fest der Herzen und kündet die Wahrheit. In ihr ist die Schönheit dem Licht verwandt und sie vermag den Menschen zu wandeln. Alles kann in der Dichtung gesagt werden, sofern sich ein Himmel darüber wölbt. Gewiß ist der Dichter ein Kind dieser Welt, aber sein Wort ist doch ein Widerhall des ewigen Wortes. Die große Kunst ist nicht einfach ein Abklatsch der Wirklichkeit und ihr Blick gilt nicht den Hinterhöfen. Das menschliche Dasein ist niemals mit der Häßlichkeit identisch, sondern die Dichtung lehrt uns, die Dinge mit den Augen der Poesie zu betrachten. Dichtung zeugt von Vollendung, und diese entzückt, ein Erlebnis, ohne das ich mir meine jungen Jahre einfach nicht vorstellen kann. Diese Literatur weckt etwas Unaussprechliches im Menschen, jedenfalls lehrt sie ihn, das niedrige Dasein bei Bier und Rauch zu verachten und nach Höherem und Höchstem zu trachten.

Und heute, ja, was ist heute los? Das Segelschiff ist plötzlich in eine Flaute geraten, es steht still und bewegt sich nicht von der Stelle. Ohne Bild gesprochen: was die heutigen Schriftsteller – Ausnahmen bestätigen die Regel – schreiben, hat mit Dichtung kaum noch etwas zu tun. Man tritt mit diesem harten Urteil den schreibenden Zeitgenossen keineswegs zu nahe, denn sie selber wollen gar nichts mehr mit den Musen zu tun haben. Die verwilderten Gesellen begehren nur zu provozieren, einander an Absurditäten zu übertreffen. Den

Schriftstellern der Gegenwart ist es vor allem um Zeitkritik zu tun, sie wollen entlarven und enthüllen, und unflätig prangern sie die bestehenden Zustände an. Mit ihrer abgeschmackten Zeitdienerei erinnern sie unwillkürlich an die Szene bei Shakespeare, in der Polonius fragt: «Was lest Ihr, mein Prinz?», und Hamlet antwortet: «Worte, Worte, Worte», das heißt, es ist alles ein bloßes Wortgeräusch. Hierher gehört noch eine weitere Aussage Shakespeares: «Wort ohne Sinn nicht zum Himmel dringt.» Es ist das eingetreten, was Walter Muschg «die Zerstörung der deutschen Literatur» genannt hat. Schon Sören Kierkegaard schrieb in sein Tagebuch: «Mit der modernen Literatur geht es mir sonderbar. Ich lese und lese und bleibe gleich klug oder dumm. Da ist Getöse genug; aber in bezug auf das, was mich eigentlich beschäftigt, bekomme ich nichts zu wissen.» Kierkegaard schrieb dies vor mehr als hundertfünfzig Jahren, und heute ist es ebenso wie damals.

Diesem groben Unfug huldigt auch die moderne Malerei, die sich oft in künstlichen Konstruktionen gefällt, von denen niemand weiß, was sie bedeuten sollen. Zu oft verläßt man eine moderne Kunstausstellung in deprimierter Stimmung. Wie liegen die Dinge in der modernen Musik? Mir scheint, Schattenlinie ist überall festzustellen. Es ist, als sei die Dichtung erloschen und wir müßten jetzt von «der Sterblichkeit der Musen» reden. Natürlich könnte man einwenden, wir stünden jetzt in einer Übergangszeit, in der das Alte dahingesunken und das Neue noch nicht gefunden ist. Es ist ehrlicher, statt von solchen Beschönigungsversuchen eher von einer Verfallszeit zu reden, die nur den einen Namen verdient: Dekadenz. Sie breitet sich auf alle Gebiete aus, und ihr Ende ist noch nicht abzusehen. Das ist nicht als Anklage gesagt, sondern aus Trauer und Schmerz und mit der sehnsüchtigen Prophetenfrage auf den Lippen: «Wächter, ist die Nacht bald hin?»

Doch geht es nicht darum, den Klageliedern Jeremias noch einen weiteren Vers hinzuzufügen. Bloßer Jammer hilft nicht weiter. Das Thema lautet «Der helfende Dichter», ein Titel, der aus Wilhelm Hausensteins Tagebüchern «Licht unter dem Horizont» stammt. Dem verdienstvollen Kunsthistoriker war während der Hitlerzeit ein Schreibverbot auferlegt worden und da dachte er, für sich einen Essay über diese Thematik zu schreiben, doch die Umstände ließen ihn sein Vorhaben nicht ausführen. Nun sei seine Formulierung aufgegriffen, um damit einen positiven Beitrag zu leisten in der Richtung von Hofmannsthals Vortrag «Der Dichter und diese Zeit». Menschen, die Abbruchgeschäfte besorgen, die es lieben, niederzureißen und zu zerstören, haben wir genug und übergenug. Es war im verheuchelten neunzehnten Jahrhundert eine Tat, als Ibsen an den «Stützen der Gesellschaft» rüttelte, aber im heutigen Trümmerfeld noch Unterwühlarbeit zu leisten, grenzt an Verantwortungslosigkeit. Die gegenwärtige Aufgabe besteht darin, den verunsicherten Menschen von heute einen neuen Halt zu vermitteln, wozu sich eine Besinnung auf die große Dichtung durchaus eignet.

Vor einiger Zeit fragte mich in einem Kloster ein dreiundneunzigjähriger Pater: «Wissen Sie, womit ich mich gegenwärtig beschäftigte?» Ich wußte es nicht, und er antwortete: «Ich entdecke das Judentum.» Ich dachte, es sei höchste Zeit dazu, doch besser spät als gar nicht. Was der Benediktiner so freimütig gestand, gilt für viele Menschen: sie kennen das geistige Judentum überhaupt nicht und huldigen, gerade wegen dieser Unkenntnis, einem unterschwelligen Antisemitismus, der, tritt man ihm nicht entgegen, zuletzt unweigerlich zu Pogromen führt. Hinzu kommt, daß nach dem Zweiten Weltkrieg nur entwurzelte Juden, wie Adorno, Bloch, Marcuse, Deutschlands Jugend verwirrten, während die religiösen Juden, wie Leo Baeck, Martin Buber, Ernst Simon, Margarete Susman, wenig Beachtung fanden. Es geht bei der Be-

schäftigung mit dem Judentum nicht um eine Bekehrung dieses Volkes, ein solcher Gedanke wäre abwegig, sondern darum, den Wurzelgrund unserer eigenen Religion tiefer zu verstehen, denn das Christentum ist aus dem Judentum entstanden und darf nicht von seiner Grundlage abgelöst werden. Schon das Alte Testament ist eine machtvolle Landschaft, mit deren Durchwanderung man nie zu Ende kommt; nicht umsonst bildet es zusammen mit dem Neuen Testament die Bibel. Auch das nachbiblische Judentum weist einen geistig großen Reichtum auf. Es ist vor allem auf die tiefsinnige Kabbala hinzuweisen, die Gershom Scholem in seinem Werk «Die jüdische Mystik» erstmals sinnvoll dargestellt hat. Welche Führungskraft besitzt die jüdische Philosophie des Moses ben Maimon sowie die des verlorenen Sohnes Israels Baruch Spinoza! Ebenso war der Chassidismus eine ganz herrliche Bewegung. Martin Buber hat uns die «Erzählungen der Chassidim» vermittelt, die ich zu einem der wertbeständigsten Bücher des 20. Jahrhunderts zähle. Ein geisteskranker Verbrecher hat im Zweiten Weltkrieg dieses ganze Ostjudentum bis auf den letzten Rest brutal ausgerottet und hat damit einen nicht wieder gutzumachenden Schaden, ein Unglück sondergleichen angerichtet.
Bei der jüdischen Dichtung ist eine dreifache Unterscheidung angebracht. Es gibt einmal das Schrifttum der assimilierten Juden, zu denen ich Jakob Wassermann, Josef Roth, Stefan Zweig, Alfred Döblin, Franz Werfel, Kurt Guggenheim, Max Brod und Franz Kafka zähle, das sich in nichts vom westlichen Schrifttum unterscheidet, wobei ich bei Kafka durchaus der Meinung bin, daß er positiv und nicht im nihilistischen Sinn zu interpretieren ist. Natürlich sind sie von verschiedenem Rang, aber sie beweisen insgesamt den großen Anteil des Judentums am europäischen Geistesleben. Dann existiert ein anderes jüdisches Schrifttum, dem beispielsweise Richard Beer-Hofmann, Ludwig Strauß, Nelly Sachs ange-

hören, bei denen die jüdische Spiritualität immer wieder durchblitzt, wennschon sie im Zeichen des abnehmenden Mondes steht. Obwohl ihre jüdische Heimat immer wieder von westlichen Einflüssen durchkreuzt wird, bringe ich ihren Werken Respekt und Liebe entgegen. Schließlich gibt es die dritte Gruppe von Dichtern, die ganz bewußt im jüdischen Erdreich verwurzelt blieben. Das Ostjudentum, das oft vom Westjudentum ganz zu Unrecht geringgeachtet wurde, war ihm an religiöser Substanz turmhoch überlegen. Was man auch gegen das Ostjudentum geltend machen will, sei es Rückständigkeit oder primitives Niveau, es kommt gegenüber seiner Glaubenskraft und seiner Leidensfähigkeit gar nicht auf. Dies kam auch Alfred Döblin in seiner «Reise in Polen» klar zum Bewußtsein. An der Spitze der ostjüdischen Dichtung schreitet voll innerer Würde Scholem-Alejchem mit seinem Werk «Tewje, der Milchmann», dem alle Töchter mit fremden Männern davonlaufen und der trotz dieser traurigen Lebenserfahrungen unvermindert an seinem Gottvertrauen festhält, wodurch der Roman zu einer fühlbaren Hilfe wird. Ganz dem urjüdischen Lebensgefühl gehört auch die wenig bekannte Erzählung von Jehuda Burla «In den Sternen geschrieben» an. Aus dem Werk von S.J. Agnon sei nur «Eine einfache Geschichte» herausgegriffen, die, nebenbei bemerkt, alles andere als einfach ist. Weiter ist Schalom Asch «Der Trost des Volkes» zu nennen, dessen Geschehnisse völlig in die alte, jüdische Atmosphäre eingetaucht sind. Schließlich gehört auch Isaac Singers «Jakob der Knecht» dazu, dessen Held trotz aller grausamen Erlebnisse eine bewundernswerte Glaubenstreue beweist. Freilich ist Isaac Singer in seinen späteren Werken, wie auch Chaim Potok, einem Amerikanismus verfallen.

Damit sind nicht von entfernt alle ostjüdischen Dichter genannt. Statt sie alle aufzuzählen, möchte ich nur auf einen Dichter ausführlicher eingehen, damit das Bild anschaulich

wird. Er heißt: José Orabuena. Der Name ist wahrscheinlich den meisten Lesern unbekannt. Gerade deswegen betritt man mit der Lektüre seiner Werke Neuland, was ein glückhaftes Gefühl auslöst und insgeheim bereichert.
Dank einer jahrzehntelangen engen Freundschaft mit José Orabuena kommen meine Ausführungen einem persönlichen Zeugnis gleich. Mögen andere Menschen den Dichter anders erlebt haben, ich habe viele Interessen mit ihm geteilt und habe ihn dementsprechend erfahren und gekannt. Im letzten Jahrzehnt des vergangenen Jahrhunderts wurde José Orabuena in Berlin geboren, lernte als deutscher Soldat im Ersten Weltkrieg in Litauen das Ostjudentum kennen, das ihm einen unauslöschlichen Eindruck machte, lebte hernach etliche Jahre in Dänemark und England im Exil und ließ sich nach dem Ende des Zweiten Weltkrieges im Tessin nieder, wo er in Einsamkeit ein ganz zurückgezogenes Dasein führte. Nur ganz ausnahmsweise meldete er sich in der Öffentlichkeit, und noch viel weniger war er je um Schlagzeilen in der Presse besorgt. Im Februar 1978 starb er nach einer langen, überaus schweren Leidenszeit, die er klaglos und in stummer Ergebenheit ertrug. Er war scheu und ängstlich, ein Mensch von großer Zurückhaltung, der sich schwer anschloß und sich noch schwerer öffnete. Der gehbehinderte Mann war ungemein belesen und hochgebildet; in aller Armut war er eine vornehme Erscheinung. Für ihn gab es keine Trennung von Leben und Werk, denn was im Leben falsch ist, das kann auch in der Kunst nicht wahr sein.
José Orabuena hat sein Leben in einer gehaltvollen, überaus lesenswerten Autobiographie geschildert. Selbstbiographien schreiben ist gegenwärtig eine Modesache geworden; Schauspieler und gestürzte Politiker fühlen sich bemüßigt, ihr Leben zu erzählen und sich selbst zu rechtfertigen. Ganz anders verhält es sich bei José Orabuenas Autobiographie. Er gab ihr den Titel «Im Tale Josaphat» (1964), in dem nach einem

alttestamentlichen Wort das Weltgericht stattfindet. Unter dieses Gerichtswort hat er seinen Lebensbericht gestellt, der deswegen in einem gedämpften Ton verfaßt ist. Autobiographien haben ihre Tücken – wenige Verfasser sind ihnen entgangen. José Orabuena erzählt nicht einfach allerlei mehr oder weniger interessante Erlebnisse – solche haben alle Menschen erfahren –, noch weniger wollte er die Neugierde der Leser befriedigen. Seine Lebensrechenschaft umfaßt drei Teile: «Wie ich schreiben lernte, wie ich glauben lernte und wie ich versuche, sterben zu lernen.» Damit ist das Buch «Im Tale Josaphat» in eine höhere Verantwortung gehoben und ist damit dem Leser eine Hilfe auf seinem Weg. Der Titel «Der helfende Dichter» ist in der Sache begründet. «Im Tale Josaphat» ist aus einem verantwortungsbewußten Wahrheitsgefühl geschrieben, schildert aber nicht alle Begebenheiten seines Lebens. Seine Selbstdarstellung bedürfte der Ergänzung, weil seine letzten vierzehn Jahre bei der Veröffentlichung noch vor ihm lagen.

José Orabuena beschreibt in seiner Autobiographie eine Szene von besonderem Wert. Schon in jungen Jahren las er leidenschaftlich gerne, las täglich während mehrerer Stunden, und später benutzte er auch noch die Nacht dafür. Eines Tages stieß er auf Jens Peter Jacobsens Novelle «Mogens», nach deren Lektüre in ihm der leidenschaftliche Wunsch erwachte, «ebenfalls ein Erzähler zu werden». Es mag ein jünglingshafter Entschluß gewesen sein, nahm aber in seinem Innern eine feste Form an. Seine Eltern erschraken über seine bestimmte Willensäußerung dermaßen, daß sie ihn krank wähnten und ihn kurzerhand in eine Irrenanstalt einlieferten, was bei dem jungen Mann eine seelische Erschütterung auslöste, von der er sich nur schwer erholte. Trotz dieses betrüblichen Anfanges hat er an seinem Entschluß festgehalten, mochte er ihn in noch so peinliche finanzielle Nöte versetzen. Er ist standhaft geblieben und ist nie in einen bequemen, einträglichen Beruf

ausgewichen. José Orabuena ist Dichter bis zum letzten Atemzug geblieben. Schreiben bedeutete ihm Atmen, und ihm schien das Sinnbildhafte allein der Dichtung würdig. Nie gab er sich mit gewöhnlichen Dingen ab, sprach nie von Klatsch, sondern sein Denken kreiste stets um die großen Dichter, von denen er zu lernen versuchte. Er selbst war nie bloß Schriftsteller, nein, stets Dichter, und als solcher hat er Zeugnis abgelegt von den schweren Opfern, mit denen in der heutigen schnellebigen Zeit eine echte Dichterexistenz erkauft werden muß. Dichtung war für ihn eine Form des Lebens, das dem Schönheitssinn verpflichtet ist und zugleich versucht, zum Grund aller Dinge vorzudringen. Sie bedeutete für José Orabuena Ablehnung aller Tendenz und war für ihn eine de profundis aufsteigende Lobpreisung Gottes.
Sein Schaffen läßt sich in zwei Perioden einteilen. Die erste Phase umfaßt seine Frühwerke, die er unter seinem ursprünglichen Namen Hans Sochaczewer publizierte. Alle diese Werke sind von den Nationalsozialisten verbrannt worden. Er nannte sein erstes Buch «Die Grenze» (1922), worin er sich sein schwerstes Jugenderlebnis, das Irrenhaus, von der Seele schrieb. Die Atmosphäre des schmalen Bandes ist kaum zu ertragen. Das zweite Buch erschien 1927 unter dem Titel «Sonntag und Montag». José Orabuena schilderte darin die bedrohte Lage der ostjüdischen Arbeiter in Berlin. Das Buch kam gleichzeitig mit Döblins «Alexanderplatz» heraus, von dem es überschattet wurde, ob zu Recht oder Unrecht, sei jetzt dahingestellt. Es folgte «Menschen nach dem Krieg» (1929), ein Roman, der die seelische Verworrenheit der aus dem Ersten Weltkrieg heimkehrenden deutschen Männer beschrieb. Wenn doch nur dieses Problem aufgenommen und ernsthaft geklärt worden wäre, wahrscheinlich wäre dann das deutsche Volk nicht vom nationalsozialistischen Bazillus infiziert worden. «Menschen nach dem Krieg» blieb ohne Echo. Nicht unerwähnt bleiben darf

«Das Liebespaar» (1928), eine duftige Liebesgeschichte, obschon es ein Ehebruchsroman ist. Der Ausgang zeigt jedoch eindeutig, daß es unmöglich ist, auf dem Unglück eines Menschen ein neues Glück aufzubauen und somit dieser Weg nicht dahin führt, wo man gerne hinkommen möchte.
Alle diese Werke aus der ersten Phase lehnte José Orabuena später als bloße Unterhaltungsliteratur schroff ab, weil ihr Inhalt an eine Erde gebunden sei, «die nicht von Gott erschaffen schien, sondern von einem liberalen und gutwilligen, doch ahnungslosen Menschen». Er schrieb: «Es gibt kaum eine Seite, auf der ich mich noch wiedererkenne.» Das Urteil stammt aus einer überscharfen Selbstkritik, die José Orabuena in starkem Maße eigen war, was gewiß angenehmer ist als das überhöhte Selbstbewußtsein vieler Schriftsteller. Die Bücher der ersten Phase sind durchaus schätzenswert, dokumentieren sie doch die Entwicklung des Dichters. Der dichterische Wert der damaligen Werke geht auch aus der Anerkennung Hans Carossas hervor, der nach der Lektüre der reizenden Novelle «Henri Rousseau» schrieb: «Das kleine Buch ist mir sehr nahe gegangen, und dies liegt wohl an der ganz schmucklosen, ganz unsentimentalen Art der Darstellung, und eben lese ich's zum zweitenmal. Welchen Trotz, welche Ermutigung bedeutet es auch für unsereinen, daß ein äußerlich so eingeschränktes, ja dürftiges Leben so unendlich reich und glücklich sein kann! Ich habe das Buch auch meinem alten Freund Alfred Kubin, der in der Nähe wohnt, mitgebracht, und auch er hat es mit großem Vergnügen gelesen.»
Die zweite Phase umfaßt die Werke, die der Dichter unter dem in England angenommenen Namen José Orabuena verfaßte. Wie soll man diesen Namen interpretieren? Heißt er «Gute Stunde» oder «Gut beten»? Jedenfalls nötigt dieser symbolträchtige Name zum Hinhören. Die Bücher der zweiten Phase prädestinieren ihn zum helfenden Dichter.

An oberster Stelle leuchtet der Roman «Groß ist deine Treue». Der Verfasser hat ihn selbst als sein Hauptwerk empfunden. Als junger Soldat war er in Wilna und empfing dort zunächst ihm fremde, doch auch wieder anziehende, jedenfalls aber bleibende Eindrücke. Sie verfolgten ihn jahrelang in seinen Träumen. Er beschrieb die Stadt Wilna, von den Ostjuden «das litauische Jerusalem» genannt, weil in ihr ob dem Bibel- und Talmud-Studium alles andere vernachlässigt wurde. Ein Jude sagte mir einmal, er kenne Wilna auch, aber diese Stadt sehe gar nicht so aus, wie José Orabuena sie schildere. Mag sein, aber der Tadler sah leider nur das empirische Wilna und nicht die dichterisch geschaute Stadt, die heute ohnehin durch die Russifizierung ein ganz anderes Aussehen hat. Im ganzen Buch kommt keine einzige christliche Gestalt vor, es wird nur das Leben der jüdischen Menschen geschildert. José Orabuena idealisierte keineswegs das litauische Jerusalem. Wie überall herrschen auch unter Juden Eifersucht und Zwietracht. Obwohl diese Menschen, äußerlich gesehen, in einer schmutzigen Umgebung lebten, leben mußten, sind sie von einer überaus wohltuenden Gläubigkeit erfüllt, die sich auf den Leser überträgt. José Orabuena hat das Leben in Wilna nicht photographiert, sondern poetisch erfaßt. Das Buch vermittelt den Christen eine Vorstellung von dem, was wirkliches Judentum ist, und ich glaube, sie werden dadurch vom Aussatz des Antisemitismus geheilt, sofern dieser ihnen anhaftet. Der Dichter schrieb dieses Buch im dänischen Exil, arbeitete daran vier Jahre lang, während damals in Deutschland die wildeste Judenhetze sich austobte und mit dem Verbrechen in Auschwitz endete. José Orabuena erwähnt dies alles mit keinem Wort, auch fehlt jede Polemik, doch damit bewies er seine hohe dichterische Qualität und erteilte die überlegene Antwort auf das Zerrbild, das damals vom Judentum gezeichnet wurde. Bedeutsamerweise bringt im Roman eine Figur der Mitte alles lautlos und in Liebe in Bewegung. Von diesem Würdigen geht eine kraftvolle Ausstrahlung aus. «Groß ist deine Treue» entstand nicht aus einem Willensentschluß, es war ein Geschenk von oben und wurde dem Dichter anvertraut. Es ist hohe Kunst, und darum zählt dieses Werk auch zu den wertbeständigsten Büchern. José Orabuena hat mit diesem Buch dem Ostjudentum das schönste Denkmal gesetzt, das zu dessen Unsterblichkeit beiträgt. Es ist von jener verwandten Poesie überglänzt, die in Marc Chagalls ostjüdischen Bildern fasziniert. Ein «echter Israelit, in dem kein Trug ist», wird, sofern er sachlich und ohne Affekt urteilt, mit Adam sagen müssen: «Dies ist nun endlich Gebein von meinem Gebein und Fleisch von meinem Fleische.»

Dem Werk gab er später eine Fortsetzung unter dem Titel «Ebenbild – Spiegelbild», das in der Form einer fiktiven Autobiographie verfaßt ist. In Literaturlexiken liest man, diese Erzählung sei seine eigene Lebensgeschichte, was völlig falsch ist. José Orabuena berichtet von der Jugend seines Helden, der in der ersten Hälfte des 19. Jahrhunderts in Spanien gelebt habe, während der Dichter selbst nie spanischen Boden betreten hat. Der Roman erinnert an Stifters «Nachsommer» und an Manzonis «Verlobte», er ist vom gleichen Rang wie sie, dasselbe ausgewogene Fluidum durchlichtet sie. Es ist das poetische Daseinsgefühl, das im Leser tagelang nachklingt. Das umfangreiche Werk verlangt nach anspruchsvollen Lesern, denen die Lektüre zum inneren Erlebnis wird. Nach des Dichters Worten ist «Ebenbild und Spiegelbild Sinn und Wirklichkeit unseres Lebens und der Welt. Wir wurden geschaffen und sind gemeint als ein Ebenbild Gottes, unser Verhalten aber gleicht eher dem Spiegelbild, in welchem wir uns nicht zwar verzerrt, doch verwandelt sehen.» In diesem Buch gibt es Abschnitte, die José Orabuena nicht vorzulesen vermochte, ohne daß ihm dabei die Tränen kamen. Seine Ausführungen sind wirklich «Spiegelbilder des ewigen Göttlichen». Dieser Roman ist eine feinsinnige Seelengeschichte von helfender Kraft. Es ist wunderbar, daß in unserer nach außen gerichteten Welt ein dermaßen innerliches Buch geschrieben werden konnte, und ebenso unbegreiflich ist es, daß literarisch interessierte Kreise von seiner Existenz kaum Kenntnis nehmen.

Von den späteren Werken verdient der Roman «Auch Gram verzaubert» hervorgehoben zu werden. Schon der Titel ist ein Fund. Einer ganz schlichten italienischen Familie werden die schwersten Lebensprobleme auferlegt, aber sie bricht unter dem Gewicht nicht zusammen. Warum nicht? Sie erfährt, daß Kummer nicht zwangsläufig einen Menschen zermürben muß, sofern man bereit ist, das Schwere anzunehmen. Dies wird ohne religiöse Worte erzählt, und dabei ist das ganze Buch bis zum Rand von einer wortlosen Christlichkeit angefüllt. Man könnte gegen José Orabuena einwenden, es fehle in seinen Werken der Humor. Tatsächlich bringt er den Leser nicht zum Lachen, obwohl er öfters äußerst humoristische Zeichnungen entwarf. Trotzdem, wer seine Romane liest, wird eine nicht in Worte zu fassende Verzauberung an sich erleben. Von welchen andern Büchern geht diese Erfahrung aus?

«Das Urlicht», sein letztes Werk, schrieb der Verfasser als achtzigjähriger Mann. Diese Rahmenerzählung wird durch ein äußeres Geschehen zusammengehalten, während die einzelnen Geschichten ganz unabhängig voneinander gelesen werden können. Der Autor hat die Erzählung «Die Majestät» in den letzten Monaten seines Lebens verfaßt. Er spricht darin vom Tod, mit dem er sich unablässig beschäftigt hat, nicht etwa aus Furcht, sondern aus Ehrfurcht vor dem Geheimnis. Die einzelnen Novellen sind in der Form von Legenden geschrieben, eine Kunst, die man in der Neuzeit immer weniger verwendet, der aber auch Lesskow, Lagerlöf usw. huldigten. Der beinahe archaische Stil verlangt eine langsame Lektüre; der Einstieg ist vielleicht nicht ganz leicht, zudem immer wieder der urjüdische Blitz in das der Kirche des Heiligen Geistes verpflichtete Buch einschlägt. Wer sich aber in das «Urlicht» vertieft, empfängt aus ihm einen beglückenden Trost. Es gibt Menschen, denen das Buch geholfen hat, schwerste Zeiten zu bestehen. Das Wort «Urlicht» ist ein anderes Wort für «Gott», und nur Gott verleiht den Menschen die Kraft, standzuhalten und nicht zu verzagen.

Noch ein kurzes Wort über den aus José Orabuenas Nachlaß herausgegebenen Roman «Tragische Furcht». Es ist die Erzählung eines Menschen, der sich nicht ausdrücken kann und sich bei dem Versuch, von dem zu reden, was in ihm lebt, in schwere Schuld verstrickt. Der von einem der griechischen Tragödie vergleichbaren Schicksalsbegriff diktierte Roman schildert überaus ergreifend, wie ein Mensch sein Vergehen zu sühnen versucht. Das Buch ist von einer namenlosen Trauer durchflutet und weist einen tragischen Schluß auf. Man ist erstaunt, von einem weichherzigen und empfindsamen Verfasser ein solches Werk zu bekommen. Trotz dieser beständig fühlbaren Trauer, unter der er selbst stark zu leiden hatte, wirkt die «Tragische Furcht» nicht deprimierend, eine merkwürdige, nachdenkenswerte Feststellung. Zwischen Traurigkeit und Depression besteht ein Unterschied. An Depressionen leiden in unserer Zeit viele Menschen, in seelischer Beziehung ist sie die moderne Krankheit schlechthin, bedingt durch Inhaltslosigkeit und Sinnentleerung. Die göttliche Traurigkeit dagegen weiß sich in allem schweren Erleben von einer höheren Hand gehalten, weswegen sie in aller Schwermut nicht verzweifelt und im Innern die Hoffnung aufrechterhält.

Nach der Erwähnung einiger seiner Bücher möchte ich noch Probleme aufzeigen, die José Orabuena in seinen Werken behandelt hat, wobei ich auch hier nur eine kleine Auswahl treffe.

Zunächst ein Wort über seine Sprache, die wohl jedem Leser zuerst auffällt. Man empfindet sie oft als umständlich, ein Urteil, das eine kleine Berechtigung hat. Sie entsprach seiner Person, war er doch ein umständlicher Mensch, bei dem man sich oft eines Lächelns nicht erwehren konnte. Die leicht hemmende Sprache ist nicht ohne Absicht, wollte er doch, daß seine Bücher nicht im Eiltempo überflogen werden. Er las eifrig und immer wieder Goethe, und demzufolge pflegte er auch ganz bewußt die Sprache. In einem unserer ersten Gespräche fragte er ganz plötzlich: «Lieben Sie den Konjunktiv?» Ich hatte mir diese Frage noch nie vorgelegt und weiß auch nicht mehr, was ich ihm antwortete. Eines aber ist mir dabei klargeworden: So kann nur jemand fragen, der am Reichtum der Sprache interessiert ist und der den Verzicht auf den Konjunktiv als eine Verarmung empfindet. Er behandelte die Sprache wie ein Geiger sein geliebtes Instrument. Er war ihr in liebender Ehrfurcht verbunden, war ihr geradezu zärtlich zugetan, mit einem Wort, er schrieb eine dichterische Sprache, was in unserer Gegenwart ganz selten geworden ist.

Wenn auf den Inhalt dieser mit eigenwilliger Sprache geschriebenen Bücher geachtet wird, hört man gelegentlich: «Ach, José Orabuena will noch eine heile Welt schildern.» Eine heile Welt aber ist das, was es nach heutiger Auffassung nicht geben darf. Deswegen werden in vielen Büchern eine Ehe zu dritt oder andere abwegige Zustände gezeichnet, die schief ausgehen, absurde Situationen, die auch ein absurdes Ende erfordern und im Leser negative Gefühle auslösen. Ganz anders faßt José Orabuena die Aufgabe des Dichters auf. Daß es eine heile Welt nicht gibt, nachdem die Bibel vom Fall der Schöpfung berichtet, wußte auch er. Der Dichter schuf keine Wunschwelt. Auch in seinen Büchern fließen Tränen, erleiden die Menschen Schmerzen, gibt es Traurigkeit und bricht unerwartet der Tod ein. Bewußt aber strebte

er nach einer geordneten Welt, das will heißen, in der oben noch oben und unten noch unten ist; es wird nicht rechts und links durcheinandergewirbelt. Jedes Ding steht noch an dem ihm zukommenden Ort; die Welt ist transparent und nicht in sich verschlossen. José Orabuena läßt das Dasein nicht in einem chaotischen Zustand untergehen, und nie gefiel er sich in der Rolle eines Verführers der Jugend. Verbrechen, Greueltaten und Perversitäten brauchen nicht in einem Buch geschildert zu werden, denn davon berichten die Zeitungen, und sie werden im Fernsehen bis zum Überdruß gezeigt. Der Dichter hat eine andere Bestimmung. In José Orabuenas Büchern steht immer eine positive Gestalt im Mittelpunkt; sie weiß um etwas Höheres und sucht ihren Weg in allen Schwierigkeiten des Lebens. Das Entscheidende liegt im voraus auf dem Positiven. Einen Weg finden, das Leben meistern und nicht an ihm zerschellen, das versteht sich nicht von selbst. José Orabuena ist hierin eine Hilfe. Darum darf er mit Bedacht und vollem Recht der helfende Dichter genannt werden, was wohl eine der schönsten Bezeichnungen ist, die man einem schreibenden Menschen zuerkennen kann.
Zu seinen Ausdrucksformen gehört auch jene Heiterkeit, die über allen Glückshunger der heutigen Menschen triumphiert. Heiterkeit hat nichts zu tun mit blindem Vergnügen, mit Ausgelassenheit und bloßer Lustigkeit. Sie gaukeln ähnlich dem Alkohol und den Drogen dem Menschen eine Fata Morgana vor Augen, und hernach ist die ganze Misere des modernen Daseins wieder da. José Orabuena dagegen sucht nach einer seelischen Heiterkeit, die er einmal mit den Worten formulierte: «Heiter sein trotz Elend, Gram und Welt. Heiter waren die weisesten Heiligen. Die großen Könige. Heiterkeit kommt vom Himmel wie Sonne und Regen.» Heiterkeit erklingt auch in Mozarts Musik, die doch wahrhaftig um die Wehmut Bescheid weiß. Mit der Heiterkeit verhält es sich wie mit der Leidenschaft, es fehlt ihr etwas,

wenn sie nicht durch das innere Leid hindurchgegangen ist. Ob José Orabuena sie erreicht hat, er, der immer wieder mit dunklen Schwermutsanfällen zu kämpfen hatte, ist eine offene Frage, aber ihr nachgestrebt hat er ganz gewiß. Er war allezeit auf der Suche nach Geborgenheit und Festigkeit. Es läßt sich nicht bestreiten, ein leuchtender Schimmer der Heiterkeit ist in seine Bücher eingegangen.

Liegt die verborgene Quelle dieser Heiterkeit in der Religiosität? Auch diese Frage muß noch erörtert werden. José Orabuena ist, wie viele westliche Juden, völlig glaubenslos, ohne jede Beziehung zur Synagoge groß geworden. Als erwachsener Mann spürte er, daß ihm etwas Entscheidendes fehlte, und begann nun, nach dem Religiösen zu suchen. Dabei hatte er mit etlichen Widerständen zu kämpfen, denn er wußte wohl, was die Christen im Laufe der Jahrhunderte seinem Volke Schreckliches angetan hatten. Lange zögerte er deswegen, den Schritt zum Christentum zu tun, und erst nach seinem sechzigsten Geburtstag vollzog er ihn unter dem Einfluß und auf Wunsch seiner Braut, die zu einer Heirat ohne kirchliche Trauung nicht eingewilligt hätte. Die Taufe hatte den Bruch mit seinen jüdischen Freunden zur Folge, die ihn fortan als Apostaten betrachteten und seine Bücher nicht mehr lasen. Diese Reaktion ist falsch, denn José Orabuena ist nicht von der Synagoge weggelaufen, sondern hat ihr wegen seiner areligiösen Erziehung nie angehört. Wie kann man etwas preisgeben, das man nie besessen hat? Er hat seine Konversion nicht als eine Verneinung, sondern eher als eine Bestätigung seines Judentums aufgefaßt. Nie hat er seine jüdische Herkunft verleugnet. Zeitlebens behielt er ein starkes Interesse für das Judentum, und es war für ihn ganz selbstverständlich, in seinem Testament jüdische Einrichtungen in Israel zu berücksichtigen. Nach seinem Übertritt haben sich die Katholiken seiner nicht weiter angenommen, und die Protestanten haben ihn einfach ignoriert. Die übereifrige

Konvertitenmentalität blieb ihm fremd. Er leugnete keinen Augenblick die historisch erwiesenen Untaten der Kirche. Er glaubte eher, den festen Halt gefunden zu haben, dessen der Mensch bedarf, wenn er das Leben bestehen soll. Freilich wurde er nicht wegen des Konzils, wohl aber wegen des mißglückten Vollzugs der Konzilsbeschlüsse stutzig und fand, der Felsen Petri werde gleich allen anderen Bastionen von den modernen Wassern überspült. Wegen der nachkonziliaren Wirren innerhalb des Katholizismus bereute er seine Konversion, doch erklärte er sie nicht für ungültig. Entscheidend war nicht seine kirchliche Einstellung – sie muß als eine Randerscheinung beurteilt werden –, sondern die unbestreitbare Tatsache, daß er ein tief religiöser Mensch war, wenn ihn auch ein ausgeprägtes Schamgefühl hemmte, darüber viel zu reden. Er war hierin von vornehmer Verschwiegenheit. Wer jedoch mit ihm näher verbunden war, weiß um den zentralen Stellenwert des Religiösen in seinem Leben. Der religiöse Dichter bekundet sich nicht in der Wahl des Gegenstandes, sondern darin, mit welcher Geistigkeit er ihn durchdringt. Aus diesem Grunde ließ er seiner religiösen Überzeugung nicht freien Lauf, außerdem hätte er dies als unkünstlerisch in jeder Beziehung empfunden. Grundlage seiner Bücher ist jedoch ein tiefer Glaube, eine unausgesprochene Religiosität, was man beinahe auf jeder Seite spürt. Religion und Kunst standen bei ihm im Einklang, nicht anders als in der Lyrik eines Johannes vom Kreuz und eines Josef von Eichendorff. Es ist wie bei einem Bild von Rembrandt oder einer Symphonie von Haydn: das Göttliche ist darin enthalten, fühlbar berührt es den Leser, wenn es auch in wortloser Weise geschieht. Das Religiöse bildet die Atmosphäre seiner Werke, man atmet sie ein wie die Luft, und dies nötigt uns geradezu, vom helfenden Dichter zu sprechen. Sein sehnlichster Wunsch ging damit in Erfüllung: ein Gleichnis wollte er schaffen, das heißt, etwas Gültiges und ein bleibendes Zeichen

in die Welt setzen. Damit hat sich José Orabuena als ein Mensch erwiesen, der die Schattenlinie seines Lebens überschritten und das stillstehende Schiff der Dichtung wieder in Bewegung gebracht hat.
José Orabuenas Bücher sind nicht für die Massen berechnet. Sie eignen sich nicht für den Bahnhofskiosk. Sie führen, wie die ganze Dichtung in unserer Zeit, ein verborgenes Leben. Inzwischen hat sich aber doch eine Lesergemeinde um ihn gebildet, Menschen, die seine hintergründigen Bücher über alles in der Welt lieben und sich in aller Freude fragen: «Wem könnte ich sie schenken?» Traurig stellen sie fest: «In meinem Bekanntenkreis wüßte ich niemand.» Warum ist man mit seiner tiefen Freude so einsam in der Welt? Auch hier gilt das Wort erneut: Auch Gram verzaubert!
Zum Abschluß soll dem Dichter selbst das Wort gegeben werden, und zwar das «Kurze Bekenntnis zum fünfzigsten Geburtstag», das er am 10. August 1942 für sich selbst niederschrieb. Niemand hat bis jetzt diese Worte gelesen, doch sind sie sowohl im Stil als auch im Gedankengang typisch für José Orabuena, daß es einem Unrecht gleichkäme, sie länger unter Verschluß zu halten:
«Den fünfzigsten Geburtstag habe ich mir auf jeder Stufe meines Lebens unterschiedlich, doch stets anders vorgestellt, als er sich nun einfindet. Noch vor fünfzehn Jahren erschien mir das Alter, das ich jetzt erreicht habe, weit höher denn heute. Jung empfinde ich mich seit langem nicht; aber indem mir daran, jung zu sein, weniger und weniger gelegen ist, erscheint mir das Alter von fünfzig Jahren wiederum minder empfindlich als ehedem. Mehr noch: mit ständigem und fortschreitendem Behagen, ich darf nicht behaupten: entsage ich, doch entfremde ich mich allen an die Jugend erinnernden Zuständen der Seele und des Leibes.
Ich glaube kaum, daß Plato einen Fünfzigjährigen im Sinne hatte; ich nehme an, Kephalos, der im ersten Buche der ‹Re-

publik› auftritt, war ein Greis, als er Sokrates auf eine entsprechende Frage erwiderte, nicht zu bemitleiden sei er; nein, beneidenswert schätze er sich um seines Alters willen; und er führte an, was er bei Sophokles gehört habe; und das lese man nach und freue sich des Mitgeteilten. Und wie Plato, so betrachtete auch Schopenhauer die hohen Jahre minder als Bürde, denn als Würde; eher als heiterer denn düsterer, verglichen mit der Jugend und den mittleren Jahren. Nun, ich habe auf dieses Alter, wie auf manches andere, noch zu warten. Gesetzt aber, mir sei vorbehalten, ein alter Mann zu werden, diesem Kriege also und seiner Nichtswürdigkeit und seinen Nichtswürdigkeiten zu entkommen, heil zu entkommen gar; eine, wie immer, veränderte Welt zu erleben und in ihr zu leben: so darf ich mich gewiß heute beglückwünschen, an einer Wende des Daseins zu stehen, die mich dem ernsten und hohen Alter rasch annähert. Und auch zu diesem darf ich mich heiter beglückwünschen: daß ich in das sechste Jahrzehnt eintrete, darin und von dem denn selbst der Vulgäre nicht länger rührige Anteilnahme an dem Schauderhaften des Alltags oder gar Begeisterung für die Tollheit und das Törichte fordert, das von den Dummen und Großen der Erde angerichtet wird; sondern da es erlaubt und vielleicht sogar erwartet wird, daß einer, wenn nicht geradezu resigniere, so doch sich beschauend, anschauend verhalte; – beschauend, und, laßt hoffen: schweigsam; ohne also auf die Welt zu achten, ohne nach Frauen und Freunden zu suchen und zu fragen; ohne das Mindeste zu erhoffen; es sei: das Beste, nämlich dem Ungemach und der Krankheit, soweit irgend angängig, zu entgehen.

Indem ich mir also nicht ohne Genuß zu diesem Wechsel der Dinge an meinem fünfzigsten Geburtstage gratuliere; indem ich meinen Dank ausrichte; einerseits an meine künstlerische, schöpferische Kraft (sie sei auch zur Zeit auf das böseste gestört); andererseits an die hohen und wahrlich edlen Geister,

die mich gelehrt und beglückt; erzogen und geformt haben; und ich nenne sie nicht, da dies aussähe, als empfähle ich sie anderen Männern, woran doch bereits darum nicht zu denken ist, weil jeder, der etwas ist, seine und nur seine Begleiter des Geistes hat; indem ich diesen Dank geziemend und mit frommem Sinne spreche, kaum weniger feierlich, allerdings am Ende dessen, was es zu loben, was es zu sagen gibt. Denn, wer wollte fordern, daß ich mir Rechenschaft ablege über die unbändigen und natürlichen Enttäuschungen, die ich hinüber nehme in das einsetzende Alter? Sähe es nicht wie Stolz aus; schlimmer noch: wie Ärger, wollte ich begründen und im einzelnen auseinandersetzen: anders freilich hatte ich mir den fünfzigsten Geburtstag vorgestellt, hinsichtlich sowohl der Beschaffenheit irdischer Güter, an denen es mir völlig gebricht, als auch der Zustimmung in bezug auf mein Werk, zumal eines, das in vier ernsten und süßen Jahren des Schaffens in Kopenhagen entstanden ist und neben mir liegt: ungedruckt und umfangreich; so gut und so milde, so wissend und dichterisch, wie ein Werk der Kunst zu sein hat.
Davon lassen wir also lieber die Augen abschweifen; nicht, weil, sondern eher: obwohl es Geburtstag ist und auch, das ist richtig, weil kein anderer, voraussichtlich kein Zweiter und ganz gewiß kein Fünfter eintritt, um die herkömmlichen Wünsche auszusprechen; weshalb es sich empfiehlt, das Herz in einsamer Feier einmal ohne Gram und unbeschwert zu lassen.
Denn, mag auch dieser Tag so ernst sein wie das Jahr, in das er fällt: habe ich nicht schon genügend erlebt, um zu wissen, daß nichts von Bestand sei; nicht einmal das Furchtbare; daß selbst das Ungeahnte sich begebe zuweilen; das Gute also, das Rechte und Schöne? Wiederum und zum letzten Male nun bleibe es, und nicht ohne Hoffen, bei der Andeutung. Es will nicht ausgemalt werden, wie das zu denken sei; auch könnte ich zwar allenfalls sagen, was ich mir wünsche; und daß dies

vor allem sei, die grandiose und befeuernde Lust erfasse mich wieder, erneut schaffen zu wollen, versteht sich ohnehin; wie aber könnte ich zu erraten suchen, worauf man eben fügsam zu warten hat; wozu Sitte und Sittlichkeit, Erfahrung und Klugheit gleichermaßen anhalten.
Mut denn also und würdigen, überlegenen Sinn bewahre oder habe, alternder Mann, alterndes Ich, damit du dich behauptest in dieser aufsässigen, unfrommen und bestraften Welt.»

Eine unter tausend: Ida Friederike Görres

«Was meine Seele immerfort suchte und was ich nicht fand, ist dies: unter tausend habe ich wohl einen Mann gefunden, aber eine Frau unter diesen allen fand ich nicht», schrieb der Prediger Salomo. Trifft diese traurige Feststellung wirklich zu? Für Salomo wahrscheinlich schon, denn er besaß siebenhundert Frauen und dreihundert Kebsweiber; die neigten sein Herz den fremden Göttern zu. Auf diesem Wege konnte er ganz unmöglich die Eine finden. Wandelt einer aber nicht auf derart abwegigen Pfaden, darf er die erwähnte Feststellung dahin variieren: Wie unter tausend Männern ein Mann anzutreffen ist, so begegnet man unter tausend Frauen einer wirklichen Frau. Immer ist das Verhältnis tausend zu eins, das heißt, tausend gehören stets der gedankenlosen Menge an, die sich in der Rolle der modischen Mitläuferei gefallen, und nur einer von ihnen ist eine selbständig denkende Persönlichkeit. Dermaßen unterschiedlich ist das Zahlenverhältnis von Masse und Einzelnem im Kierkegaardschen Sinne. In unserem Fall heißt diese eine Frau: Ida Friederike Görres.

Dabei gilt das Bibelwort: «Lieblich und schön sein ist nichts, eine Frau aber, die den Herrn fürchtet, soll man loben.» Das Lob der einen gottesfürchtigen Frau unter den tausend oberflächlichen Weiblein soll jetzt angestimmt werden, nicht etwa im Stil galanter Höflichkeitskomplimente, sondern in der gleichen Tonlage, wie Ida Friederike Görres den Dichter Werner Bergengruen als «Lobsänger der Welt» gepriesen hat. Zwar meinte sie selbst einmal, «im Chor der Gegenwart scheint für den Lobsänger kein Platz zu sein», aber die Meinung der heutigen Mitläufer ist doch völlig gleichgültig. Das Lob gilt vor allem dem ewigen Gott, der sich in einer eindrucksvollen Menschengestalt bezeugt hat.

Ehe das wohlabgewogene Lob ausgesprochen wird, muß ich erzählen, wie es zu meiner Beziehung zu Ida Friederike Görres gekommen ist, weil dies ein strahlendes Licht auf sie wirft. Sie hat meinem Buch «Große Heilige» durch eine ausführliche Besprechung in den «Frankfurter Heften» in Deutschland die Bahn gebrochen, während zur gleichen Zeit die holländischen Bischöfe es mit einem Leseverbot belegten! Nachher erschien mein «Buch der Ketzer», bei dem Ida Friederike Görres glaubte, sich für den falschen Mann eingesetzt zu haben. Sie zerriß das Buch in einer schweizerischen katholischen Monatszeitschrift ebenso heftig, wie sie das frühere Werk gelobt hatte. Meiner Gewohnheit entsprechend, schwieg ich zu beiden Rezensionen. Nach einiger Zeit erhielt ich vom Verlag Knecht das neue Buch von Ida Friederike Görres «Aus der Welt der Heiligen». Ich las es sofort, hatte große Freude daran und teilte dies auch dem Verleger mit. Dieser sandte mein Schreiben an Frau Görres, und ich erhielt kurz darauf von ihr einen Brief: «Wir Christen müssen einander offen sagen, wenn wir in einer Angelegenheit verschieden denken. Aber es müßte dies in Liebe und nicht in Haß geschehen. Ich tat es gehässig, und dies tut mir leid. Schon lange hätte ich Sie gerne besucht...» Nur eine echte Christin kann solche Zeilen schreiben, Biefe, wie ich sie sonst noch nie erhalten habe. Ich schrieb ihr umgehend und hieß sie jederzeit herzlich willkommen. Acht Tage später stand sie mit ihrem Gatten vor meiner Haustüre, und ohne die geringste Verlegenheit befanden wir uns sogleich mitten im Gespräch. Daraus entwickelte sich eine Freundschaft bis zu ihrem Tode. Wenn ich in Freiburg zu tun hatte, ging ich zuerst zu Frau Görres. Vierzehn Tage vor ihrem Tode unternahmen wir mit dem Ehepaar Görres eine Autofahrt in das Gebiet des

Kaiserstuhls. Frau Görres war beinahe außer sich vor Freude über die blühenden Bäume und den ersten Storch, den sie auf einem nahen Kirchturm erblickte. Sie jubelte und hielt plötzlich inne: «Rede ich Ihnen auch nicht zu viel?» fragte sie unvermittelt, wir aber freuten uns über ihre nicht geahnte Unmittelbarkeit. Nach ihrem unerwarteten Tode bat mich ihr Gatte, am Grabe einige Worte zu sprechen und ihr geplantes Werk über Katharina Kasper, die Gründerin der Dernbacher Schwestern, zu schreiben. Allezeit fühlten wir uns in christlicher Waffenbrüderschaft verbunden, und nie gab es nur die leiseste Trübung.

Vergegenwärtigt man sich Frau Görres, stellen sich unwillkürlich einige «Bilder» aus ihrem Leben ein, die ihr Daseinsverständnis wenigstens in kurzen Umrissen verdeutlichen.

Das erste Bild stammt aus der Feder ihrer Freundin Birgitta von Münster und entstand auf der Burg Rothenfels. Nach ihrer Schilderung bildeten nach einem Osteramt «alle die jungen Menschen eine Kette und tanzten singend und jubelnd durch die weiten Räume und Höfe der Burg», unter ihnen auch Ida Friederike Görres. Es bedarf keiner blühenden Phantasie, um sich den Freudenreigen der frohgestimmten Jugend anschaulich vorzustellen. Das Bild steht vor unseren Augen und redet zu unserem Geiste.

Natürlich hatte sich schon vorher in ihrem Leben einiges ereignet. Es ist an ihre Herkunft von einem österreichischen Grafen und einer japanischen Mutter zu erinnern, die ihr Wesen mitprägten. Nach dem Besuch eines Klosterpensionates trat Ida in jungen Jahren als Novizin bei den Englischen Fräulein ein und verließ dieses Institut wieder nach anderthalb Jahren, weil sie den Klosterweg nicht als ihre Bestimmung erkannte. Sie behielt aber zeitlebens eine gute Erinnerung an ihr Noviziat und eine hohe Schätzung der Gründerin Mary Ward. Ein weiterer Markstein auf ihrem äußeren Lebensweg war der Besuch der sozialen Frauenschule.

Das entscheidende Ereignis ihrer Jugend vollzog sich durchaus auf der Burg Rothenfels, die noch heute vom Glanz ihrer vergangenen Zeiten lebt. Damals stieß Ida Friederike Görres auf die bündische Jugendbewegung, an der sie sich mit der ihr eigenen Begeisterungsfähigkeit beteiligte und von der sie in ihrem Denken weitgehend beeinflußt war. Dies ist das Zeitbedingte in ihrem Sein. Sie liebte es, die Lunchtasche umgehängt, durch die deutschen Lande zu wandern, und nicht minder leidenschaftlich diskutierte sie mit Gleichaltrigen über die zeitlosen Fragen des Lebens, wie es der Vielfalt der Jugendbewegung entsprach. Unter Romano Guardinis Leitung bekam die katholische Jugendbewegung ein richtungweisendes Ziel vor Augen gerückt, so daß sich nicht alles in unbestimmten Gefühlen und romantischen Sehnsüchten verflüchtigte. Echte Ahnung und wirkliche Hoffnung wurde den jungen Menschen vermittelt. Ida Friederike Görres schrieb selbst über die Enttäuschung an der Jugendbewegung in ihr Tagebuch: «Wir hatten richtige Einsichten, aber keine Kraft der Verwirklichung.» Auch die katholische Jugendbewegung blieb ein Versprechen, das nicht eingelöst wurde. Ida Görres aber wanderte weiter im Geiste, eine Haltung, die sie vor einer Erstarrung bewahrte. Man spürt es noch heute jedem Katholiken an, ob er in seinem Leben durch die Jugendbewegung hindurchgegangen oder brav hinter dem Ofen sitzengeblieben ist. Die bündische Jugendbewegung bewirkte in den jungen Menschen einen inneren Aufbruch, der bei den traditionalistischen Katholiken einfach fehlt. Auch Ida Friederike Görres ist durch diese Jugendbewegung ein aufgeschlossener, lebendiger Mensch geworden.

Natürlich ließe sich gegen die katholische Jugendbewegung sagen, sie sei nach wenigen Jahren durch den Nationalsozialismus brutal zerschlagen und nach dem Krieg nicht wieder zu vollem neuem Leben erweckt worden. Obgleich diese Beobachtung zu Recht besteht, muß man in die Klage ausbrechen: Es gibt heute nichts, aber auch gar nichts, was gleichwertig an ihrer Stelle steht. Das ist auch einer der Gründe, warum viele junge Menschen die Kirche verlassen und folgerichtig in die Irre gehen. Die heutige Jugend hat nichts, an dem sich ihre Seele entzünden könnte; sie kennt keine glutvollen Vorbilder mehr und geht an innerer Leere zugrunde. Skipisten im Winter und Strandbäder im Sommer mögen ihrer Gesundheit förderlich sein, lassen aber ihren Geist verkümmern. Die heutige Jugend ist orientierungslos und geht beinahe allen Rattenfängern in die Falle. Wir müssen mit allem Ernst über diese erschreckende Tatsache nachdenken und dürfen nicht zur Ruhe kommen, bis wir einen grundsätzlichen Wandel geschaffen haben. Wahrscheinlich liegt der Fehler auf beiden Seiten; die Jugend hat das Vertrauen zu der älteren Generation verloren, und die Eltern verstehen das Gebaren der jungen Leute nicht mehr. Mit dieser bloßen Feststellung darf man sich nicht abfinden. Es handelt sich nicht darum, die Jugend für die Pfarrei einzufangen, wohl aber darum, ihr wieder den großen Atem einzuhauchen und ihr zu zeigen, daß allein vom Evangelium aus jener Impuls zündet, der zu einer Erneuerung des Menschen führt. Hierzu muß die ältere Generation trotz allem Widerstreben zuerst die Hand bieten, denn der Prophet Maleachi spricht von den Herzen der Väter, die sich zu den Kindern bekehren, und erst dann von den Herzen der Kinder, die sich wieder den Vätern zuwenden.

Das zweite Bild ist Ida Friederike Görres' Bändchen «Der gewandelte Thron» entnommen. Darin befindet sich ein Foto der fünfjährigen Ida, das sie am Tische sitzend zeigt, wie sie mit der Schreibfeder in der Hand ihre ersten Schulaufgaben macht. Die Schreibfeder ist wichtig, denn sie kündet an, was Ida Friederike Görres werden würde: Schriftstellerin. Dieses Tun verbindet sich vor allem mit ihrem Namen. Etliche ihrer Bücher sind von der gegenwärtigen schnellebigen Gesell-

schaft allzu rasch konsumiert worden, ohne sie wirklich verarbeitet zu haben.
Zuerst trat Ida Friederike Görres mit einigen Erzählungen hervor: «Die Braut des Alexius», «Maria Ward, eine Heiligenlegende», «Die siebenfache Flucht der Radegundis» usw. Man hat diese Bücher mitleidsvoll als Jungmädchenliteratur eingestuft, was jedoch falsch ist. Es ist sogar eine Frage, ob junge Mädchen sie überhaupt richtig verstehen können. Eher gilt die Ansicht der Autorin, es gebe Bücher, die nur ganz verständlich seien, wenn man den Verfasser auch kenne. Jedenfalls sind ihre Bücher in einem klaren, lesbaren Stil geschrieben und verdienen, gelesen zu werden, auch wenn man bei der Darstellung der Maria Ward einige Korrekturen anbringen müßte.
Damals trat Ida Friederike Görres mit Gedichten an die Öffentlichkeit, wodurch sie sich selbst unter die Dichter eingereiht hat. Einige sind im Band «Der Verborgene Schatz» gesammelt. Ein Gedicht aus diesem Band, dem sie den Titel «Pilger» gab, sei erwähnt:

Ich weiß noch immer nicht, wer du mir bist,
nach dem ich fahre, Berg in blauer Ferne,
nach dem ich endlos wandern lerne
und der an keinem Abend näher ist.

Von meiner Träume Schatten bang umblaut,
von meinen Stürmen plötzlich trüb verhangen,
von meinen Strahlen schmelzend eingefangen
und nie in eigener Gestalt erschaut –

Was kann ich wissen, wer du heimlich bist –
nur meine eigene Stimme widerhallt
aus deinem tiefen, deinem fremden Wald,
den nicht mein Ruf und nicht mein Schritt ermißt.

Ich habe lange Zelt und Dach verbrannt,
und hinter mir sind Gärten leer und tot,
und wandern muß ich, wandern über Land –
und kann nicht wissen, wer du wirklich bist –

Doch über deinen rätselhaften Rand
steigt jeden Tag mein neues Morgenrot
und ruft und loht

und wandern muß ich, von dem Glanz gebannt,
zu dir, der keinen Abend näher ist.

Heute dichtet man nicht mehr in der Weise. Ich frage aber, ob das besser ist, was man gegenwärtig sonderbarerweise «Lyrik» nennt. Wohl darf man Frau Görres nicht mit Annette von Droste-Hülshoff in einem Atemzug nennen, aber sie hatte doch eine poetische Ader, die man in ihrer Lyrik deutlich spürt. Sie verstand Dichten noch als ein Amt der Engel auf Erden und betrachtete die Menschen, die Welt und das Leben mit ihrem silbernen Dichterblick. Auch war sie ehrfürchtig und liebend den Dingen zugetan. Als Beispiel ist an die Ansprache zu erinnern, die sie noch in ihren letzten Jahren bei der Einweihung der Vereinigten Fachschulen unter dem Titel hielt: «Verlieben Sie sich in Freiburg.» Beschwingt sprach sie von den heimlichen Schönheiten jener Gegend, und man spürte, wie ihre Seele darin verwurzelt war. Köstlich, wirklich sehr köstlich sind ihre Ausführungen darüber zu lesen, und mit großer Freude nimmt man teil an ihren dichterischen Worten. Es ist ein krasses Unrecht, solche Schönheit einfach zu vergessen, bloß weil man stets dem neuesten Hasen nachjagen will.
Geradezu genial war Frau Görres auf dem Gebiet der Hagiographie. Sie schrieb eine ganze Reihe von Aufsätzen über das christliche Menschenbild, über Elisabeth von Thüringen,

Franziskus, Hedwig von Schlesien, Heinrich Seuse usw. Diese Aufsätze sind nicht im wissenschaftlichen Stil geschrieben; sie hat die Heiligen dichterisch gesehen, sofern man dieses Wort mit dem nötigen Zartsinn versteht. «Zeitlebens zeigen die Heiligen eine rätselhafte Mischung aus Herrlichkeit und Elend», war ihre grundlegende Erkenntnis. Den frommen Stil ersetzte sie durch eine innere Schau einer Persönlichkeit. Die stärkste Leistung ist ihr geistesmächtiges Theresienbuch «Das verborgene Antlitz», in zweiter Auflage «Das Senfkorn von Lisieux» genannt, weil sie nach der inzwischen erschienenen kritischen Edition der «Geschichte einer Seele» und der Briefe zitierte, eine Ausgabe, von der sie dachte, «der Berg habe eine Maus geboren». Ihr Buch löste bei seinem Erscheinen bei vielen Katholiken eine Entrüstung aus. Eine Klosterfrau urteilte abschätzig: «Nie wieder werde ich ein Buch dieser Autorin lesen.» Warum diese Empörung? Ida Friederike Görres hat das verkitschte Bild der «Rosenheiligen» mit fester Hand weggeschoben und hat alles Süßliche, das die leibliche Schwester von Thérèse den Ausführungen der Heiligen beigefügt hat, ausgeschieden. Bei dieser Korrektur ging es Frau Görres nicht um eine fragwürdige Entlarvung, sondern es war ihr daran gelegen, das echte Antlitz der Heiligen zu vermitteln. Ihr Theresienbuch ist eine Art Röntgenbild der Heiligen, in dem man den Grund ihrer Seele entdeckt. Unter der zahlreichen, meist langweiligen Heiligenliteratur ist es eines der wenigen fesselnden Bücher, weil es nicht an der Problemlosigkeit leidet, an der sonst die Hagiographie krankt. Gewiß ist es falsch, wenn man aus jedem Ding ein Problem macht, aber ebenso unrichtig ist es, wenn man den wirklichen Fragen aus schönfärberischen Gründen einfach aus dem Wege geht. Ida Friederike Görres stellte sich den vorhandenen Fragen, und deswegen war ihr Theresienbuch eine mutige Tat. Trotz allem Kopfschütteln der Leser setzte es sich durch.

Es bedeutet einen Wendepunkt in der Geschichte der Hagiographie, vergleicht man es mit den an sich gutgemeinten, aber doch ungenügenden Werken von Alban Stolz, Wilhelm Hünermann usw., die ganz dem Geist des 19. Jahrhunderts verhaftet bleiben. Zu den hagiographischen Arbeiten von Ida Friederike Görres gehören auch «Aus der Welt der Heiligen», «Der göttliche Bettler» und «Der karierte Christ». Ebenso sind die vielen zerstreuten Bemerkungen in ihrem Tagebuch «Zwischen den Zeiten» über Heilige aufschlußreich. Ihre hagiographischen Schriften erschienen zu einer Zeit, da die Heiligen von den Theologen mehr oder weniger in den Winkel gestellt wurden, während sich bei ihr ein wahrhaftiger Durchbruch zu einer neuen Hagiographie ereignet hat. Dabei geschah gar keine Entmythologisierung, vielmehr stehen ihre Arbeiten unter der Devise Bernanos': «Unsere Kirche ist die Kirche der Heiligen», womit eindeutig gesagt ist, nicht wegen der Kirchenpolitiker und nicht wegen der vatikanischen Diplomatie, sondern vor allem wegen der Heiligen war Ida Friederike Görres so stark der Kirche zugetan.

Zunächst ist ihre Hagiographie durch die Einbeziehung der Psychologie gekennzeichnet. Natürlich machte man ihr deswegen Vorwürfe. Auch der mit ihr befreundete und gelehrte Hans Urs von Balthasar erhob diesen Einwand, der jedoch ein Mißverständnis war. Die alte Hagiographie erstarrte gerade wegen des Fehlens der Psychologie. Damit blieb das belebende Element ausgeschalten. Es gibt doch auch eine christliche Psychologie. Augustinus, Franz von Sales, Kierkegaard, Dostojewskij dürfen als ihre Vertreter genannt werden. Die Psychologie muß eine dienende Einstellung einnehmen und darf nicht dominieren. Ohne sie verharrt eine Heiligengestalt in musealer Unbeweglichkeit; sie lebt dann nicht und vermag auch den heutigen Leser nicht mitzureißen. Ida Friederike Görres hat die Heiligen auf ihrer hagiographischen Palette in psychologischer Beziehung meisterhaft gemalt. Man darf hinter diese Errungenschaft gar nicht zurückgehen. Sie scheute sich nicht zu schreiben: «Man redet ja immerfort davon, daß die Heiligen aus ‹Fleisch und Blut›, ‹Menschen wie du und ich› gewesen sind, aber wehe, wenn jemand das ernst nimmt und gar am lebendigen Objekt exemplifiziert!!»

Ferner hat Ida Görres in der Hagiographie bewußt einen kräftigen, schonungslosen Realismus vertreten. Sie hat radikal mit dem süßlichen Kitsch aufgeräumt. Nicht aus Brutalität, nein, dazu war sie eine zu fein empfindende Frau, aber aus Dienst an der Wahrheit. Diese Wahrheit ist leider nicht selbstverständlich. Ein so liebenswerter Mann wie Bonaventura hat in seiner Franziskus-Vita nicht die Wahrheit gesagt, sie vielleicht damals auch nicht sagen dürfen. Ida Friederike Görres dagegen hat ihre hagiographischen Arbeiten entschieden der Wahrheit unterstellt, auch wenn sie dabei zu unbequemen Resultaten gelangte. Die Wahrheit gehört zu den höchsten Gütern, und nach Paulus «vermögen wir nichts wider die Wahrheit, sondern nur für die Wahrheit». Dabei verwechselte Ida Friederike Görres nie die Wahrheitsverpflichtung mit Lieblosigkeit, vermied aber grundsätzlich alle Schönfärberei, die die Heiligenschilderung in Verruf gebracht hat, wennschon sie sich in der Form der Stilisierung immer wieder durch eine Hintertüre einschleicht. Frau Görres wies mutig darauf hin, daß Heilige vielschichtig und hintergründig sind, daß sie oft zuerst auch Irrwege gegangen sind und sich durch innere Kämpfe zur Heiligkeit hindurchringen mußten.

Über der Psychologie und dem Realismus vergaß Ida Friederike Görres keinen Augenblick die Metaphysik der Heiligen. Das Leben der Heiligen reicht ins Übernatürliche. Wer vor dem Wunderbaren ängstlich zurückweicht, kann ihr Dasein nicht beschreiben. Das wußte Frau Görres ganz genau, denn ihre Darstellung ist immer von einer mystischen Schau getragen. Mit ihrer Einsicht von der «Knechtsgestalt» der Heiligen wurde sie zu einer Bahnbrecherin der neuen Hagiographie, wofür man ihr nicht genug danken kann. Wenn man diese kühne Pioniertätigkeit auf den Universitäten gar nicht bemerkte – keine verlieh ihr den wohlverdienten Ehrendoktor –, so zeigt dies die Voreingenommenheit dieser Institutionen. Zudem begriff Ida Friederike Görres, daß Hagiographie nur zum Teil Wissenschaft ist, die sich in der sorgfältigen Prüfung der zu benützenden Quellen bekundet. Wenn die wissenschaftliche Betrachtung ausschließlich wird, ertrinkt gewöhnlich die Heiligengestalt in der Gelehrsamkeit und tritt dem Leser nicht mehr sichtbar entgegen. Hagiographie ist neben der wissenschaftlichen Kärrnerarbeit vorwiegend Kunst. Es kommt auf die künstlerische Fähigkeit an, eine Persönlichkeit als heilige Persönlichkeit zu erfassen und sie eindrucksvoll darzustellen. Dazu war Ida Friederike Görres in hervorragendem Maße befähigt, weil sie ein dichterisch veranlagter Mensch war und nicht der Versuchung erlag, eine Heiligengestalt romanhaft auszuwalzen, was sich ohnehin als wertlos erweist. Wegen ihrer Einführung der Psychologie, ihrem Realismus und der künstlerischen Gestaltung ist eine entscheidende Wende in der Geschichte der Hagiographie eingetreten.

Das dritte Bild zeigt uns Frau Görres auf zwei Stöcke gestützt. Wahrscheinlich haben einige Leser sie in dieser Situation gesehen, ein Anblick, den man nicht so schnell vergißt.

Mit vierunddreißig Jahren schloß Ida Friederike Görres den Bund der Ehe mit dem Betriebsberater Carl Julius Görres. Die bewußte Österreicherin verband sich mit einem Manne preußischer Herkunft. Trotz dieser Verschiedenheit war es eine gute Ehe. Dies werden alle bezeugen, die die beiden Gatten näher gekannt haben und bedenken, was ihr Mann nach ihrem Tod für das Werk seiner Frau getan hat. Freilich fiel auf diese Ehe der Schatten der Kinderlosigkeit, unter der

Frau Görres zuweilen litt, sie meinte aber in den letzten Jahren ihres Lebens, die Kinderlosigkeit werde einem leichtergemacht durch die schweren Beziehungstrübungen zwischen Eltern und Kindern, die heute überall anzutreffen sind. In ihrer Ehe blieb Frau Görres allezeit mit ihrem Fühlen und Denken ihrer echt fraulichen Eigenart treu.

Es ist mir in diesem Zusammenhang nicht um ihre persönliche Ehe zu tun, sondern um ihre eingehende Beschäftigung mit den Problemen von Eros, Sexualität und Ehe. Man spürt dies aus ihren Tagebucheintragungen und ihren Publikationen «Von Ehe und Einsamkeit», «Was ewig bindet». Sie betrachtete diese Themen nicht als unantastbar. Als religiöser Mensch sprach sie ganz natürlich darüber. Warum auch nicht? Eros und Sexualität sind mit dem Menschsein zentral verbunden. Die Ehe ist heute schwer gefährdet, weil sie oft in einem Liebesrausch ebenso leichtsinnig geschlossen wie bei den ersten Schwierigkeiten unbesonnen gelöst wird. Ida Friederike Görres war nicht gewillt, diesem verhängnisvollen Geschehen mit verschränkten Armen nur zuzuschauen. Die Ehe ist nicht eine Angelegenheit wie Segelsport oder Amateurfotografie. Es geht bei ihr um eine der urmenschlichsten Beziehungen, die den Kern des Menschen einbezieht; deswegen hat sich Frau Görres mehrfach über die Eheprobleme geäußert. Nie hat sie sich der Zeitströmung angepaßt, hat fern von aller Prüderie die Ehefragen bis in die feinste Verästelung hinein erörtert und hat dabei mit Natürlichkeit und Verantwortungsbewußtsein ein hilfreiches Wort gesprochen. Selbstverständlich wird die Ehe nicht durch Bücher gerettet, aber man muß doch dem Menschen das große Geheimnis der ehelichen Gemeinschaft klarmachen, wozu die keineswegs veralteten Bücher von Frau Görres einen wertvollen Dienst leisten, weil sie das Sakrament der Ehe in den Vordergrund rückte. Wenn wir den sakramentalen Charakter der Ehe vergessen und in ihr nur «ein weltlich Ding» sehen, dann geht sie im Sturm der Zeit unter, eine Einsicht, die über der konfessionellen Verschiedenheit des Ehe-Verständnisses steht. Frau Görres' Ehe-Auffassung hat Tiefe, weil sie sich an Franz von Baaders Sicht orientierte: «In der Liebe, bzw. Ehe, soll der Mann dem Weibe behilflich sein, sich von ihrer Weibheit als Unganzheit zu befreien, so wie das Weib dem Manne, damit in beiden das ganze Urbild der Menschheit wieder innerlich aufgehe.» Für Frau Görres war auch Maria «die Epiphanie des Weiblichen in der Welt».

Bei der Betrachtung des erwähnten Bildes konnte man die beiden Stöcke nicht übersehen, auf die sie sich abstützte. Frau Görres wurde in ihren Fünfzigerjahren von einer schweren Arthritis heimgesucht. Vier Jahre lag sie mit Schmerzen darnieder, bis es den Ärzten endlich gelang, sie von den starken Gelenkschmerzen zu befreien. Für immer aber blieb sie ein gehbehinderter Mensch, der sich nur sehr mühsam vorwärtsbewegen konnte. Diese langwierige Krankheit hat etliche Pläne von Frau Görres durchstrichen: die geplante Newman-Biographie mußte fallengelassen werden und ebenso die Neugestaltung des Maria Ward-Buches. Trotzdem klagte sie nie und hat diese Leidenszeit angenommen als das, was Gott ihr auferlegt habe.

Sie war nun unfreiwillig in eine andere Art von Klausur geführt worden. Von den Wanderungen in Gottes freier Natur war keine Rede mehr; von der Welt abgeschnitten, war sie auf sich selbst zurückgeworfen. Die unfreiwillige «Klausnerin» hat diese lange Zeit des Wartens und der Einsamkeit nicht ungenutzt vertan. Von vielen Ablenkungen verschont, widmete sie sich dem Nachdenken über das Wesentliche. Darüber gibt namentlich ihr Tagebuch «Zwischen den Zeiten» Auskunft, das zum Verständnis dieser ungewöhnlichen Frau unerläßlich und aufschlußreicher ist als ihr frühes Tagebuch «Nocturnen». Freilich mußte sie sich auch etwas einschränken: keine Musik scheint in ihre «Zelle» gedrungen zu sein, und auch von Bildern redet sie kaum. Beide Formen der Kunst spielten fortan keine oder nur eine geringe Rolle. Sie füllte ihre stillen Jahre mit einer immensen Lektüre aus, las nicht wahllos und schon gar nicht zum bloßen Zeitvertreib. Damals nahm sie den jüdischen Chassidismus in sich auf, den sie atemberaubend und faszinierend empfand. Dabei fragte sie sich: «Wie ist ein so tiefer Strom von Frömmigkeit, ein solches Wehen des Heiligen Geistes außerhalb der Kirche und des Christentums möglich?» Ebenso eingehend beschäftigte sie sich mit dem evangelischen Pietismus, den sie ganz richtig als «unterschwelligen Einstrom urkatholischer Lehren von der Gnade, Heiligung, Vollkommenheitsstreben, Weltentsagung und mystischer Gottvereinigung in die Welt des Protestantismus» verstand. Schließlich verfolgte sie mit lebhaftem Interesse die Welt der Romane. Ida Friederike Görres war eine ungemein belesene Frau und hatte sich dadurch einen weiten Horizont und eine selten umfassende Bildung angeeignet. Ihr geistiges Leben stand auf breiter Basis. Diese überzeugte Katholikin seufzte über die häufige «Plattheit des katholischen Christentums» und gestand einmal: «Ich wenigstens komme leichter mit jedem frommen Protestanten, aber auch Juden, Heiden (Inder!) und Neuheiden ins Gespräch als mit dieser Sorte 120prozentiger Konservativ-Katholiken.» Eine religiöse Kultur ist nur möglich, wenn das Geistesleben auf einer breiten Basis entfaltet wird. Sie hat dieses Thema aus ihrer Zeit der Jugendbewegung mit dem Naturerlebnis und dem Leibgefühl noch einmal aufgenommen im Buch «Weltfrömmigkeit». Dieses Buch ist ein Torso, es fehlt der dritte Teil. Infolgedessen hat es nur die Weltabkehr des Christentums zum Gegenstand, während die neue Weltzugewandtheit fehlt. Man kann sie notdürftig aus ihrem zuletzt veröffentlichten Buch «Sohn der Erde: Der Mensch Teilhard de Chardin» (1971) herauslesen, worin sie freilich mehr seinen vorbildlichen Charakter als sein spekulatives

Denken betonte. Ida Friederike Görres' Problem «Andacht zur Welt» bleibt aktuell, jedenfalls hat es die Christenheit noch nicht gemeistert. Auf alle Fälle ist die Zeit der kulturellen Unwissenheit über das, was außerhalb der Mauern der Kirche geschieht, zu Ende. Wer sich geistig nicht beständig weiterbildet und wer kein Innenleben pflegt, sinkt unmerklich ab. Durch diese Bemühung erhielt Frau Görres, die ihr Jugendanliegen «Echtheit und Ursprünglichkeit» zeitlebens hochgehalten hat, ihre letzte Reife.

Das vierte Bild ist ihre Wohnstube im Vinzentiusheim in Freiburg i. Br. Es war ein kleiner Raum mit einem großen Tisch voller Bücher, das ganze Zimmer reichlich überstellt. Dort saß Frau Görres, und wenn man sie besuchte, nahm sie gewöhnlich eine Handarbeit hervor, und dann begann das Gespräch über wesentliche Fragen.

Es kamen viele Menschen zu ihr, trotzdem schrieb sie mir einmal nach einem Besuch: «Ja, es waren schöne Stunden – wir sind ja besonders dankbar für so gute Gespräche, denn wir haben nach elf Jahren Freiburg in dieser schönen Stadt tatsächlich nicht einen Bekannten, mit dem derlei möglich wäre.» Subjektiv hat Frau Görres dies sicher ehrlich empfunden, aber objektiv wohl kaum richtig beurteilt. Doch verraten ihre Bemerkungen eine Einsamkeit, unter der auch berühmte Menschen oft leiden. Ida Friederike Görres hatte zwar einen großen Bekanntenkreis: Frauen und Mädchen, Patres und Priester, katholische und evangelische Christen besuchten sie. Sie war zur Freundschaft geboren. Darüber stehen in ihrem Tagebuch einige wertvolle Gedanken: «Freundschaft bedeutet Freundschaft und ist nicht ein diskretes Wort für Verhältnis. Freundschaft ist selbständige Erosform und nicht verdrängte oder verstümmelte Erotik. Das heißt, wenn sie echt ist, entwickelt Freundschaftsliebe – natürlich ist sie eine Gestalt der Liebe! – ihre eigene Ausdruckssprache und braucht keine Anleihen bei Flirt usw. zu machen: freilich muß sie dazu erfinderisch, feinfühlig, zart und hart sein.» Im Munde von Frau Görres besaß das Wort «Freundschaft» noch jenen edlen Klang, der Davids Klage über Jonathans Tod ähnlich ist.

Diese Freundschaft erstreckte sich auch ohne weiteres auf evangelische Christen. Sie war mit Birgitta von Münster verbunden, als diese Frau noch evangelisch war, sie widmete ihr Theresienbuch Esther von Kirchbach, der evangelischen Pfarrfrau und Gattin eines Mitgliedes der bekennenden Kirche, und sie war mit Pfarrer Hans Asmussen und dessen Familie befreundet. Dies ist nicht ganz selbstverständlich, wenn man bedenkt, daß sie aus einer streng katholischen Familie kam, die keine evangelischen Christen aus eigener Erfahrung kannte. Sie bekam einen Respekt vor gläubigen Protestanten und pflegte eine ökumenische Verbindung noch vor der offiziellen Ökumene, die nur einen kurzen Abendspaziergang in die andere Konfessionen wagt und dann schleunigst wieder umkehrt. Frau Görres überwand im Laufe der Zeit die bösen Vorurteile gegenüber den Ketzern: «Ich jedenfalls habe mein Leben lang ungemein viel von der Berührung mit jeglicher Ketzerei profitiert... So bin ich in einem bestimmten Sinn der gelehrige Schüler vieler Häresien.» Im Gespräch erzählte sie offen von ihren eigenen Schwierigkeiten mit der Kirche und erkundigte sich stets eifrig über erfreuliche Vorgänge im evangelischen Raum, wenn es deren leider auch wenige zu berichten gab. Nie braute man ein verschwommenes Eintopfgericht, aber auch nie ereiferte man sich in hitzigen Polemiken, sondern sie bemühte sich stets, eine gegenseitige positive Beziehung herzustellen. In dieser freundschaftlichen Verbundenheit kam etwas von der echten Versöhnung der Gläubigen zum Vorschein, die immer unten bei der Basis beginnt, nicht oben beim Kirchenregiment, das ohnehin mit Verwaltungsaufgaben überhäuft ist. Auf diesem Weg allein würde die Christenheit die sündhafte Spaltung langsam

überwinden, dann, wenn der Heilige Geist ihr zu Hilfe kommt.
Noch etwas spielte sich im erwähnten Stübchen ab. Viele junge Menschen suchten bei Ida Friederike Görres Rat und Klarheit in ihren Schwierigkeiten. Oft geschah dies auch auf schriftlichem Weg. Frau Görres führte eine umfangreiche Korrespondenz. In beiden Fällen übte sie eine wahrhaftige Seelsorgertätigkeit aus. Wir sind gewohnt, dieses Wort sonst nur mit dem Beruf des Priesters in Verbindung zu bringen. Diese Einschränkung ist unangebracht. Ganz abgesehen davon, daß gegenwärtig viele soziologisch-politologisch eingestellte Geistliche wegen ihrer Verbildung gar nicht mehr fähig sind, echte Seelsorge auszuüben, oder wegen ihrer betriebsmäßigen Überbeanspruchung nicht mehr die nötige Zeit dafür aufbringen, ist es nicht einzusehen, warum nicht auch Laien hiefür geeignet sein sollten. Seelsorge ist im wesentlichen ein Charisma, das gewisse Menschen empfangen haben und andere wiederum nicht. Frau Görres besaß diese Gnadengabe, hatte sie doch selbst viel Schweres zu ertragen gehabt. Sie hörte den Menschen geduldig zu, vermochte sich in andere Situationen einzufühlen, wußte verschlungene Lebensknoten aufzulösen und den Ratsuchenden ein wegweisendes Wort mit auf den weiteren Weg zu geben. Man muß ihr ganz besonders dankbar sein für ihre Seelsorge, und es ist zu wünschen, daß in der verwirrten Gegenwart, in der so viele Menschen versagen und so viele Säulen bersten, mehr Laien, Frauen und Männer, die seelsorgerliche Hilfe anbieten.
Das fünfte Bild hat mir Frau Görres selbst gezeigt. Sie saß an einem Adventssonntag im Gottesdienst, erzählte sie, als ein blutjunger Vikar seine Predigt über den Jesaja-Text «Bereitet dem Herrn den Weg» mit der Frage begann: «Bereitet unser Papst Paul VI. dem Herrn den Weg?» Der Vikar fuhr fort und schmetterte die Antwort in den Kirchenraum: «Nein, er

legt ihm Hemmnisse in den Weg!» Bei diesen Worten schnellte Frau Görres empor, nahm ihre beiden Stöcke und verließ die Kirche. «Ich war mir bewußt», fügte sie bei ihrer Erzählung hinzu, «daß dies eine Störung der gottesdienstlichen Stille war, aber ich brauche mir doch nicht allen Unsinn von unseren jungen Kaplänen gefallen zu lassen, die sich über die Tragweite ihrer Worte gar keine Rechenschaft geben und die Kirchenbesucher nur provozieren wollen, sondern es ist notwendig, diesen wenig verantwortlichen Geistlichen einmal die kalte Schulter zu zeigen.» Auf diese Äußerung kann man nur mit einem Wort aus Shakespeares «Sommernachtstraum» antworten: «Gut gebrüllt, Löwe!» Das muß eine echt Görressche Szene gewesen sein. Sie umreißt aber auch ihr Verhältnis zur Kirche, das namentlich nach ihren Tagebüchern viel nuancierter war, als gewöhnlich angenommen wird. Sie empfand Scham über die religiöse Dürftigkeit und Plattheit in der Kirche. Ihre Kritik an der Lehr- und Denkform der Kirche wuchs beständig. Sie besaß die Freiheit, Josef Wittigs indiziertes «Leben Jesu» ein «sehr schönes Buch» zu nennen und bemerkte über den Autor trefflich: «Er war ein ganz ursprüngliches religiöses Genie, das in die kirchlich-klerikale Form von damals wirklich wie in ein Gefängnis hineingesperrt war.» Aufschlußreich ist vor allem ihre Feststellung, daß die Kirche heute in Bewegung ist, ihre Angelegenheiten ins Fließen geraten sind und nicht so bald zur Ruhe kommen werden. Ida Friederike Görres' Leiden unter der Dürre und Trockenheit des kirchlichen Lebens empfand ich als ein verwandtes Lebensgefühl; es ergeht mir nicht anders mit meiner evangelischen Kirche, deren Jahresberichte sich oft nur wenig von dem Jahresbericht einer Bank unterscheiden.

Vor vielen Jahren, bei meinen ersten Kontakten mit Frau Görres, sagte der kluge, gütige, vor einigen Jahren verstorbene Otto Karrer zu mir: «Nehmen Sie sich in acht, das ist eine streitbare Dame!» Viele Priester waren dieser Meinung, aber sie ist nach meiner Erfahrung falsch, da sie offenbar auf eine äußerst mangelhafte Kenntnis von Frau Görres' Wesen zurückgeht. Jedenfalls hat mich diese Warnung keineswegs beeinflußt.

Die Auffassung des Geistlichen gründete sich auf den bekannten «Brief an die Kirche», den Frau Görres 1946 in den «Frankfurter Heften» erscheinen ließ. Sie fühlte sich dem Gedanken Pascals verpflichtet, «niemals haben die Heiligen geschwiegen», weil Stillschweigen in dieser finsteren Stunde einem Verrat gleichkommt. Der Brief wirkte damals wie eine nicht entschärfte Brandbombe, die man aus Versehen liegengelassen hatte und die nun plötzlich unter starkem Getöse explodierte. Die Katholiken waren zutiefst erschrocken, ja eigentlich schockiert, denn man hatte dies von der gefeierten Hagiographin nicht erwartet. Namentlich war die höhere Geistlichkeit entrüstet, tadelte den Brief von den Kanzeln aus, und das lammfromme Kirchenvolk, nicht gewohnt, selbständig zu denken, tat das, was man ihm von geistlicher Seite her befahl: es rückte sichtlich von Ida Friederike Görres ab. Ihre Bücher wurden nicht mehr gekauft, und es gab katholische Buchhandlungen, die sie gar nicht mehr führten. Frau Görres erlebte etwas Ähnliches wie Reinhold Schneider, der, nachdem er die Wiederbewaffnung Deutschlands abgelehnt hatte, über Nacht verfemt wurde. Katholische Ärzte forderten sogar seine Exkommunikation, obwohl seine Meinung nicht im geringsten gegen die katholische Lehre verstieß. Diese Dinge müssen ausdrücklich gesagt werden, weil diese trüben Reaktionen eindeutig beweisen, wie sehr Frau Görres für ihre Überzeugung gelitten hat.

Wie verhielt es sich aber wirklich mit dem berüchtigten Brief? Wer ihn heute liest, versteht die damalige Aufregung schlechterdings nicht mehr. Über ihre Absicht gibt das als Motto vorangestellte Wort von Kardinal Newman die nötige Auskunft: «Sie müssen im Auge behalten, daß wenn ich an verschiedenen Stellen nachdrücklich gegen den bestehenden Zustand spreche, es nicht leichtfertig geschieht, sondern um zu zeigen, daß ich die Schwierigkeiten fühle, von denen manche Geister geplagt werden.» Was Frau Görres in jenem Brief ausführte, waren einige Wahrnehmungen im katholischen Raum, an denen sie sich stieß: die den Ton angebende Mittelmäßigkeit, die dünne Schleimsuppe von Theologie, die dürftige Plattheit der kirchlichen Aussagen usw. Vor allem trug sie schwer an den gleichgültigen Priestern, die ihr Amt so nebenbei mit der linken Hand ausüben und lieber ihren Hobbys frönen. Immer ist der lahmherzige Priester eine ärgerniserregende Erscheinung, während ein ernster Priester zu den erfreulichsten Begegnungen im Leben gehört. Was Frau Görres in ihrem Brief beklagt, sind Dinge, die ein Jahrzehnt später das Konzil an die Hand genommen hat. Offensichtlich ist der ganze Brief von der ersten bis zur letzten Zeile mit brennender Sorge von einem Menschen geschrieben worden, der seine Kirche manchmal zornig, aber immer glühend geliebt hat und für den die Kirche Säule und Grundfeste aller Wahrheit war. Es ist unbegreiflich, wie man dies damals übersehen und die lautere Absicht von Frau Görres dermaßen verkennen konnte. Sind denn nur die brav schweigenden Frauen die wahren Töchter der Kirche? Mindestens sollte man aus dem damaligen Geschehen die Erkenntnis von Ida Friederike Görres übernehmen: «Die Theologie ist nur *eine* Sprache für die göttliche Wahrheit und nicht die einzige gültige und mögliche.» Nichttheologen sind oft tiefer in das Geheimnis des Glaubens eingedrungen und haben die Pflicht und auch das Recht, ihre Sorgen um die Kirche frei und offen zu äußern. Einer Frau steht dieses Anrecht ebenso zu wie einem Manne.

Diese Interpretation will nicht alles nach ihrem Tode in ein vergoldendes Licht rücken. Zum Zeugnis, daß Frau Görres eine getreue Tochter der katholischen Kirche war, sei noch auf die letzte, zu ihren Lebzeiten publizierte Schrift hingewiesen: «Im Winter wächst das Brot.» Beachtet man die rasch aufeinanderfolgenden Auflagen dieses Büchleins, spürt man, wie stark und weitverbreitet das Bedürfnis nach diesen Ausführungen war. Ida Friederike Görres ging auf alle Probleme ein, die in der nachkonziliaren Zeit die katholische Christenheit aufwühlten und verwirrten. Sie hatte die Kirche des Überganges miterlebt, hatte all diese improvisierten Veränderungen an sich selbst erfahren und am ganzen chaotischen Zustand mitgelitten. Sie wußte um die progressiven Bestrebungen, denen sie in ihrer Jugend selbst gehuldigt hatte, aber noch viel mehr blieb sie der Treue gegenüber der Tradition eingedenk, nicht aus Altersgründen, sondern aus der Einsicht: «Die Feinde der Tradition ahnen gar nicht, was sie anrichten. Sie meinen Gerümpel zu beseitigen und leiten einen geistigen Erblindungsprozeß ein.» Ida Friederike Görres selbst ist weder bei den Konformisten noch bei den Progressiven einzuordnen, weil sie bewußt nach dem dritten Weg suchte. Sie beleuchtete alle Zustände bald von dieser und bald von jener Seite, bemühte sich, die mannigfachen Versuche zu verstehen, und war doch nicht gewillt, nur das geringste vom Wesentlichen preiszugeben. Ihre überlegene Einstellung vermittelte den verunsicherten Menschen wieder Halt und Festigkeit. Wer kann ihren letzten Aufsatz «Vertrauen zur Kirche» lesen mit den lapidaren Schlußklängen: «Ich glaube an Gottes Treue, ich vertraue auf die ungeheuren Regenerationskräfte, ich glaube an die verborgenen Heiligen», ohne Mut und neue Zuversicht zu fühlen? Dies war Frau Görres' unlösbares Verhältnis zur Kirche, wie sie es von früher Jugend an bis in ihr Alter gelebt hat. Allerdings hat sich während ihres Daseins das Karussell so stark gedreht, daß die junge, vorwärtsstürmende Frau sich im Alter unmerklich auf der Seite der bewahrenden Kräfte befand, ein Schicksal,

das sie mit vielen aufgeschlossenen und verantwortungsbewußten Katholiken teilte.
Von dieser Gewißheit erfüllt, berief sie der deutsche Episkopat einstimmig in die Synode. Wenn eine Frau dahin gehörte, dann ganz gewiß Frau Görres, die diese Aufgabe auch sehr ernst genommen hat. Sie las die ganze damit verbundene Papierflut genau und verfolgte alle Vorgänge bis ins einzelne. Bei einer Kommissionssitzung empfand sie die Notwendigkeit, den Anwesenden die Situation eindringlich ans Herz zu legen, holte zu einer längeren Rede aus, erregte sich innerlich stark und sank plötzlich, von Spasma-Anfällen befallen, bewußtlos nieder. Man überführte sie sofort in das Spital, wo sie jedoch aus ihrer Bewußtlosigkeit nicht mehr erwachte und am 15. Mai 1971 starb. Man kann es nur mit den soldatischen Worten sagen: Ida Friederike Görres ist auf dem Schlachtfeld der kirchlichen Auseinandersetzungen ehrenvoll und heldenhaft gefallen. Ohne sich einer Übertreibung schuldig zu machen, darf man Frau Görres zu den Bekennerinnen zählen.
Das letzte Bild zeigt die Grabstätte von Frau Görres auf dem Bergäcker-Friedhof in Freiburg. Es ist ein eindrucksvolles Grab mit einem vom Münsterbau-Verein überlassenen roten Sandstein aus dem Jahre 1300. Auch darin kommt über ihren Tod hinaus ihre Verbindung mit der Kirche zum Ausdruck. Auf dem Stein ist in modern-stilisierter Weise der Erzengel Michael eingeritzt, der die Schwachen beschützt und gegen die Bösen kämpft. Oben stehen in lateinischer Sprache die Worte: «Hüte dich, ich bin da!» Auf der linken Seitenfläche ist das Zeichen des Quickborn, das Kreuz auf Halbkreis, eingemeißelt. Es ist ein würdiges, in jeder Beziehung zu ihr passendes Grabdenkmal, an dem das Wort wichtig ist: «Ich bin da.» Der Mensch ist nicht allein, auch in der äußersten Einsamkeit des Alters nicht. Er ist da und Er bleibt da, jetzt und immerdar, auch während der schweren Krise.

Wir stehen vor diesem Grab still und gedenken dieser Frau verehrend. Der Katholizismus pflegt bewußt die Verbundenheit mit den Toten; das Gespräch zwischen ihnen und uns hört nie auf. Wir wollen nichts von jener schändlichen Gesinnung wissen: Aus den Augen, aus dem Sinn. Das Heer der Toten ist größer als das Heer der Lebenden; wir beten für sie, und sie tun es für uns, dieser Glaube schafft einen festen Zusammenhang. Darum suchen die Christen die Grabstätten der Angehörigen, der großen Christen und der Heiligen auf.
Dabei wissen wir genau, wenn wir innerlich bewegt vor diesem Grabe stehen, daß hier von Ida Friederike Görres nur die sterblichen Überreste ruhen. Ihre dichterisch beschwingte Seele lebt bei Gott, sie befindet sich in der Ewigkeit, die wir nicht sehen, an die wir aber fest glauben. Frau Görres war eine kraftvolle Zeugin des Ewigkeitsbewußtseins, von dem sie öfters sprach. Aus diesem Grunde ist zum Abschluß nicht nochmals das Wort des Anfanges von der einen Frau unter Tausenden zu wiederholen, sondern ganz schlicht an die Äußerung Jesu im Hause Simons des Aussätzigen zu erinnern: «Diese Frau hat eine schöne Tat an mir getan.»

Vergängliches und Unvergängliches: Reinhold Schneider

Zum Gedächtnis des fünfundsiebzigsten Geburtstages von Reinhold Schneider wurden etliche Feiern veranstaltet, die gut gemeint, aber doch fragwürdig waren. Derb gesagt, waren es «Begräbnisse erster Klasse». Mit ihren Lobreden machen sie den Toten unwirksam, man rühmt ihn, um ihn los zu sein. Aus diesem Grund soll nun kein feierliches Requiem gehalten werden, weit eher geht es um eine Totenbeschwörung. Es ist meine Absicht, mich Reinhold Schneider zu stellen und mit ihm eine leidenschaftliche Zwiesprache zu führen. Dies allein ist seiner Person und der Wahrheit würdig.

Reinhold Schneiders geistigem Erbe war ein zweifaches Schicksal beschieden, worüber einige Reflexionen angebracht sind, weil es sich nicht aus seiner rätselhaften und vielfältigen Natur erklären läßt.

Die meisten Menschen vergaßen nach dem Zweiten Weltkrieg den einstigen Tröster seiner Nation rasch, wie man denn in allen europäischen Ländern nur darauf bedacht war, die erlebte Ungeheuerlichkeit schnell hinter sich zu bringen, um einem törichten Nachholbedürfnis zu huldigen. Einer der wenigen, der sich bemühte, das furchtbare Kriegsgeschehen innerlich zu verarbeiten, war Reinhold Schneider, und gerade deswegen brachte man den unbequemen Mahner sofort außer Gehörweite. Es fehlen auch die Stimmen nicht, die da überheblich behaupten, Reinhold Schneider spreche nicht mehr zum heutigen Menschen und gehöre zu den vergangenen Gestalten, weil er nicht mehr gegenwartsbezogen sei. Das Bestreben, Reinhold Schneider in die Vergessenheit abzuschieben, hängt mit der Kurzlebigkeit der modernen Zeit zusammen, die das heute Gefeierte schon morgen für tot erklärt. Wenn Deutschland weiterhin mit seinen Gottesboten in dieser unverantwortlichen Weise verfährt und die Wegwerfpraxis auch auf das religiöse Gebiet überträgt, dann, so darf man ruhig behaupten, ohne ein Prophet zu sein, wird es nie mehr eine wirklich bedeutsame Gestalt hervorbringen. Das Grab der Vergessenheit, in das man Reinhold Schneider so hastig hineinschaufelte, ist nichts anderes als sträfliche Oberflächlichkeit, für die es keine Entschuldigung gibt.

Ein ganz kleiner Kreis war bemüht, sich dem leichtfertigen Verhalten entgegenzustellen und das Andenken an Reinhold Schneider lebendig zu halten. Allen voran ist hier der Name des Dichters Werner Bergengruen zu nennen, der seinem toten Freund auf vornehme Art die Treue hielt. Er wies in mehreren Ansprachen auf ihn hin, die man in seinem Band «Mündlich gesprochen» noch heute mit Gewinn liest und die viel aufschlußreicher sind als der Briefwechsel zwischen den beiden Männern. Auch der berühmte Theologe Hans Urs von Balthasar legte in seinem Werk «Reinhold Schneider» eine in die Tiefe dringende Interpretation vor. Es ist das bedeutendste Werk der ganzen Sekundärliteratur über Reinhold Schneider, obschon es vor der letzten Phase des Dichters erschienen ist. Bei aller Hochschätzung dieser Arbeit beginnt mit ihr jener stilisierende Ton, zu dem freilich der Dichter selbst neigte. Auf diesem Weg der Idealisierung ist ihm die Reinhold-Schneider-Gesellschaft unbedenklich gefolgt, und in der Folge wurde vom Dichter in einem beinahe hymnischen Ton gesprochen. Es taten diese alle, ohne Ausnahme, nach Leporellos Registerarie «Waren es tausend und zwei, nein, tausend und drei, denn ich war auch dabei». Von diesen Lobreden hat Friedolin Stier, der ebenfalls an ihnen teilgenommen hatte, in seinen nachdenkenswerten Aufzeichnungen «Vielleicht ist irgendwo Tag» trefflich gesagt:

«Stammtischgespräche auf höherer Ebene.» Dadurch aber hat man ungewollt Reinhold Schneider gleichsam einbalsamiert und ins Mausoleum gelegt. Dieser ständigen Belobigung hätte Reinhold Schneider wahrscheinlich den Rücken gekehrt, wie er in Wien bei der Claudel-Aufführung «Christoph Columbus» zu Anfang des zweiten Aktes sich lautlos aus der Loge schlich. Wie immer sind die bloßen Nachbeter bei allem guten Wollen unfruchtbar; wir tun gut daran, die Warnung Max Müllers vor einer «Reinhold-Schneider-Schwärmerei» nicht einfach in den Wind zu schlagen.
Zu diesen zwei entgegengesetzten Haltungen, jener der raschen Versenkung und jener der heiligmäßigen Stilisierung, gibt es eine dritte, die sich bemüht, frisch und unvoreingenommen Reinhold Schneider zu begegnen. Nur keine statische Bewertung! Eine geschichtliche Gestalt muß stets in Bewegung gehalten werden, wenn sie lebendig bleiben soll. Dabei ist jeder Versuch, Reinhold Schneider nach links abzubiegen, nicht bloß eine Verfremdung, sondern eine glatte Verfälschung. Wir müssen kritisch zu unterscheiden versuchen zwischen Totem und Lebendigem im geistigen Erbe des Dichters und bedrängen ihn daher unablässig, ja stürmisch mit Fragen, indem wir in seinen Schriften leidenschaftlich nach Antworten auf die geistigen Probleme der Gegenwart forschen. Dies hat weder mit Kritiksucht noch mit Ehrfurchtslosigkeit etwas zu tun; niemals stelle ich mich über Reinhold Schneider, doch bemühe ich mich um eine echte Auseinandersetzung mit ihm. Es gilt, die Paulinische Mahnung nicht zu vergessen: «Prüfet alles, und das Gute behaltet.» Auf den Geist der Prüfung und der Unterscheidung darf nicht verzichtet werden, denn er allein eröffnet neue Aspekte und belebt dadurch die Diskussion um Reinhold Schneider. Er selbst gab eine Schrift «Rechenschaft» heraus, worin er Klarheit suchte über die damalige Situation Europas. Bei diesem Unterfangen ist manch hartes Wort gefallen.

Eine ähnliche Pflicht ist uns auferlegt: wir wollen uns Rechenschaft geben, was im umfangreichen Schrifttum Reinhold Schneiders zeitbedingt, was vergänglich ist und welche Werte von bleibendem Charakter sind. Eine bewußt agonale Haltung muß an die Stelle der beständigen Verneigungen treten, weil nur eine geistig kämpferische Kraft Reinhold Schneider aus dem toten Winkel herausholt. Auf diesem Weg allein vermag er auch die studierende Jugend zu faszinieren. Selbst wenn sie sich mit ihm auf eine wilde Art herumschlägt, ist dies besser als die müde Resignation, die sie zur Schau trägt.

Die kritische Prüfung beginnt mit jenen überholt anmutenden Gedanken von Reinhold Schneider. Dabei werden die Überlegungen nicht auf das Leben des Dichters ausgedehnt, obwohl sich auch da teilweise eine nicht der Wirklichkeit entsprechende Fama gebildet hat, an der der Dichter selbst nicht ganz unschuldig war, denkt man nur an seinen Aufsatz über «Tröstliche Kindheit», die doch in einer Katastrophe endete und auch sonst alles andere als tröstlich war. Die Biographie bedarf in einigen Punkten einer Korrektur, und zwar solange noch Menschen leben, die es bezeugen können. Doch soll im vorliegenden Zusammenhang der Rechenschaftsbericht ausschließlich auf das Werk beschränkt bleiben, wobei auch von der Zäsur abzusehen ist, die seine Übersiedlung von Potsdam nach Freiburg, also aus dem norddeutschen Raum in die süddeutsche Heimat, in sich schloß.

Reinhold Schneider beschäftigte sich sowohl in «Philipp II.» als in den «Hohenzollern» eingehend mit dem Gedanken der Monarchie, wobei das letztgenannte Werk eine interessante, wenn auch fragwürdige Arbeit bleibt, die man, sowenig wie sein Fichte-Buch, nicht einfach als nichtexistent betrachten darf. Bei seinen Arbeiten über die Monarchie hob er vorwiegend die Lichtseiten hervor und überging stillschweigend die

Schattenseiten. Mit einer außergewöhnlichen Einfühlungsgabe dachte er sich in die fürstlichen Gestalten hinein, bis er schließlich in ihnen Könige und Kaiser sah, die Gott selbst auf ihre Posten stellte. Reinhold Schneider tat dies durchaus großartig, so daß man sich hüten muß, seine diesbezüglichen Gedanken zu verkleinern. Nach ihm gehen «von der heilig gehaltenen Krone heilende, erneuernde Kräfte aus». Das Königtum war der innerste Kern seines Weltverhältnisses, ähnlich wie bei Hofmannsthal, den Reinhold Schneider sonst kaum erwähnt. Der Dichter schrieb: «Vielleicht ist das der Sinn meines Lebens gewesen: die Krone wieder zu finden und zu preisen, die in der Erniedrigung gewonnen wird.» Nach ihm war das Leiden immer in der Krone eingeschlossen: «Das gehört zu ihrem Geheimnis: zur Einheit von Leiden und Macht.» Er sah in der «christlichen Krone ein apokalyptisches Zeichen» und verband mit der Krone die Idee vom Reich, das nach ihm einen sakralen Auftrag hat. In einem Brief an Erich Przywara schrieb Reinhold Schneider über die Krone, die Friedrich II. der toten Elisabeth von Thüringen aufsetzte: «Hier wäre in der Tat die Lösung: die Gebeine der Ärmsten in der höchsten Krone, das sollte das Reich sein, das könnte und müßte es werden.» In Tat und Wahrheit war Friedrichs Verhalten am Sarg Elisabeths eine rein theatralische Gebärde, die der Hohenstaufe so liebte, aber in schroffem Widerspruch zu der Heiligen stand. Ganz gewiß gehört die Reichsidee zu den großartigsten Ideen des Mittelalters, deren Strahlungskraft den Menschen zum Erbeben bringt. Aber ebenso gewiß ist es, daß sie schon damals von den Fürsten aus egoistischen Gründen allzu oft schmählich verraten wurde, bis zuletzt nur noch ein schwach schimmernder Gedanke von ihr übrigblieb. Ihr noch heute zu huldigen, verrät edle Sehnsuchtsgefühle, die jedoch an der Wirklichkeit vorbeigehen. Reinhold Schneider wich nicht ab von dieser unrealistischen Haltung; er gestand: «Ich habe meine monarchische Gesinnung niemals aufgegeben.» Die Beschäftigung mit Krone und Reich war für ihn eine ernsthafte Sache. Er trat mit den Vertretern der Hohenzollern in eine persönliche Verbindung, worauf ihm deren Versagen zwar peinlich klar wurde, aber er nahm keine Konsequenzen auf sich. Nun sprach er sich «gegen die Restauration» aus und zog sich immer mehr auf «das innere Königtum» zurück. Reinhold Schneiders Bekenntnis zur Krone in einer Zeit, da deren Glanz längst verblaßt war, erforderte einigen Mut, wenn es auch, genau wie bei seinem tragischen Freund Jochen Klepper, auf einem Irrtum beruhte. Obgleich die Ablösung der Monarchie durch die Republik kein sonderlich gutes Abtauschgeschäft war, ist Reinhold Schneiders politische Einstellung als ein Anachronismus in der Gegenwart zu bewerten, eine Haltung, die nicht aus einer falschen Vornehmheit übergangen werden darf.

Ich versetze damit keineswegs einem toten Löwen einen Fußtritt, habe ich doch zu Lebzeiten des Dichters ihm meine Ablehnung klar ausgesprochen, worauf er mir ganz ruhig erwiderte: «Ich begreife gut, daß Sie als Schweizer diese Anschauung nicht mitvollziehen können; ich dagegen kann trotzdem ein Staatsgebilde wie die Eidgenossenschaft oder die freien Hansestädte in ihrem Wert durchaus anerkennen.» Nun, diese Antwort war schön und gut, aber mein Einwand war nicht aus einem nationalen Gefühl heraus gesprochen. Ich weiß durchaus um Glanz und Größe der mittelalterlichen Kaisergeschichte, aber ich weiß auch um jene machtgierigen Gestalten, die ein Meer von Blut und Tränen über das Abendland brachten. Die von den Trägern selbst geschändete Krone ist heute nur unter dem Gerichtswort Kierkegaards zu sehen: «Sind die Autorität und die Macht einst mißbraucht worden in der Welt und haben sie eine Revolutionsnemesis über sich gebracht, so waren sie ja eigentlich die Ohnmacht und die Schwachheit, die selber auf eigenen Füßen stehen wollten und deshalb nun diese Nemesis über sich brachten.» Wir Christen können uns heute nur noch für *eine* Krone entscheiden, und das ist die Dornenkrone Christi, und nur noch für *ein* Reich einsetzen, und das ist das Reich, das nach Jesu Worten nicht von dieser Welt ist – alles andere kommt gar nicht mehr in Frage. Demnach sind Reinhold Schneiders Aussagen über Krone und Reich romantische Gedanken. Nun hat uns die durchaus liebenswerte romantische Bewegung zu Beginn des neunzehnten Jahrhunderts für Vieles und Großes die Augen geöffnet, aber sie vermochte keine prinzipielle Wende herbeizuführen. Ihre Zeit ist unwiederbringlich vorbei, zumal sie einem Phantom nachjagte. Wir verkennen ihre Werte nicht, aber wir gestatten uns keine romantischen Lebensgefühle, weil das Christliche für uns stets Wirklichkeit und Präsenz ist. Ich trauere keiner stilisierten Vergangenheit nach, fühle mich aber dem göttlichen Realismus verpflichtet, den auch die Bibel dauernd entfaltet. Realistisch und nicht romantisch denken ist Pflicht. Die Worte im Petrusbrief «seid nüchtern» sind heute aktueller denn je; sie verbieten es geradezu, Reinhold Schneiders romantische Gedanken zu übernehmen.

In der agonalen Auseinandersetzung mit Reinhold Schneider müßte man auch Fragezeichen setzen bei der Wahl seiner philosophischen Gewährsmänner. Zwar gestand der Dichter selbst, er sei kein Denker, «nur in Bildern und Schicksalen komme ich ein wenig weiter». Trotzdem haben ihn drei Philosophen nachhaltig beeinflußt. Zunächst Schopenhauer, den er schon in seinen Jünglingsjahren in sich aufgenommen hat. «Ich verdanke ihm mehr als irgend jemandem sonst», gestand er; seine Rückkehr zu ihm in den letzten Jahren aber war eine bedauerliche Fehlentscheidung. Sein pessimistisches Naturell fand beim brummigen Philosophen eine Bestätigung. Er machte sich von Schopenhauer, wie schon Nietzsche in seiner dritten «Unzeitgemäßen Betrachtung», durchaus ein Wunschbild, das nicht der Wirklichkeit entsprach. In religiöser Beziehung lenkte Schopenhauer seine Leser nach Indien und war, näher besehen, von einem Gotteshaß erfüllt. Nach der Lektüre Schopenhauers griff Reinhold Schneider zum Buch «Das tragische Lebensgefühl» von Miguel de Unamuno, und wiederum hypnotisierte der Begriff «Tragik» den Dichter dermaßen, daß er alles andere übersah. In Wirklichkeit war Unamuno bei aller Hochschätzung ein widerspruchsvoller Mensch, der selbst nie ganz zu einer inneren Klarheit kam. Er breitete in obigem Buch eine liberale Weltanschauung aus Mitteleuropa vor seinen spanischen Lesern aus. Schließlich schrieb Reinhold Schneider ein Buch über «Fichte, der Weg zur Nation» (1932). Noch später gestand er: «Ich glaube, daß Fichte die Anlage zum echten Mystiker hatte», doch trotz seinen «Anweisungen zum religiösen Leben» kam sie nie über die notdürftigen Anfänge hinaus. Fichte ist mit seinem Rationalismus, seinem sittlichen Kraftbewußtsein und seinem Tatendrang vor allem ein Sohn des Deutschen Idealismus, dessen geistsprühender Schwung sofort fühlbar wird. Er hat aber die deutsche Wirklichkeit von damals in blinder Kühnheit überflogen und sich damit in eine gefährliche Realitätsferne begeben. Ob Schopenhauer, Unamuno oder Fichte, sie alle sind keine tragfähigen philosophischen Grundlagen für das christliche Selbstverständnis, jedenfalls hätte man Reinhold Schneider bessere Anknüpfungspunkte gewünscht. Wie viel fruchtbarer wäre es gewesen, hätte er sich in Plato, Augustin, Meister Eckhart oder in Kierkegaard vertieft! Jedenfalls kann man heute auf seinen philosophischen Fundamenten nicht weiterbauen, weil sie uns nicht ans Ziel führen – auch dies sei mit allem Freimut festgestellt, wenn uns dauerhafte Grundlagen wichtig sind.

Ferner muß sein Einspruch gegen die Wiederbewaffnung Deutschlands überprüft werden, ein Veto, das nicht aus seinem Fremdgefühl gegenüber allem Militarismus zu erklären

ist. Wer damals Reinhold Schneider persönlich kannte und jene Zeit mit ihm erlebte, weiß, was er gelitten hat. Dies nötigt mich, in gedämpftem Tone darüber zu reden. Es ist keine Frage, Reinhold Schneider hat seinen Einspruch gegen den Adenauer-Kurs aus lauterstem Herzen und in edelster Gesinnung erhoben. Er war ehrlich überzeugt davon, daß Deutschland wegen der Verbrechen des Nationalsozialismus sozusagen als Sühne für immer auf alle Waffen verzichten müsse und daß nur auf diesem Weg ein echter europäischer Friede geschaffen werden könne, ein Gedanke, den er leidenschaftlich verfocht. Man hat ihn deswegen als verkappten Kommunisten verschrieen, womit man ihm ein Unrecht ohnegleichen angetan hat. Diese Ruchlosigkeit bleibt eindeutig an seinen Gegnern haften. Der Tröster in Deutschlands dunkelster Zeit hat dies wahrhaftig nicht verdient. Wer immer sich an jenem häßlichen Kesseltreiben gegen Reinhold Schneider beteiligt hat, müßte Abbitte leisten.
Obwohl Reinhold Schneiders Denken und Tun in dieser Frage aus seiner tiefen Friedensliebe herausgeflossen ist – Rita Meile beweist dies eindeutig in ihrer Schrift «Der Friede als Grundmotiv in Reinhold Schneiders Werk» –, kann man ihm doch nicht blind auf dieser Fährte folgen. Er war übrigens nicht der einzige, der Widerspruch erhob, und es ist auch eine Frage, ob er heute, angesichts der veränderten Verhältnisse, es noch in gleicher Weise tun würde. Die vom Evangelium verkündete Gewaltlosigkeit – «widerstehe nicht dem Bösen» und «wer dich auf die rechte Wange schlägt, dem biete auch die linke dar» – kann nur vom einzelnen Christen, niemals aber von einer ganzen Nation verlangt werden. Ein Volk in seiner Gesamtheit steht nie auf dieser Höhe, und wenn man dies von ihm fordert, wird es überfordert. Im Herzen von Europa liegend, kann Deutschland nicht ohne Heer sein; hätte es dies versucht, wäre es längst von fremden Heeren aufgefressen worden. Dies muß in aller

Sachlichkeit gesagt sein: Reinhold Schneider ist hierin einer falschen Einschätzung der Wirklichkeit zum Opfer gefallen. Auch übersah er die unvermeidliche Verquickung von Politik und Lüge, die in der Diplomatie ihre Triumphe feiert. Bei aller Redlichkeit vertrat er hierin eine unhaltbare Position, die rasch von der politischen Wirklichkeit überrollt wurde. In dieser Sache dachte er utopisch, wenn er dies auch nicht wahrhaben wollte. Der Utopist glaubt an eine irdische Lösung der Geschichte, während dem Christen doch klar gesagt ist, daß die letzten Dinge dieser Welt schlimmer sein werden als die ersten. Bei Reinhold Schneider war manchmal der Wunsch der Vater des Gedankens, so gestand er einmal unmittelbar nach dem Krieg: «Ich glaubte, wirklich ein Volk zu sehen auf der Heimkehr zu Gott.» Es wäre schön gewesen, wenn diese Annahme der Realität entsprochen hätte. Die seitherige Geschichte aber beweist eindeutig, daß nicht nur das deutsche Volk, sondern das ganze Abendland sich nicht auf jener Heimkehr zu Gott befindet, sondern sich mehr und mehr dem Christentum entfremdet. Die Katastrophe des Zweiten Weltkrieges bewirkte keine Veränderung, geschweige denn eine Umkehr. Dies hat auch Georges Bernanos für Frankreich nach seiner Heimkehr aus dem Exil rasch erkannt. So wenig es gestattet ist, romantisch zu denken, so wenig geht es an, einem utopischen Wunschdenken zu huldigen. Wir müssen die Dinge realistisch sehen, wenn nicht, verfehlen wir die Wirklichkeit.

Habe ich mit diesen Ausführungen ein Sakrileg begangen, für das ich gestäupt zu werden verdiene? Ich wollte damit nur Reinhold Schneider aus den Händen der Gartenzwerge befreien und die dürren Äste heraussägen. Man darf sich dieser unumgänglichen Verpflichtung nicht länger entziehen, wenn man Reinhold Schneider wirklich liebt und ihn nicht bloß anschwärmt.

Inzwischen ist es höchste Zeit, sich vom Vergänglichen in Reinhold Schneiders Denken abzuwenden und sich auf das Bleibende zu besinnen, denn das Wertvolle überwiegt bei ihm unendlich das Zeitbedingte. Es lohnt sich eine Beschäftigung mit einem Denker erst wirklich, wenn bei ihm das Positive überragt.

In erster Linie wollte Reinhold Schneider Dichter sein; er wollte es nicht nur, er war es auch wirklich. Schon früh waren ihm die Werke der großen Dichter heilig, und gleichzeitig erwachte in ihm eine leidenschaftliche Liebe zur Dichtung. Der Dichter in Reinhold Schneider ist bedeutsam, mag er auch nicht zu den ganz großen Dichtern der Weltliteratur zählen. Ihn in einem Atemzug mit Homer und Dante, mit Cervantes, Shakespeare, Goethe und Dostojewskij zu nennen, hätte er selbst entschieden abgelehnt. Aber er war wie Bergengruen, Gertrud von Le Fort, Rudolf Alexander Schröder, Franz Werfel usw. ein ernster, verantwortungsbewußter Dichter, dem bis heute nicht die ihm gebührende Anerkennung zuteil wurde. Gewiß hatte Reinhold Schneiders Dichtung ihre Schranken: er vermochte trotz der «Silbernen Ampel» den Eros im Leben der Menschen nicht künstlerisch zu gestalten. Weder seine Verzauberung noch seine glutvolle Leidenschaft «Ich bin krank vor Liebe» hat er je geschildert. Wahrscheinlich hängt dieses Unvermögen, wie auch das Fehlen des Humors, mit seiner verquälten Beziehung zu Anna Maria Baumgarten zusammen, die ihn besitzen wollte und nicht losließ und von der er sich in seiner Weichheit nie zu befreien vermochte. Diese sich vordrängende Dame inspirierte ihn nicht im geringsten; sie verwaltete seinen Nachlaß unwürdig und ist deshalb nur am Rande seiner Biographie kurz zu vermerken. Er selbst hat sie in seinen autobiographischen Schriften nie erwähnt.

Seine Sonette haben während der Kriegszeit unzähligen Menschen in der allerschwersten Situation Trost und Halt gespendet, wie nur wenige Dichter es vermochten. Das Sonett ist eine höhere Kunstform als die frei dahinströmende Lyrik und erfordert vom Dichter die höchste Konzentrationskraft. Anstelle des häufig zitierten Sonetts «Allein den Betern kann es noch gelingen» sei das im Jahre 1942 entstandene Gedicht angeführt:

Jetzt ist des Heiligen Zeit. Im Streite bricht
Des Helden Schwert, und die nach Zeichen fragen,
Sie sehen immer fremdre Sterne tagen
Und überlisten die Gewalten nicht.

Kein Haupt erstrahlt und keine Stimme spricht,
Die Mächtigen faßt ein Grau'n und Sieger zagen,
Es kehren aus den Gräbern, die erschlagen,
Und alle werden allen zum Gericht.

Der ist am stärksten, der den Frieden hat.
Wo sich die Mächte gnadelos bestritten,
Da wird zur Macht ein glühendes Erbarmen.

Bis Gottes Heiliger an verfluchter Statt
Die Seele losringt, die den Feind erlitten,
Und Feind und Welt läßt ruhn in seinen Armen.

Reinhold Schneider schrieb auch zahlreiche Erzählungen, die in aller Schlichtheit eine geheimnisvolle Leuchtkraft ausstrahlen. Aus ihrer Fülle seien nur «Die dunkle Nacht des heiligen Johannes vom Kreuz» und «Vor dem Grauen» genannt, die einen geistigen Gehalt von höchstem Wert in sich schließen. Einige Novellen zeigen Reinhold Schneider als einen der wenigen Mitteleuropäer, der den steilen, das Himmelreich an sich reißenden Glauben des spanischen Christentums auch wirklich verstanden hat und sich von ihm befruchten ließ. Zu diesen Erzählungen greift man in stillen Stunden immer wieder, und stets fühlt man sich aufs neue bereichert. Wohl die größte Leistung auf erzählerischem Gebiet gelang ihm mit «Las Casas vor Karl V.». Er hat sie in Deutschlands Nachtzeit geschrieben. Über diese anklagende Novelle wurde schon viel Wertvolles gesagt, und trotzdem hat man das Gefühl, sie sei noch nicht völlig ausgeschöpft. Man darf auf Reinhold Schneiders erzählerisches Werk das Wort Luthers über die Heilige Schrift anwenden, nach dem darin kein Bäumlein sei, an dem er nicht manchmal gerüttelt habe, und jedesmal seien einige Äpfel heruntergefallen. In diesem Zusammenhang sind auch noch die Lesedramen Reinhold Schneiders zu erwähnen, deren bühnentechnische Mängel durch den Sinn für den dramatischen Dialog aufgewogen werden.

Seien es nun Gedichte, Erzählungen oder Dramen, stets handelte es sich um eine Gedankendichtung. Reinhold Schneider opferte jeweils die Form dem Gedanken. Man müßte seine Arbeiten «Dichtung als Zeugnis» nennen. Ach, hätten wir doch heute nur einige Vertreter einer christlichen Dichtung, wie sie Reinhold Schneider verkörpert hat, wir würden nicht so bettelarm dastehen und «Steine statt Brot» zu essen bekommen.

Die zahlreichen Aufsätze Reinhold Schneiders über Kleist, Annette von Droste-Hülshoff, Eichendorff, Brentano usw. haben ihre eigene Färbung und unterscheiden sich auf den ersten Blick von den Arbeiten der Literaturhistoriker. Selbstverständlich muß es eine wissenschaftliche Germanistik geben, trotzdem darf man sich mit der bloß philologisch-formalistischen Betrachtungsweise nicht zufriedengeben. Was mit wissenschaftlichem Rüstzeug über Dichter geschrieben wurde, war manchmal ebenso gelehrt wie verkehrt. Man denke nur an Friedrich Gundolf, der mit einer hochmütigen Miene Reinhold Schneider zu erledigen versuchte. Einen anderen Tiefgang weisen Reinhold Schneiders Aufsätze über die Literatur auf. Hier schrieb ein Dichter über Dichter, was nicht nur reizvoll ist, sondern auch von hohem Rang. Dabei dachte er gar nicht an Vollständigkeit, weil sie ohnehin nicht zu erreichen ist, sondern griff in seiner religiösen Interpretation mit sicherer Hand den entscheidenden Punkt heraus und entwickelte daraus die tieferen Probleme eines Dichterlebens. Darum liegt ein ganz eigenartiges, beinahe magisches Licht über diesen poetischen Arbeiten. Seine literarischen Aufsätze sprechen unmittelbar an und wühlen auf, weil sie alle aus einer spürbaren Verehrung heraus geschrieben sind. Keineswegs langweilig, sondern immer geistig, nie modisch, dringen sie in die religiöse Tiefe und enthüllen übersehene Zusammenhänge, eine Betrachtung von innen heraus, die zum Bleibenden seiner Werke gehört.

Reinhold Schneider begann seine Laufbahn mit einer historischen Arbeit. Zeitlebens ist er diesem Gebiet treu geblieben. Er war Denker und Dichter zugleich, und darum dürften seine Bücher nicht für allzu junge Leser in Frage kommen. Dichten und Denken standen bei ihm nicht in einem Gegensatz, war er doch ein denkender Dichter und ein dichterischer Denker. Beides verschmolz in ihm. Reinhold Schneider war ein religiöser Geschichtsdenker von Format. Nie begnügte er sich mit einer bloß pragmatischen Geschichtsschreibung, die den Leser nur mit Fakten und Zahlen abspeist. Diese öde Geschichtsdarstellung hat viel zum Versagen des Geschichtsbewußtseins der älteren Generation und zur Geschichtsfeindlichkeit der heutigen Jugend beigetragen; beides aber hat fatale Folgen. Die Geschichtsablehnung ist auf die Dauer ebenso unhaltbar wie unverantwortlich, weil die Menschen nun einmal auf den Schultern ihrer Vorfahren stehen und sie bewußt oder unbewußt vom großen Erbe der Tradition zehren. Wenn das Vergangenheitserbe nicht weitergegeben werden kann, bricht die Kontinuität jäh ab.

Reinhold Schneider verhalf uns mit seinem künstlerischen Sinn zu einem neuen Geschichtsverständnis. Er wußte, die Geschichte enthält viele schwere Rätsel, und sich mit ihr beschäftigen heißt den unheimlichsten Schicksalen standhalten. «Ich kann Geschichte nur noch begreifen in Komplexen von Gegensätzen, in dramatischen Konzeptionen», gestand er wenige Jahre vor seinem Tode. Er vertiefte sich nicht in die Geschichte, um bloß zu wissen, «wie es einmal gewesen ist», er wollte in den Abgrund des Lebens hinabschauen, ein Anblick, vor dem man zurückschreckt. Nach Reinhold Schneider hieß «in der Geschichte leben» im Angesicht des Endes leben. Er sprach vom «Kreuzweg deutscher Geschichte» und versuchte unablässig, sie sich transparent zu machen. Einmal sagte er in seinem Pessimismus: «Ich fühlte, daß es Abend war und deutsche Geschichte nie mehr sein wird, was sie gewesen ist. Geschichte wird fortdauern, gewiß, bis zu der von Gott gesetzten Stunde der Generalkatastrophe irdischen Seins; aber deutsche Geschichte im Sinne der geübten Verantwortung – des Reiches, wenn man seinen Namen noch aussprechen darf – wird nicht mehr aufkommen, es sei denn in letzter episodischer Verzerrung, die nur zum Verhängnis werden kann.» Vielleicht sah Reinhold Schneider das deutsche Schicksal allzu tragisch, wie er denn den Begriff des Tragischen überbetonte. Die Bedrohung des deutschen Menschen aber erkannte er richtig, er, der durch das «Beinahe, und dann doch nicht» gekennzeichnet ist. Der heutige Mensch weiß nicht, wie er sich deuten soll, er kennt nicht seine innersten Wesenskräfte und verfällt darum so leicht einer oft getarnten Oberflächlichkeit. Reinhold Schneider empfand es als Anmaßung und Überheblichkeit, die Geschichte verstehen zu wollen, und trotzdem bemühte er sich stets, Geschichte vom Glauben her zu deuten, wie er es selbst formulierte. Er hat dies nicht als bloßes Postulat aufgestellt, sondern hat dies in seinem genialen Werk «Das Inselreich» überaus eindrucksvoll durchge-

führt. In «Erbe und Freiheit», seinem letzten Geschichtsbuch, hat er dieses lebendige Geschichtsdenken dargelegt und hat viele neue Aspekte geltend gemacht, unter denen geschichtliches Geschehen zu betrachten ist.
Schließlich glaubte er, der Welt sei auf keine Weise zu helfen, «es sei denn durch den Schmerz der Heiligen». Reinhold Schneider war auch Hagiograph und hat auf diesem Gebiet Pionierarbeit geleistet. Er verpackte die Heiligen nicht salbungsvoll und stellte sie hernach auf den kirchlichen Estrich. Vielmehr scheute er sich nicht, kühne Worte und ungewöhnliche Taten der Heiligen auszugraben und ins Licht zu stellen, beispielsweise von Birgitta von Schweden. Es haben sich daraus neue Bilder ergeben. Merkwürdigerweise sind seine früheren Darstellungen der Teresa von Avila in «Philipp II.» origineller als seine Schilderungen aus seiner gläubigen Zeit. – Der Dichter wußte, daß hinter der vielfach verstaubten Heiligenliteratur einmalige Schätze verborgen sind, Kostbarkeiten, die nur auf die unbefangenen Entdecker warten. Die Geschichte eines jeden Heiligen ist unendlich und unergründlich. Sein Geheimnis besteht darin, daß man seiner Existenz im Ernst nicht widersprechen kann. Reinhold Schneider meditierte lange über die hagiographischen Probleme und sann über Bekenntnis und Glauben der Heiligen nicht bloß im historisierenden Sinne nach.
Des Dichters geschichtliche und hagiographische Werke sind einem gewaltigen Steinbruch zu vergleichen, in dem der Leser oft behauenen und manchmal auch rohen Steinen begegnet. Wenn er aber wie ein Geologe mit einem geistigen Hammer in der Hand darin herumwandert, bald an diesen und bald an jenen Stein klopft, wird er dies nie umsonst tun. Mit reichhaltiger Beute wird er nach Hause gehen. Reinhold Schneider war einer der außerordentlichsten Geschichtsdenker der Gegenwart; dieses geistige Erbe ist uns vor allem bedeutsam.

Zu den bleibenden Werken Reinhold Schneiders gehört auch sein «Winter in Wien», ein Buch, das eine mehrfache Lektüre erfordert, will man den tiefen Grund erkennen. Auf keinen Fall darf man sich fragen, ob Reinhold Schneider «die österreichische Formel» gefunden habe. Diesen Anspruch erhebt das Buch gar nicht, zumal diese Formel bis heute noch niemand gefunden hat. Der Dichter hat seine ganz persönliche Sicht von Wien ausgebreitet, die weit entfernt ist vom oberflächlichen Urteil über die Stadt mit dem «süßen Mädel». Zunächst ist diese höchst beachtenswerte Arbeit zu den autobiographischen Werken «Verhüllter Tag» und «Der Balkon» zu zählen, die nicht zu umgehen sind, wenn man die Persönlichkeit des Dichters erfassen will. Zwar hat Reinhold Schneider sowenig wie irgendein anderer Mensch eine erschöpfende Autobiographie geschrieben. Bei aller Wahrheitsliebe breitete er über einige Geschehnisse ganz bewußt den Mantel des Schweigens aus, was auch sein gutes Recht ist. Man wird dem unheimlichen Buch in keiner Weise gerecht, wenn man meint: «Im sechsten Lebensjahrzehnt leistet sich Reinhold Schneider die Wandlung, ein moderner Mensch zu werden.» Das wäre keine Heldentat, denn als solcher fühlt sich jeder Bauer im hintersten Südtirol, wenn er sich das Fernsehen anschaut. Man müßte während der Lektüre von «Winter in Wien» eher Reinhold Schneiders Porträts von E. Vetter und T. Kaufhold betrachten, nicht zu vergessen die Illustrationen von Hans Fronius. Grundlegend ist das Bekenntnis: «Mein Leben ist zum Dreißigjährigen Krieg geworden; die Heere stürmen gegeneinander an; ich fühle mich ganz fest in meiner Überzeugung, aber keineswegs imstande, den Gegner zu widerlegen; ich lebe ja auf beiden Seiten des Schlachtfeldes und verstehe, wie ich glaube, den Gegner nur allzu gut.» Über den «Winter in Wien» mit seinen Verzweiflungsausbrüchen waren viele Katholiken enttäuscht, namentlich jene, die bis anhin den großen Tröster während der Kriegszeit «nahe an der Grenze der Heiligkeit» sahen. Gewiß war er ein überzeugter religiöser Mensch, kein Konvertit, aber ein bewußter Rückwanderer, der die starken Spannungen ausgehalten hat, Betrachtungen über das Herrengebet wie auch Aufsätze über Ludwig Feuerbach zu schreiben. Viele Leser begriffen seine gewaltige christliche Wahrheitskraft nicht und waren über den «Winter in Wien» nicht wenig erschrocken. Begreiflich, daß aufgeschlossene Christen wie Karl Pfleger und Ida Friederike Görres Reinhold Schneider gleichsam zu Hilfe eilten und seine «negative Mystik» verteidigten. Auch der Diskussionsbeitrag, der unter dem Titel «Widerruf oder Vollendung» erschien, ist lesenswert, und besonders der Aufsatz von Klaus Hemmerle «Die Frömmigkeit des ‹Winter in Wien›».

Es ist nötig zu bedenken, wie «Winter in Wien» entstanden ist. Das Buch erblickte nicht in einer stillen Klause in tiefer Abgeschiedenheit das Licht der Welt, sondern im Café «Prückerl». Sieht man sich den Tisch an, den ihm der Ober freizuhalten pflegte, begreift man, daß Reinhold Schneider jeweils mitten im Caféhausbetrieb geschrieben hat, wo er ungewollt das Gerede am Nachbartischchen anhören mußte und zugleich auf die belebte Straße hinaussah. Offenbar brauchte Reinhold Schneider den Anblick dieser vorüberhuschenden Gestalten und dieses quecksilbrigen Lebens, um den neuen Dimensionen seines Denkens nahezukommen. Ohne diese Nähe zum Leben vermochte er sie in seiner Schwermut nicht zu bewältigen, besonders da er seine Blicke einseitig auf das Negative richtete und das Göttliche in der Natur gar nicht mehr sah. Es ist, dem Titel entsprechend, ein winterliches Buch, man spürt die Kälte, die Reinhold Schneider zudem auch in seiner Pension auszuhalten hatte. Seine Ausführungen sind von einer tiefen Unruhe erfüllt, die trotzdem der Friedhofsruhe entschieden vorzuziehen ist. Bei der Niederschrift dieses Buches begriff Reinhold Schneider, daß die

Fragen an Gott überhaupt den Zweifel als einen beinahe notwendigen Bestandteil des Glaubens beinhalten. Um die Zusammengehörigkeit von Glauben und Zweifel geht es in «Winter in Wien», Fragen, die zwar schon im Buch Hiob, in den Psalmen und im «Geistlichen Jahr» von Annette von Droste-Hülshoff enthalten sind. Das Verstummen vor Gott ist nicht der Feind des Glaubens; das ist einzig und allein die Gleichgültigkeit, ein Aussatz, der die heutige Christenheit befallen hat. Sie kennt auch keinen Arzt, der sie von der tödlichen Indifferenz kurieren könnte.

Ein schwer angefochtener Christ, dem sich das Bild des Vaters ganz verdunkelt hat, spricht aus «Winter in Wien». Was Anfechtung ist, weiß der laue Christ kaum noch, jedenfalls ist sie nicht den jünglingshaften Lockungen der Sinnlichkeit gleichzusetzen. In der Anfechtung pfeifen die Winde Gottes dem Menschen um die Ohren, die Stürme heulen so stark, daß ihm buchstäblich Hören und Sehen vergehen. Nicht umsonst schrieb Reinhold Schneider: «Es ging Unermeßliches an mir vorüber und mir durch die Seele; ich bin dem nicht mehr gewachsen.» Der Dichter erlebte «die dunkle Nacht», von der Johannes vom Kreuz schrieb, wahrhaftig kein literarisches Thema. Er wurde von den grauenhaften Anfechtungen nicht verschlungen, weil er trotz seines inneren Zusammenbruchs am Gebet festhielt. Seine Notizen sind ein aus tiefsten Schmerzen und schwerster Not geborenes Buch, das weder verurteilt noch verteidigt werden darf. Die Augen des Seelenarztes unterscheiden darin Gesundes und Krankhaftes. Es sind Gedanken eines durch und durch geschüttelten Menschen, der stellvertretend die schweren Glaubensnöte und die geistliche Trockenheitsperiode der Gegenwart zum voraus durchlitten hat. Wahrscheinlich hat Reinhold Schneider seinen «inneren Unfall» auch deswegen so unverhüllt ausgesprochen, weil er damit gegen die Stilisierungen protestieren wollte, die ihm als Weihrauch schon damals dargebracht wurden. Unumwunden sagte er: «So zementiert ist meine Orthodoxie gar nicht, wie ihr mich gerne haben möchtet, ich habe auch Ketzerblut in mir.» Für Reinhold Schneider war Häresie eine Komponente des Katholizismus und nicht dessen Verunstaltung. Wer wagte damals solches zu sagen? Ein sich in dunkler Anfechtung befindlicher Christ brachte diesen kühnen Mut auf. Wir müssen uns darüber ganz scharf Rechenschaft geben: Bis zum Zweiten Weltkrieg glaubten die Christen, sie hätten die Wahrheit in der Tasche, sie seien ein für allemal auf dem richtigen Weg, und es könne ihnen nichts passieren. Sie befanden sich gleichsam in einer sicheren Burg, umgeben von dickem Mauerwerk, die sie schlechthin für uneinnehmbar hielten. «Wer stehe, der sehe zu, daß er nicht falle.» Es gab in den Nachkriegsjahren für alle Konfessionen ein bitterböses Erwachen aus dieser selbstgefälligen Sicherheit. Wir sind damit noch nicht fertig geworden. Plötzlich waren die Christen vom Piedestal, auf das sie sich selbst gestellt hatten, kläglich heruntergefallen, der Boden unter ihren Füßen wankte, und nun sind wir sozusagen über Nacht auf Schmalkost gesetzt. Die nachkonziliare Epoche ist auf der ganzen Linie durch Unsicherheit, Verwirrung und Ratlosigkeit gekennzeichnet. Es ist unsere vordringliche Aufgabe, diesen Zustand zu überwinden, was freilich weder durch eine reaktionäre noch durch eine progressive Haltung geschehen kann. Bei allem vorwärtsschauenden Traditionsbewußtsein wissen wir, daß wir uns erst am Anfang der uns bevorstehenden Wüstenwanderung befinden.

Diesen religiösen Zusammenbruch hat Reinhold Schneider in «Winter in Wien» prophetisch vorausgefühlt. Er empfand es beileibe nicht als ein Vergnügen, sondern nahm die «Einheit des Schrecklichen und der Liebe» schicksalshaft hin. Scharf erkannte der Dichter den geistigen Notzustand, spürte Berge über sich herfallen, und gerade darum ist sein Buch nichts anderes als ein einziger Aufschrei über die bestürzende Glaubenssituation der Gegenwart. «Ich befinde mich sozusagen in einem Unterstand unter dem Trommelfeuer der Geschichte» gesteht er darin und fügt hinzu: «Ich habe die Stimme des Unterganges gehört.» Er war nicht fähig zu sagen, was er auf den Straßen und in den Nächten empfand. Breughels spätes Bild «Der Seesturm» war das Gemälde seiner Seele. Reinhold Schneider suchte nicht nach einer illusionären Deckung, wußte er doch, daß der Psalmist ebenso de profundis zu Gott gerufen hat. Er hat hierin, Peter Wust ähnlich, das Christsein als «Ungewißheit und Wagnis» verstanden, hat mit sich und der Welt bis zur letzten Stunde gekämpft und hat am Ende ehrlich gestanden: «Ich kann mich der Tränen nicht erwehren.» Wahrhaftig, «Winter in Wien» ist ein Buch, zu dem man weder Ja noch Nein sagen kann, weil es sich hartnäckig aller einlinigen Beurteilung entzieht. Es verwirrt und bestürzt uns, es ist beständig hautnahe, es geht dich und mich an, es ist ein Florettbuch, man muß mit ihm auf Leben und Tod ringen, es ist zweier Zeiten Schlachtgebiet, und darum wundert es mich nicht, daß Reinhold Schneider Dämonen sah. Des Dichters letztes Buch ist ein richtiges Leidensbuch – er war damals auch krank –, und gerade deshalb verlangt es vom Leser ein persönliches Mitleiden. Reinhold Schneiders Situation ist genau auch unsere Situation, wenn wir sie nicht mit einer törichten Hektik und Betriebsamkeit überspielen wollen. «Winter in Wien» zähle ich mit Simone Weils «Das Unglück und die Gottesliebe», Dietrich Bonhoeffers «Ergebung und Widerstand», Marie Noëls «Intimes Tagebuch» zu den bleibenden Nachkriegsbüchern, weil sie die geheime Mixtura enthalten: Bitteres in Süßes verwandeln. Ihnen gegenüber sind die unter den modischen Schlagworten Zen-Meditation, Theologie der Revolution usw. erschienenen Schriften heute schon Makulatur. In unserer Not-Situation müssen wir uns ganz entschieden dem Wesentlichen zuwenden und dürfen uns nicht länger mit religiöser Unterhaltungsmusik abgeben. Das Schiff der Kirche befindet sich in Seenot, und Reinhold Schneider ist es, der uns in «Winter in Wien» zuruft: Alle Mann an Deck!

Man wird diesen Zeilen anspüren, daß ich mich, wenn auch bruchstückhaft, in einer heftigen Konfrontation über Totes und Lebendiges im Denken Reinhold Schneiders befinde, dem Manne, den ich zu den bedeutsamsten Begegnungen in meinem Leben zähle. Es zittert und tobt in mir, ja, ich habe mich mit meinen Ausführungen in einen förmlichen Kampf mit ihm gestürzt und bin mir durchaus bewußt, daß ich in diesem Turnier unterlegen bin. Ich wollte einen ritterlichen Zweikampf ausfechten und habe deswegen als Besiegter keine Hemmung, mit letzter Kraft zu sagen: Lesen Sie Reinhold Schneiders Schriften, lesen Sie sie ehrfürchtig und auch kritisch und immer wieder. Sie werden es gewiß nicht bereuen, da seine Bücher mit Blut geschrieben sind, und Blut ist bekanntlich ein besonderer Saft. Aus einer ernsthaften, nicht bloß rühmenden Beschäftigung mit Reinhold Schneiders Schrifttum geht eine Katharsis hervor, und gerade diese durchdringende Reinigung zählt zu dem einen, was not tut. Um aus dem Augiasstall herauszukommen, in den wir uns selbst hineinmanövriert haben, ist eine Neubesinnung unumgänglich notwendig. Neben anderen Gestalten hilft uns auch Reinhold Schneider dazu, der einmal schrieb: «Gott siegt immer. Aber wir gelangen nur ans Ziel mit vernichteten Herzen.» Diese Worte nehmen wir mit auf den Weg und geben ihnen nur eine etwas andere Betonung, indem wir sie vom pessimistischen Einschlag befreien und in die Hoffnung umwenden: Ohne den Pfeil in unser trotziges und verzagtes Herz geht es nicht, aber wir gelangen bestimmt ans Ziel, weil wir in der festen Gewißheit leben: Gott siegt immer.

Walter Nigg im Diogenes Verlag

Große Heilige
Von Franz von Assisi bis Therese von Lisieux
Mit ausführlichem Quellennachweis
detebe 21459

Das Buch der Ketzer
Von Simon Magus bis Leo Tolstoi
Mit ausführlichem Quellennachweis
detebe 21460

Vom Geheimnis der Mönche
Von Bernhard von Clairvaux bis Teresa von Avila
Mit ausführlichem Quellennachweis
detebe 21844

Das mystische Dreigestirn
Meister Eckhart, Johannes Tauler, Heinrich Seuse
detebe 21933

Heilige und Dichter
detebe 22400